中国养老保障制度的
劳动供给效应研究

刘凌晨 著

前　言

当前,中国养老保障制度快速发展,覆盖面迅速扩大,待遇水平稳步提高。同时,劳动力市场也发生着深刻的变化,人口老龄化加速,人口红利正在消失,刘易斯拐点已经到来,"民工潮"转向了"民工荒",农村农业内部的劳动力也出现了相对短缺,尤其是自2012年以来劳动年龄人口连续几年出现绝对数量下降。那么,加快发展的社会保障制度对正处在深刻变化中的劳动力市场会产生何种影响?中国是否会像较早建立完善社会养老保障制度的国家一样降低劳动者劳动供给时间或使其更快退出劳动力市场?这一议题不仅关系中国养老保障体系自身的发展和改革方向,而且还涉及中国劳动力市场的可持续发展以及中国经济未来的长期增长。目前,中国养老保障体系还处于框架设计和制度探索阶段,政策和相关研究部门主要关注养老保障制度自身的构建和实施过程,或者是研究和探索养老保障制度对居民某一方面(如收入、消费、健康等方面)的影响,而关于劳动供给的影响尚未引起足够关注。中国人口老龄化加速,人口红利消失,同时,中国经济发展放缓,需求和供给两方面同时抽紧经济体的发展。中国步入中等收入国家行列,未富先老、中等收入陷阱等困境给中国经济带来严峻挑战,在此背景下,养老保障制度改革亟须加速。人口老龄化、劳动力人口连续十几年递减等特征要求我们充分关注养老保障制度的改革对深刻变化的劳动力市场的影响,构建既能保障民生福利又能促进劳动力市场可持续发展的中国养老保障制度,是中国当前和未来必须考虑的重要议题。基于此,本书利用2011年、2013年和2018年CHARLS全国追访数据,运用劳动参与模型和劳动供给模型,探讨了中国的养老保障制度和"碎片化"养老保障项目对中老年人劳动参与率和劳动供给时间的影响。

本书主要围绕中国养老保障制度对中老年人劳动供给的影响这一主线展开分析。第1章介绍了本书的研究背景、研究意义、文献综述、主要概念和研究对象的界定以及研究设计。第2章基于第七次人口普查数据,应用队列要素人口预测模型,结合生育政策的调整实施,预测了我国2021—2050年的老龄化趋势和劳动力的变化。第3章介绍了中国养老保障体系的发展和改革历程,并对后文所涉及的各项养老保障项目做了必要的介绍。第4章探讨养老保障对劳动供给影响的理论框架和计量模型。第5章和第6章为本书的实证研究部分,通过计量模型分别考察养老保障制度和"碎片化"养老保障项目对我国中老年人劳动参与率和劳动供给时间的影响状况。第7章为结论和政策建议。

本书通过研究得出以下结论:

第一,我国人口总量呈现出持续减少的变化趋势,老年人口规模也在不断扩大,同时,老龄化速度有所加快,老年抚养比持续增加。我国劳动年龄人口规模依然呈现出不断下降的趋势,并且中老年劳动力将成为劳动力主体。

第二,养老保障制度对农户中老年人和城镇中老年人都具有显著的劳动供给效应。当前中国养老保障制度对全国中老年人的总体劳动、农业和非农业的劳动参与率以及劳动供给时间都有显著影响。养老保障制度显著鼓励全国中老年人提高总体劳动参与率,但同时也显著鼓励其减少总体劳动供给时间。养老保障制度更倾向于鼓励中老年人提高农业劳动参与率(劳动供给时间),降低非农业劳动参与率(劳动供给时间)。从年份虚拟变量对于中老年人劳动参与率和劳动供给时间的影响来看,养老保障制度在长期(2011—2018)的劳动供给效果小于短期(2011—2013)的劳动供给效果,并且劳动供给效果在后期(2013—2018)大幅减弱。

从城乡二元结构来看,中国养老保障制度对农户中老年人劳动供给存在明显影响,养老保障覆盖对农户中老年人的总体劳动参与率具有正向影响。当前养老保障制度更倾向于鼓励农户中老年人提高农业劳动参与率和农业劳动供给时间,尤其是自家农业劳动的劳动参与率和劳动供给时间,但对非农业劳动供给特别是个体私营经济劳动供给存在负面效应。当前中国的养老保障制度对农户中老年人有更强的"拉回效应",鼓励农户中老年人脱离城镇个体私营经济非农部门,转移到农村从事自家农业劳动。从年份虚拟变量对农户中老年人劳动参与率的影响来看,随着时间的推移,养老保障制度鼓励农村中老年人劳动参与意愿的作用越来越弱,甚至鼓励他们退出劳动力市场。从年份虚拟变量对农户中老年人劳动供给时间的影响来看,长期(2011—2018)的劳动供给时间有明显提高,但短期影响不明显。养老保障制度对城镇中老年人劳动供给存在明显影响,养老保障覆盖对城镇中老年人的总体劳动参与率和劳动供给时间都具有显著负向影响。当前养老保障制度更倾向于鼓励城镇中老年人降低非农业劳动供给特别是个体私营经济劳动供给,但也鼓励城镇中老年人提高受雇劳动供给。从年份虚拟变量对城镇中老年人劳动参与率的影响来看,随着时间的推移,养老保障制度鼓励越来越多的城镇中老年人降低劳动参与意愿,甚至鼓励他们退出劳动力市场。

第三,不同类型的养老保障项目对中老年人(包括城镇中老年人和农村中老年人)的劳动参与率和劳动供给时间的影响存在较大差异。

从全国范围来看,不同类型的养老保障项目对全国中老年人的劳动参与率和劳动供给时间的影响存在较大差异。一是新型农村养老保险制度更倾向于鼓励全国中老年人提高农业劳动供给,尤其是自家农业劳动的劳动参与率和劳动供给时间,对总体劳动参与率也存在正向效应,但对非农业劳动供给,特别是受雇劳动存在负向效应。二是不同于新农保,城镇职工养老保险更倾向于鼓励全国中老年人提高受雇劳动供给时间,但也降低了农业劳动供给,尤其是自家农业劳动的劳动参与率和劳动供给时间,对总体劳动参与率也存在负向效应。三是城镇居民养老保险倾向于鼓励全国中老年人提高非农业劳动参与率和劳动供给时间,同时鼓励他们降低农业劳动参与率和劳动供给时间,但整体来说,对总体劳动参与率产生负向影响,而对总体劳动供给时间产生正向的积极影响。四是城乡居民养老保险会对总体劳动参与率和劳动供给时间都产生正向的积极影响,鼓励中老年人提高农业劳动和非农业劳动参与率。五是与城乡居民养老保险相反,政府机关和事业单位养老保险鼓励中老年人退出劳动力市场。六是农村养老保险和征地养老保险更鼓励全国中老年人减少自家农业劳动供给,增加个体私营经济劳动供给。此外,从年份变量对全国中老年人劳动参与率和劳动供给时间的影响来看,新农保、城镇职工养老保险、城镇居民养老保险、城乡居民养老保险、政府机关和事业单位养老保险、农村养老保险在长期(2011—2018)的劳动参与率效果均小于短期(2011—2013)效果,且劳动参与率效果在后期大幅减弱。而征地养老保险在长期(2011—2018)的劳动参与率和劳动供给时间都是显著为负,在短期(2011—2013)不具有显著性。另外,从农村和城镇视角来看,不同类型的养老保障项目对农户中老年人的劳动参与率和劳动供给时间的影响存在较大差异。

综上可以发现,无论是养老保障制度整体还是"碎片化"的养老保障项目都存在显著的劳动供给效应,因此,该制度本身会从广度和深度两个维度影响中老年人的劳动供给行为,而且不同的养老保障制度的劳动供给效应存在明显差异。这些特征对于正在加快发展的养老保障制度、深刻变化的劳动力市场以及处在高质量发展阶段的中国经济都具有非常重要的政策启示。在过去的十几年里,中国的养老保障体系主要集中于基本框架的设计和制度的实践探索阶段,相关部门主要关注社会保障系统内部自身的运行,没有特别重视其对整个经济社会系统的深刻影响。中国经济发展放缓、"人口红利"正在消失、劳动力人口绝对数量发生根本性转变、中等收入陷阱等情况要求我们充分关注社会保障对劳动力市场的影响,构建既保障民生福利又促进劳动力市场可持续发展的中国保障制度,是中国当前和未来必须考虑的重要议题。

本书获得国家社会科学基金重大项目"实施积极应对人口老龄化国家战略研究"(编号:23ZDA102)、国家社会科学基金一般项目(编号:17BSH049)、山西省省筹资金资助回国留学人员科研项目(编号:2023-115)和全国统计科学研究项目(编号:2022LY044)的支持。特别感谢南开大学李建民教授、复旦大学彭希哲教授、哈佛大学 Winne Yip 教授与萧庆伦教授在本书写作过程中的悉心指导和支持,感谢复旦大学老龄研究院苏忠鑫及各位老师的大力支持,感谢山西财经大学统计学院各位领导和同事的关心和支持,感谢我的研究生吕东琪、全慧英、左靓华、王慧欣、辛梦、熊郭子豪、李梅和刘佳懿等同学的大力协助,感谢我的家人和亲朋好友的鼎力相助!同时感谢本书的责任编辑宋启立老师以及出版社诸位老师的辛勤工作!

  本书在理论分析、模型设定和实证等方面难免存在疏漏和不妥之处,敬请同行批评指正。

目　录

第1章　绪论 ······························ 1
　1.1　社会保障对劳动供给影响的研究背景 ············· 1
　1.2　养老保障对劳动供给影响的文献综述 ············· 8
　1.3　主要概念和研究对象的界定 ··················· 17
　1.4　研究设计 ································· 20

第2章　中国人口老龄化与劳动力变化趋势 ············ 24
　2.1　人口预测模型 ····························· 24
　2.2　我国未来人口及老龄化发展趋势 ················ 29
　2.3　中国未来劳动力发展预测 ····················· 34

第3章　中国养老保障制度概述 ······················ 39
　3.1　中国社会保障制度的发展与体系结构 ············· 39
　3.2　中国养老保障制度的改革历程与发展状况 ········· 45
　3.3　本章小结 ································· 55

第4章　养老保障制度对劳动供给影响的理论框架与计量模型 ································· 56
　4.1　养老保障制度对劳动供给的一般作用机制 ········· 56

4.2	理论模型	60
4.3	数据介绍、变量说明与计量模型	63
4.4	本章小结	71

第5章 中国养老保障制度的劳动供给效应实证 … 73
- 5.1 养老保障制度与劳动供给的统计分析 … 73
- 5.2 养老保障制度的劳动参与率实证 … 75
- 5.3 养老保障制度的劳动供给时间实证 … 87
- 5.4 稳健性检验 … 98
- 5.5 本章小结 … 104

第6章 "碎片化"养老保障项目的劳动供给效应 … 108
- 6.1 "碎片化"养老保障项目与劳动供给的统计分析 … 108
- 6.2 新型农村养老保险(新农保)的劳动供给效应 … 110
- 6.3 城镇职工基本养老保险的劳动供给效应 … 134
- 6.4 城镇居民养老保险的劳动供给效应 … 158
- 6.5 城乡居民养老保险的劳动供给效应 … 182
- 6.6 其他养老保障项目的劳动供给效应 … 205
- 6.7 本章小结 … 276

第7章 主要结论、政策建议和贡献 … 281
- 7.1 主要结论 … 281
- 7.2 政策建议 … 288
- 7.3 主要贡献和局限性 … 295

参考文献 … 298

第1章 绪　　论

本章就本书的整体状况进行介绍:第1节从国际和国内两个视角阐述社会保障对劳动供给影响的研究背景;第2节回顾和评述养老保障制度对劳动供给影响的相关文献,为后文的研究奠定基础;第3节明确本书的主要概念以及界定研究对象;第4节包括研究思路、结构安排与技术路线以及研究方法。

1.1　社会保障对劳动供给影响的研究背景

从国际经验来看,社会保障不仅具有维护社会稳定和提高居民福利水平的基本功能,还具有保障劳动力市场可持续运行的重要功能。20世纪中叶以来,较早建立福利体系的国家如德国、英国、美国、日本、智利等,其社会保障体系在维护社会稳定、提高国民福利的同时,也开始对劳动力市场产生越来越明显的影响。一方面,这些国家要支付越来越多的养老金和医疗费用等;另一方面,这些国家的劳动参与率(尤其是中老年人)和劳动供给时间出现持续下降。这两方面双向抽紧经济体的发展,导致经济增长乏力。这些现象引发了学者和政府相关部门对社会保障体系与劳动力市场之间关系的研究,由此也推动了相关国家福利制度的深层次改革。在改革的过程中,这些国家的学者和政府相关部门更加重视社会保障制度对劳动力市场可持续发展以及长期经济增长的影响，对于持续提高的福利水平可能会挤出劳动供给开始审慎思考。那么，中国的现实情况如何？中国养老保障制度是否会像发达国家一样挤出我国的劳动供给？这是本书关注的核心问题。

1.1.1 快速推进的养老保障制度

中国养老保障制度始建于20世纪中叶，至今已有70多年的历史。特别是改革开放以来，我国原有的劳动保险制度全面改革，开始重构新的养老保障体系。尤其近十多年来，这一进程进一步加快，各项社会保障制度健全完善，参保人数迅速增加，待遇水平也稳步提高。

（1）养老保障制度加快改革

20世纪末期，我国对职工基本养老保险制度进行了改革，并且重新建立了工伤保险制度、生育保险制度和失业保险制度。近十多年来，养老保障制度快速健全，2009年开始试点新型农村社会养老保险制度，2011年开始试点城镇居民社会养老保险制度。以上各项保险制度均在2012年实现了城乡各地的普及。2014年10月1日，国务院印发《关于机关事业单位工作人员养老保险制度改革的决定》，决定合并"双轨制"，机关事业单位实行社会统筹与个人账户相结合的基本养老保险制度，费用由单位和个人共同缴纳，这一改革波及近4000万机关事业单位人员，他们将和企业职工一样缴纳养老金。2015年1月，《国务院关于机关事业单位工作人员养老保险制度改革的决定》发布，在全国范围内推行机关事业单位养老保险制度改革，实行与企业职工统一的城镇职工基本养老保险制度，并且建立统一的城乡居民基本养老保险制度。这些规定从制度上消除城乡差距，有利于促进社会公平。2018年，我国建立城镇职工基本养老保险中央调剂金制度,并在接下来的四年里跨省调剂资金共计6000多亿元。2022年,我国正式实施城镇职工基本养老保险全国统筹。2022年4月21日,国务院办公厅发布《关于推动个人养老金发展的意见》,指出在中国境内参加城镇职工基本养老保险或城乡居民基本养老保险的劳动者,可以参加个人养老金。个人养老金实行个人账户制度,参保人每年缴纳个人养老金的上限为12000元。

(2)养老保障覆盖面迅速扩大

表1.1汇总了近年来参加养老保障的人数变化情况,在2020年,养老保障的覆盖人数为2002年的6.7倍,受益人数达到9.98亿人。所以在不太长的时间里,我国养老保障制度完成了从单位到个人、从城镇到农村、从职工到居民的全面扩展。

表1.1 近年来养老保障参保人数的变化(百万人)

年份	养老保障		
	合计	城镇	新农保
2002	147	147	—
2007	201	201	—
2013	820	322	498
2015	858	354	504
2020	998	456	542

(3)养老保障待遇水平稳步提高

近十几年来,我国经济发展势头强劲,养老保障待遇水平也水涨船高。城镇职工基本养老金水平连续10年调整,由2004年的每人647元/月提高到2014年的每人2070元/月。2013年底,全国城乡老年居民养老金水平人均达82元/月。2015年全国基础养老金最低标准由每人每月 55 元提高到 70 元。2018 年我国退休人员月平均养老金为 3153 元,2019 年则为 3330 元。2020 年,平均每人每月养老保险基金为 3350 元左右,城乡居民基本养老保险月人均待遇水平约为 170 元,比上年增长了 6%。

过去十多年养老保障体系改革发展加快,养老保障制度开始全面建立,覆盖面迅速扩大,养老保障待遇水平稳步提高。养老保障在提高劳动者福利水平的同时也对其劳动供给行为产生影响。尤其是对于中老年人,他们既是劳动力的主体,又是健康状况相对欠佳、接近退出劳动力市场的群体,他们对养老保障制度的反应尤为敏感(程杰,2014)。

1.1.2 日益加深的人口老龄化

(1) 中国人口老龄化程度不断加深,劳动年龄人口比重由升转降

根据历年中国统计年鉴数据,1999 年中国进入老龄化社会,此后便呈现加速发展趋势。从图 1.1 可以看到,2000 年 65 岁及以上人口比重约为 7%,到 2020 年已达到 13.5%,20 年间提高了近 7 个百分点,可见老龄化速度之快。随着中国进入老龄化社会,人口老龄化程度便不断加深。一方面,中国老年抚养比从 2000 年开始至今呈逐年上升趋势,2020 年已达到 19.7%,这意味着每 5 个劳动者就要负担 1 位老年人。另一方面,中国的劳动年龄人口比重由快速上升的趋势转为下降趋势,图 1.1 显示,中国劳动年龄人口的比重自 2000 年一直处于不断上升的状态,到 2011 年达到最高,2012 年开始持续下降,2020 年中国劳动年龄人口与 2000 年持平。这说明随着中国老龄化程度的加深,中国劳动年龄人口快速增长的局面已经发生根本转变。

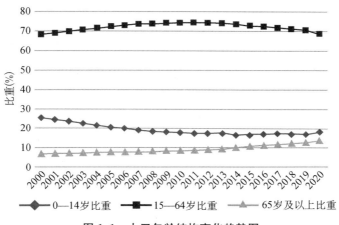

图 1.1　人口年龄结构变化趋势图

(2) 劳动年龄人口重心向高年龄组转移

按照15—24岁、25—44岁和45—64岁三个年龄段来划分劳动年龄人口,如图1.2所示,15—24岁年龄组劳动人口比重从2010年开始减少;2000—2020年,25—44岁劳动年龄人口比重总体上来看呈现下降趋势,2020年与2000年相比下降约8个百分

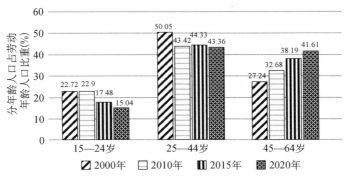

图 1.2　劳动年龄人口内部结构变化

点;与此相反,45—64岁的劳动年龄人口比重呈现大幅上升趋势,目前已达到41.61%。由此可以看出,人口老龄化使劳动力的年龄结构发生变化,青年劳动力在劳动年龄人口中的比重下降,年长劳动力比重增加,劳动年龄人口重心向高年龄组转移。此外,我国人口年龄中位数也在一定程度上证实了这一变化趋势。

(3)劳动力供给数量一般是由劳动年龄人口的多少和劳动参与率决定

人口老龄化不仅影响劳动年龄人口的内部结构,而且影响其劳动参与率。王莹莹(2015)在控制其他社会经济因素的条件下,应用人口普查数据和多元线性回归计量模型进行的研究表明,人口年龄结构的老化特别是劳动年龄人口的老化对劳动参与率具有负向影响,并认为人口老龄化趋势的加深将对劳动参与率具有非即时性、基础性且不可逆转的作用。

1.1.3 深刻变化的劳动力市场

中国已经跨入中等收入发展阶段,正逐步从二元经济向一元经济转变,劳动力市场发生着深刻的变化,长期以来支撑中国经济快速增长的"人口红利"即将消失,二元经济结构的刘易斯拐点已经到来,农村富余劳动力由剩余变为短缺,"农民工潮"转向了"农民工荒",农村农业内部的劳动力也出现了相对短缺(蔡昉,2010;蔡昉、都阳,2011)。根据国家统计局公布的数据,2012年劳动年龄人口数量首次出现下降,比2011年减少了345万人;2013年劳动年龄人口为91954万人,比2012年末减少244万人;2014年劳动年龄人口数量比2013年末又减少了371万人,2015年中国劳动年龄人口比2014年再减少487万;2016年中国劳动年龄人口总数为90747万人,比2015年末减少349万人。第七次人口普查结果显示，2020年我国16—59岁劳动年龄人口为8.8亿人，与2019年相比，我国劳动年龄人口减少200多万人。我国劳动年龄人口自2012年以来，已经连续十年出现绝对数量下降，劳动力供给形势正在发生根本性转变。随着中国城镇化、工业化的快速推进，大批土地被政府征收。目前，我国约有7000万被征地农民，2020年失地农民人数累计将超过1亿人。全部或部分失去土地的农民因缺乏从事其他职业的技能，可能出现"失地即失业"的现象，这会加速劳动力市场的转变。而且在城镇化快速发展和劳动力不断流动的背景下，部分农户还参加了城镇职工基本养老保险、城镇居民养老保险等各类社会保险，带有二元结构特征的养老保障制度也在发生变化。

在人口老龄化不断加剧的背景下，加快发展的养老保障制度对正处在深刻变化中的劳动力市场会产生何种影响？中国是否会像其他较早全面建立社会保障体系的国家一样，减少我国劳动力的劳动供给时间或使其更快退出劳动力市场，从而加速劳动力市场的转变？这一议题不仅关系中国养老保障体系自身的发展和改革方向，而且还涉及中国劳动力市场可持续发展以及中国经济未来的长期增长。目前，中国养老保障体系还处于框架设计和制度探索阶段，政策和研究部门主要关注社会保障制度自身的构建和实施过程，或者是研究和探索养老保障制度对居民某一方面如收入、消费、健康等的影响，而对劳动供给的影响尚未给予足够关注。中国经济长期增长依靠的源泉——无限供给的廉价劳动力已不复存在，人口老龄化加速，人口红利消失。同时，我国经济进入高质量发展阶段，产业结构正在调整，经济发展放缓，需求和供给两方面同时抽紧经济体的发展。我国步入中等收入国家行列，未富先老、中等收入陷阱等给中国经济带来严峻挑战。养老保障制度改革加速、人口老龄化、劳动力人口连续十年递减等情况要求我们充分关注中国养老保障的改革对深刻变化的劳动力市场的影响,构建既能保障民生福利又能促进劳动力市场可持续发展的中国养老保障制度,已成为中国当前乃至未来必须考虑的重要议题。中国养老保障制度刚刚建立,制度设计过程中还未能充分考虑养老保障的劳动力市场功能,而且相关研究也较少关注养老保障对农户劳动供给行为的影响。因此,对中国这一尚属薄弱的领域进行研究具有重要的理论价值和现实意义,可以为理解社会保障的功能发挥和劳动力的供给行为提供新的视角,对制定与劳动力市场相适应的社会保障制度和就业政策也具有参考价值。

1.2 养老保障对劳动供给影响的文献综述

本节将对养老保障的劳动供给效应相关研究进行回顾和评述,探讨研究方向和关键问题,总结主要研究发现,并为中国相关领域的研究提供建议和参考。

1.2.1 养老保障对劳动供给影响的文献综述

养老保障激励劳动者减少劳动供给时间或者降低劳动参与率。一般情况下,养老保障可以提高劳动者当期或预期的收入水平,从而放松其预算约束,降低为养老储蓄而劳动的动机,尤其是对于那些临近退休和已经退休的劳动者,养老保障将激励他们降低劳动供给时间,或者激励他们更早地退出劳动力市场。众多学者的研究印证了这一点,许多理论和实证研究也都证实了这些政策因素降低了主体的劳动供给行为。

在二战以后,养老保障福利较高的国家如美国、英国、德国等几乎都出现了老年人劳动参与率不断下降的现象(Costa,1998)。在20世纪60年代,经济合作与发展组织(OECD)国家的老年人口的劳动参与率也出现大幅下降(Gruber and Wise,1997)。战后美国经济最显著的特点之一是,老年人的健康状况在得到改善的同时,其劳动力参与率迅速下降。Boskin(1977)对老年劳动力参与的时间序列数据进行分析,研究结果表明社会保障制度是其提早退休的主要因素。美国的劳动参与率连续50多年长期下降,对中老年人尤为明显(Gendell,2008)。养老保障制度被认为是导致劳动参与率呈现持续下降趋势的主要原因,美国老年人能够通过社会保障制度获得足够的退休养老金,满足其基本生活需要,激励他们提前退休,退出劳动力市场(Santos and Ferreira,2004)。得出类似结论的还有Andrew(1998)、Blau和Goodstein(2010)。Bo(2010)使用双变量Probit回归分析,发现社会保障与劳动参与率有很强的负相关关系。美国的老年援助计划(OAA)的实施使得65—74岁的男性劳动参与率大大下降(Fetter and Lockwood,2018)。

在过去的几十年里,绝大多数欧洲的老年劳动力参与率急剧下降。大多数欧洲养老保险制度提供了强有力的激励机制,激励其提前退休(Axel,2000)。Gruber和Wise(1997)对11个工业化国家的研究表明,60—64岁的男性劳动力参与率下降了75%,其主要原因是社会保障计划的规定导致老年人的劳动力参与率大幅下降,劳动力供给大幅下降。Supan和Schnabel(1999)则研究了德国公共养老保障计划和退休决策的激励效应,总结了近35年来德国老年人的劳动力市场行为,并就德国社会保障制度对德国退休的影响进行实证研究,结果表明,德国公共养老保障计划改革显著激励老年人降低劳动参与,部分学者的研究也获得了类似的结论（Boskin and Hurd，1978；Burkhauser，1980；Diamond and Hausman，1984；Stock and Wise，1990；Diamond and Gruber，1998；Brugiavini，1999；Neumark and Powers，1997）。Query（2007）基于12个不同的社会保障计划和劳动力市场机构的国家，研究其社会保障规定与退休之间的关系，结果一致表明，虽然各国在许多方面可能有所不同，但各国的雇员都对社会保障退休的激励作出类似的反应，即社会保障激励政策对退休决策有很强的影响。Agar和Franco（2003）利用行政数据来研究意大利私营非农员工退休的决定，研究结果表明社会保障政策会提高私营非农员工的退休概率。Spataro（2005）对20世纪80年代末至2000年底的意大利男性雇员进行了调查，认为社会保障激励其提前退休。Vere（2007）采用面板数据，应用健康和退休调查（HRS）来研究社会保障收入对20世纪90年代和21世纪初的老年劳动力供给的影响，发现社会保障收入与老年劳动力供给之间存在显著的负相关关系。Martín（2006）研究了西班牙养老金制度对西班牙老年人劳动力行为的影响，结果表明，西班牙养老金制度激励劳动力降低劳动参与率。

发展中国家也存在类似的情况。Bertrand等（2003）对南非的研究发现，南非的养老计划激励青壮年降低劳动参与率。Cerda（2002，2005）探讨了智利的社会保障制度对55—65岁个人退休和劳动供给决策的影响，结果表明，社会保障激励其较早退休和较低水平的劳动力供给。巴西对养老金进行了改革，扩大了覆盖率，提高了待遇水平，改革显著激励农户中老年人降低劳动参与率和劳动供给时间（Filho，2008）。Andrica和Cristina（2013）研究了罗马尼亚的养老保险制度对老年人劳动参与率的影响，认为养老保险制度对退休决策有显著负向影响。Manansala，Marquez和

Rosete(2022)使用了来自东盟国家的面板数据集,研究发现,虽然特定的养老金计划对女性经济活动有积极影响,但随着退休人员数量的增加,总劳动力参与率下降。

徐绮珠(2010)研究了中国社会养老保险制度对劳动力市场供给和需求及劳动力市场资源配置效果的影响,结果表明,社会养老保险制度对企业劳动力需求有负面作用,制度分割、统筹层次不高等制度弊端也影响劳动力市场资源配置。姜鲁南(2010)的研究表明退休金能够有效地缩短工作时间。王旭(2012)根据工作决策理论分析了城镇职工养老保险对城镇职工的劳动力供给的影响,研究表明,城镇职工养老保险对我国劳动力供给产生消极影响。程杰(2014)认为养老保险覆盖降低了劳动参与率和劳动供给时间,尤其对于农业劳动供给的影响更为明显,养老保险待遇也激励农村居民降低劳动供给。高燕(2015)使用中国养老与追踪调查数据,采用 DID-PSM 估计法研究表明,新农保制度激励农民退出劳动力市场或降低劳动供给水平。黄志平(2015)利用 CHARLS 数据,应用 logit 模型研究新农保养老金对于老年人劳动决策的影响,研究表明,新农保养老金显著减少其劳动供给水平。申路瑶和黄嘉慧(2021)也有相同的观点。李江一(2018)采用断点回归的方法研究城镇居民社会养老保险对老年人劳动参与决策的影响,认为养老保险显著降低劳动参与率。赵晶晶(2017)通过研究养老金收入对农村老人劳动供给的影响发现,养老金收入显著降低农村老人的劳动供给。封进(2019)研究了人口老龄化对社会保障的需求及由此带来的对劳动力市场的影响,结果表明,由社会保障体系的不完善引发的诸多矛盾冲击劳动力市场,倒逼企业使用更多资本与技术替代劳动以降低劳动力成本。冯志坚、莫旋(2019)运用内生转换回归模型研究,发现养老保险对乡城流动人口劳动供给总体呈现消极影响。

降低养老保障水平将鼓励行为主体增加劳动供给。此外,降低养老保障水平,降低劳动者预期的收入水平,从而抽紧其预算约束,提高了为养老储蓄而劳动的动机,这将激励行为主体增加劳动供给时间。实行现收现付制养老金体系的国家因人口老龄化导致养老金收不抵支而进行制度改革,改革的措施是推迟法定退休年龄或者削减养老金水平(Martin,2010),而这一改革激励了老年人增加劳动供给。Krueger 和 Pischke(1991)利用 Current Population Survey 数据估计了美国 1977 年养老保障水平的大幅度削减对老年人劳动供给的影响,结果表明,降低养老保障水平显著激励美国老年人增加劳动供给。Vere(2011)利用健康和退休研究面板数据进行实证,发现改革后保障收益的削减以及不确定性激励了退休后的老年人继续工作。Bütle,Huguenin 和 Teppa(2004)认为如果降低社会保障待遇的 3%,将导致 55—74 岁的男性劳动参与率提高 15%。Votruba(2003)就美国养老金水平对退休人员再就业的影响进行了研究,结果表明,无论是男性还是女性退休人员,降低养老金水平都会激励他们提高再就业的可能性。Engelhardt 和 Kumar(2014)的研究认为,对于 65—69 岁的男性来说,降低养老金收入将激励其增加劳动供给。Conway 和 Review(2013)在联邦政府和州政府开始对高收入老年人的社会保障福利征税的背景下研究老年人的劳动供给,估计结果表明,养老金税少征收 20%,他们的劳动参与率水平将增加 20%。Takashi Oshio 等(2011)研究了日本 1985 年削减后的养老金水平对老年人劳动供给的影响,通过模拟对比改革前后发现,改革激励老年劳动力增加劳动供给。新西兰通过削减福利和收紧资格标准,对其社会福利方案进行彻底改革,Maloney(2000)的研究表明这些改革增加了中老年人总的劳动供给。澳大利亚（Kudrna 和 Woodland，2011）、西班牙（Martin 和 Marcos，2010）等国的情况类似。

养老保障也可能激励劳动者增加劳动供给。拥有养老金资格的劳动者可能将其养老金用于提高人力资本或者进行就业创业投资，从而提高就业能力和就业机会。Burkhauser 和 Turner（1978）使用时间序列分析法对年轻人工作参与率进行测试，结果表明，如果没有 1936 年的社会保障，年轻人每周工作时间会下降，即年轻人因获得社会保障从而增加劳动供给。Blinder 等（1981）认为，社会保障法的规定实际上为老年人提供了强有力的工作激励机制，究其原因，对于大多数工人而言，当下的收入较高，导致未来社会保障福利更高，这些措施对 65 岁以下工人的激励尤为突出。Coile 和 Gruber（2007）研究社会保障激励机制对男性退休的影响，结果表明，对于老年男性来说，增加的社会保障政策激励机制可以显著地减少其劳动退出率。Pingle（2006）研究了社会保障的延迟退休信贷政策对老年男性就业率的影响，结果表明，养老金制度增加的奖励措施，提高了老年男性的就业率并延迟其退休年龄到 65 岁以上。车翼和王元月（2006）基于青岛市抽样调查数据，认为有养老金的劳动者提供了更多的劳动力供给。蒋选、郝磊（2017）运用 Tobit 模型研究发现，参加养老保险的中老年人可能由于缴纳保费降低了当期收入水平以及养老金可领取金额较少而增加劳动供给。汪伟和王文鹏（2021）研究了预期寿命、养老保险降费对老年劳动供给的影响，结果发现，降低养老保险缴费率能够促进体制外的老年劳动者增加劳动供给。李莉（2005）基于生命周期储蓄模型（Modigliani，1986；Tobin，1967；Auerbach and Kotlikoff，1987），研究发展中国家的个人储蓄养老金对参与者劳动供给的影响，认为个人储蓄养老金会增加参与者的劳动供给，但缺乏定量分析。Adam 和 Specter(2004)认为私人养老保险激励参与者增加劳动供给,究其原因,如果参保者处于失业状态,则其不但没有收入,而且还导致该保险收益的损失,这将激励参保者增加劳动供给。

养老保障对于不同群体有不同的劳动供给效应。Blau(1997)利用 American Retirement History Survey 数据估计了养老金收益对老年已婚男性和老年已婚女性的劳动供给,研究表明,不同的人群,其劳动供给效应不同,养老金收益对老年已婚男性的劳动供给产生正面影响,而对老年已婚女性的劳动供给产生负面影响(陈杰,2015)。Klaauw 和 Wolpin(2008)的研究表明,如果养老金水平消减,对不同人群产生不同的劳动供给效应,其中 62 岁以下的劳动者劳动供给表现为下降趋势,62 岁以下单身的劳动者比已婚的劳动者下降更严重,而 62—69 岁之间的劳动者劳动供给刚好相反,养老金水平消减激励这个阶段年龄的人增加劳动供给,而已婚劳动者表现尤为突出。Gruber 和 Orszag(2000)利用 1973—1998 年期间人口调查(CPS)数据,通过社会保障收入测试其对老年人劳动供给的影响,发现盈余测试对男性的劳动供给决策没有产生强有力的影响,但对于女性,盈余测试是影响劳动力供给决定的重要因素。Ceni(2014)应用阿根廷面板数据分析了社会保障计划的变化如何影响正式和非正式部门之间的工人劳动参与决策,主要的结果表明,社会保障计划的变化对正式和非正式部门之间的工人参与率差异很大。蔡亮(2009)认为我国机关事业单位的养老保险水平普遍偏高,会加剧其退休意愿,但对公务员却是例外。而张晓玲(2012)认为,高水平的养老保险待遇对中等收入和高收入群体的工作努力程度或劳动供给的影响很小,而对低收入群体的劳动供给影响较大。李琴、雷晓燕和赵耀辉(2014)的研究发现,拥有养老保障的体力劳动者容易在高血压影响下产生退休意愿,而这个现象在同样是以体力劳动为主的农村劳动力中并不存在。刘子兰、郑茜文和州城(2019)研究发现,新农保制度下,养老金财富的增加会激励养老金财富水平较低和较高人群减少劳动时间,但会鼓励中等养老金财富的劳动者增加劳动供给。朱艳婷(2020)基于城乡对比视角研究发现,养老保障制度对城乡老年人劳动参与的影响存在差异,养老保险金对减少城市老年人劳动参与的影响要大于农村老年人。马欣欣(2020)研究发现,新农村养老金计划对 25—34 岁的非正规工人的劳动供给的影响为正,而对其他年龄组的影响则是负的。郑浩天(2021)运用 CHIP 数据采用倾向得分匹配法分析得出,参与城镇养老保险的城镇劳动群体会选择消费更多的闲暇进而减少劳动供给时间,减少程度具体表现为中部大于东部大于西部以及女性大于男性的特征。张征宇和曹思力(2021)从政策受益比例的角度分析发现,新农保对我国农村中老年人的劳动供给有异质性影响。申珊(2019)研究发现,新农保养老金收入与其他养老金收入对于农村老年人的不同类型的劳动供给决策影响各不相同。

还有部分研究认为养老保障对劳动者劳动供给影响很小或者不明显。Gustman 和 Steinmeier(1984)、Honig 和 Reimers(1987)、Nielson(1990)认为,劳动者即使到了退休年龄离开当前的岗位,也可能去参加兼职或者全职的工作,而不是退出劳动力市场,这实际上降低了养老保险对个人退休决策的影响效果。Lumsdaine、Stock 和 Wise(1994)认为,对于参加待遇确定型养老保险的劳动者,即使其很早加入养老计划也往往会选择在收入达到最高时选择退休,而不太可能提早或者推迟退休。Ruhm(1994)探讨了养老保险的覆盖面和老年男性的退休行为之间的关系,研究结果表明,养老金对不同年龄段的男性影响不同,导致对总的劳动供给的影响是不确定的。庞丽华、Rozelle 和 Brauw(2003)的研究表明,有无退休金对老人劳动供给的影响不显著,原因可能是目前农村老人中有退休金的只是极少数,而且退休金额较低,并不能说明退休金对农村老人的劳动供给有影响。李莉(2005)认为,养老金并不肯定造成劳动力供给的增加或减少,而要视具体情况而定。Imrohoroglu 和 Kitao(2009)对美国社会保障改革的劳动跨期替代弹性进行研究,结果表明,社会保障改革对总劳动供给没有明显影响。解垩(2015)采用差分-断点方法,利用CHARLS 的两期面板数据,估计了新农保对农村老年人劳动力供给的影响,结果表明,新农保政策对农村老年人劳动参与决策和劳动供给时间没有影响。李慧与宋东升(2017)在养老保障对农民劳动供给影响的研究中表明,养老保障可以降低农民的劳作密集度,但对于农民全年的劳动总供给时间影响不大。赵一凡等(2022)通过 Probit 模型研究发现,老年人至少享有一项养老保障会降低其就业概率,但影响较为有限。

1.2.2 评述与思考

通过对国内外的文献梳理可以发现,学者们关于养老保障对劳动供给影响的研究结论不一,甚至相反。产生这些结论相左的原因可能在于:养老保障制度对劳动者劳动供给的替代效应和收入效应,如果收入效应占主导,则综合效应表现为负效应,激励劳动者降低劳动供给;如果替代效应更大,则综合效应表现为正效应,鼓励劳动者提高劳动供给;如果二者相互抵消,则综合效应不显著。养老保障对中国中老年人劳动供给的收入效应和替代效应哪个更大? 这也正是实证要回答的问题。由于中国的社会保障体系尚处在改革发展的初期阶段,关于中国养老保障制度对劳动供给影响的相关研究还相对匮乏,而对于不同类型的养老保障项目的劳动供给效应研究更是少见。本书选用最具代表性的数据,不但从总体上全面地考察养老保障的劳动供给效应,而且从不同类型的养老保障项目入手系统深入地观察各养老保障项目(包括城镇职工养老保险、城镇居民养老保险和新农保等)对劳动供给的影响,致力于形成一套全面系统的、深入的养老保障劳动供给效应分析的研究成果,这对于完善与劳动力市场相适应的社会保障制度和就业政策具有重要的参考价值。

1.3 主要概念和研究对象的界定

1.3.1 主要概念

(1) 人口老龄化、劳动年龄人口、抚养比

人口老龄化是指人口生育率降低和人均寿命延长引起的总人口中因年轻人口数量减少,年长人口数量增加而导致的老年人口比例相应增长的动态过程,说明的是一个人口群体年龄构成变化的趋势。国际上的通常看法是,当一个国家或地区60岁以上老年人口占人口总数的10%,或65岁以上老年人口占人口总数的7%,即意味着这个国家或地区处于老龄化社会。本书关注的是65岁及以上的老年人口比重。

劳动年龄人口一般指法律规定的成年人口减去法定退休年龄的人员以后的人口总数,即在一定年龄范围内具有劳动能力的人口,主要包括经济活动人口和非经济活动人口两部分。国际上一般把15—64岁列为劳动年龄人口,我国将男性16—60周岁、女性

16—55周岁视为劳动年龄人口。考虑到中国目前现实情况的变化、学术界界定的习惯以及便于国际对比等,本研究将15—64岁人口界定为劳动年龄人口。

抚养比又称抚养系数,是指在人口当中非劳动年龄人口(14岁及以下和65岁及以上)与劳动年龄人口(15—64岁)数之比。它度量了劳动力人均负担的非劳动力人口的数量。抚养比越大,表明劳动力人均承担的抚养人数就越多,即意味着劳动力的抚养负担就越严重。抚养比可分为总抚养比、少年抚养比和老年抚养比。少年抚养比指0—14岁人口占劳动年龄人口的比重,老年抚养比指65岁及以上人口占劳动年龄人口的比重,两者之和为总抚养比。

(2) 劳动供给的内涵

劳动不但是个体效应函数的核心要素,而且也是一个国家经济增长函数的核心变量,这决定了养老保障对劳动供给的研究成为一个重要的关注议题。那么劳动供给的主要内容包含什么?中国居民的劳动供给有何特点?这些问题正是本书研究的起点。

传统的劳动供给理论假定每个劳动者只有有限的时间,可以在闲暇与工作之间分配自己有限的时间。因此,劳动供给就是劳动者个人根据自身情况作出是否劳动、参与何种劳动以及劳动多长时间的决定。这表明要研究劳动供给问题至少包括劳动参与决策和劳动供给时间两个方面的内容。本书正是从劳动者的劳动参与率和劳动供给时间两个维度来研究我国中老年人的劳动供给情况。

对于中国的劳动者而言,无论是农村劳动者,还是城镇劳动者,兼业已成为中国现代化进程中的一种普遍现象,甚至是很多劳动者的最优选择(贺振华,2005),因此中国劳动者劳动类型多样。史清华和徐翠萍(2007)对长三角15个村的追踪观察发现,在家庭中,对于有劳动能力的家庭成员,从事最多的职业为"受雇劳动者",就业比例将近半数;第二大职业是"家庭经营劳动者",就业比例达到三分之一;第三大职业是"企业经营者",就业比例将近4个百分点,包括私营企业经营者和个体合伙工商劳动经营者;此外还有从事其他职业的劳动者。因此,本书根据劳动者的这一特点,不但分析其总体劳动供给,还分析其兼业如农业打工、自家农业等农业劳动以及受雇劳动和个体私营经济等非农业劳动的劳动供给。

本书考察的老年人的劳动参与率和劳动供给时间,是从2013年全国追踪调查CHARLS中的工作、退休和养老金模块中按照农业打工、自家农业生产活动、受雇和个体私营经济四个方面分别整理计算得出。本书假定考察对象从事兼业劳动,主要包括四种形式的兼业,有农业打工、自家农业生产活动、受雇劳动和个体私营经济活动,这四种劳动供给均是以挣钱为目的的活动。影响中老年人劳动供给的因素有很多,包括收入、健康状况、家庭因素以及社会保障等。本书在控制其他因素的条件下重点关注养老保障制度对劳动供给的影响。

1.3.2 研究对象的界定

参加养老保障与未参加养老保障的年轻人在总体劳动参与率和劳动供给时间方面相差不大,而对于中老年人群体来说,他们既是劳动力的主体,又是健康状况相对欠佳、接近退出劳动力市场的群体,他们对于养老保障制度的反应尤为敏感,养老保障制度与中老年人的劳动供给关系更为明显(程杰,2014)。因此,本书中的研究对象界定为45周岁以上的中老年人,包括城镇中老年人和农村中老年人。

1.4 研究设计

1.4.1 研究思路

本书在回顾已有相关经济理论和经验文献的基础上,结合人口快速老龄化的时代背景,以快速发展的养老保障制度和正处在深刻变化中的劳动力市场为切入点,分析我国养老保障制度对中老年人劳动力供给的影响。本书的相关研究主要回答如下几个基本问题:

养老保障制度对劳动供给是否存在收入效应? 参加养老保障可以使行为主体增加当期或预期收入,减轻其养老所需的后顾之忧,这样就可以放松参保者的收入预算约束,使其减少劳动时间,增加闲暇时间。根据新古典劳动供给理论,工资率上升产生收入效应,从而降低劳动者劳动时间,而增加更多的时间用于闲暇活动,养老保障正是通过提高劳动的边际报酬发挥了类似于工资率的收入效应,这将对劳动供给产生负面效应(程杰,2014)。

养老保障对劳动供给是否存在替代效应? 养老保障也可能通过放松预算约束,通过增加人力资本投资、生产经营投资等增加劳动或就业投资机会,从而激励参保者增加劳动供给。养老保障正是通过提高劳动的边际报酬发挥了类似于工资率的替代效应,这将对劳动供给产生正面效应。

目前相关研究和政策更多集中在社会保障制度的自身设计和实施过程,尚未充分关注到养老保障与劳动供给之间的关系。中国的养老保障究竟是否存在劳动供给效应? 如果存在,那么收入效应和替代效应哪个更大? 如果替代效应大于收入效应,则综合效应为正,养老保障将激励劳动者提高劳动参与率和劳动供给时间;如果收入效应大于替代效应,则综合效应为负,养老保障将激励劳动者降低劳动参与率和劳动供给时间。这些也正是实证研究需要回答的问题。

1.4.2 结构安排与技术路线

本书共分七章内容对研究主题进行阐述,技术路线如图1.3所示。

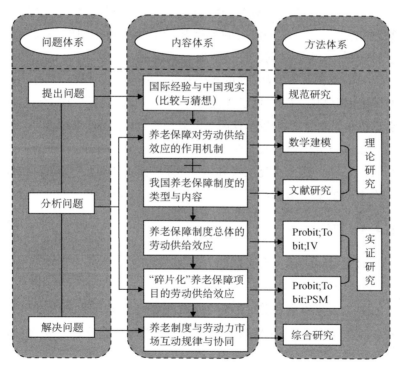

图1.3 技术路线

第1章为本书的绪论部分,主要介绍本书的研究背景、研究意义、文献综述、主要概念、研究对象的界定以及研究设计。

第2章基于2020年第七次人口普查数据,应用队列要素人口预测模型,结合生育政策的调整,预测了我国2021—2050年的老龄化趋势和劳动力的变化。

第3章介绍了中国养老保障体系的发展和改革历程,并对后文所涉及的各项养老保障项目做了必要的介绍,为后文做好相应的铺垫。

第4章为养老保障制度对劳动供给影响的理论框架和计量模型,包括养老保障制度对劳动供给的作用机制和优化后的理论模型,同时还介绍了本书使用的数据和计量分析中使用的相关变量及计量模型,为后文的实证分析做好铺垫。

第5章和第6章为论文的实证研究部分。通过计量模型分别考察养老保障制度和"碎片化"养老保障项目对我国居民劳动参与率和劳动供给时间的影响状况,这两个章节是本书的核心研究章节。

第7章为结论和政策建议章节。就本研究得到的实证结论进行总结,同时,基于研究发现和国际经验提出相应的建议;最后,分析本书的主要贡献和局限性,并提出未来可能研究的方向和重点。

1.4.3 研究方法

对本书各主体内容采用的方法如下:

(1) 文献研究法

通过大量检索、阅读和整理国内外养老保障与劳动力供给关系的相关研究文献,了解现有研究的现状并分析其中的不足之处,进而形成本书整体的研究思路。

(2) 理论建模法

通过阅读相关理论文献,在综述前人文献的基础上,结合劳动供给理论模型,清晰反映养老保障对劳动力供给效应影响的路径、机制,从而为后文的经验分析提供理论基础。

(3) 经验分析法

理论模型能够说明养老保障制度如何影响劳动力供给,但是这种因果关系的验证以及影响强度需严格的计量模型来分析。理论计量经济学及计量软件的快速发展与广泛普及,为我们使用比较前沿的实证研究方法提供了便利。就本书来说,主要适用如下方法来达成研究目标:

① 二值选择模型(Probit)和归并回归模型(Tobit)分析法

通常,经济计量模型都是假定因变量是连续的,但是本书劳动参与为0或1的选择问题,而劳动供给时间为大于或等于0的变量,使用最小二乘法很可能产生有偏误的估计结果。二值选择模型(Probit)和归并回归模型(Tobit)可以有效地控制负面影响。

② 倾向得分匹配法(Propensity Score Matching,PSM)

通过养老保障参保行为直接观察保险制度的劳动供给效应,可能会存在样本选择偏差和偶然性干扰因素的影响,从而导致观察的结果不能完全准确地反映保险制度对劳动供给的净效应。我们利用倾向得分匹配方法以纠正干预效应估计的偏差,进一步检验养老保障制度对于劳动者劳动供给行为的实质性影响,从而检验结论的稳健性。

③ 倾向值匹配基础上的倍差法(PSM-DID)

倾向匹配-双重差分法是对某项政策或项目的实施效果做出评估的方法,它利用是否参与外生政策将样本分为两类,通过对干预组在政策实施前后以及对照组在政策实施前后的差异的二次差分,得到较为纯净的政策实施效果。双重差分法结合使用政策参与与否的差异以及参与前后的差异,具有有效排除样本本身变化趋势干扰的优势,从而获得政策实施的真实效果。

第 2 章 中国人口老龄化与劳动力变化趋势

本章基于队列要素人口预测模型,结合生育政策调整,预测我国未来人口及老龄化发展态势。在此基础上,对我国城乡及总体劳动年龄人口总量和增长率变化趋势进行预测,同时分析我国城镇、农村及总体劳动年龄人口内部结构变化趋势,聚焦研究对象,为后文的进一步研究做必要的铺垫。

2.1 人口预测模型

2.1.1 人口预测模型原理

本研究采用队列要素方法,可以用每一年分年龄、性别、城乡的人口数和死亡率得到下一年分年龄、性别、城乡的人口数*,用育龄妇女的人口数量和对应的妇女生育率获得新生儿的数量,最后考虑农村人口向城镇迁移的情况,即可得到分年龄、性别、城乡的实际人口数。基于人口预测,再与劳动参与率假设相结合,从而

---

* 每一年分年龄、性别、城乡的人口数和死亡率指的是每一年份按照不同年龄、不同性别、不同城乡的人口数和死亡率。

得出未来劳动力规模和结构特征。本章基于队列要素方法，采用 2020 年开展的第七次人口普查数据，结合生育政策调整，对全国分年龄、性别、城乡的人口数量进行预测，预测区间为 2021—2050 年。

在介绍人口预测模型之前，先对模型中的一些符号进行说明。

$L_{t,x}^{m;u}$ 和 $L_{t,x}^{m;r}$——t 年 x 岁城镇和农村男性常住人口数；

$L_{t,x}^{f;u}$ 和 $L_{t,x}^{f;r}$——t 年 x 岁城镇和农村女性常住人口数；

$l_{t,x}^{m;u}$ 和 $l_{t,x}^{m;r}$——t 年 x 岁城镇和农村自然增长男性人口数；

$l_{t,x}^{f;u}$ 和 $l_{t,x}^{f;r}$——t 年 x 岁城镇和农村自然增长女性人口数；

$q_x^{m;u}$ 和 $q_x^{m;r}$——x 岁城镇和农村男性人口死亡概率；

$q_x^{f;u}$ 和 $q_x^{f;r}$——x 岁城镇和农村女性人口死亡概率；

B_t^u 和 B_t^r——t 年城镇和农村 0 岁人口数；

$P_{t,x}^{f;u}$ 和 $P_{t,x}^{f;r}$——t 年 x 岁城镇和农村女性平均人口数；

TFR_t^u 和 TFR_t^r——t 年城镇和农村妇女总和生育率；

$f_{t,x}^u$ 和 $f_{t,x}^r$——t 年 x 岁城镇和农村妇女的年龄别生育率；

sr_t^u 和 sr_t^r——t 年城镇和农村新出生婴儿的性别比；

$R_{t,x}^m$ 和 $R_{t,x}^f$——t 年 x 岁农村男性和女性人口的迁移率。

根据以上符号的定义，可计算 t 年城镇和农村妇女总和生育率和 0 岁人口数：

$$TFR_t^u = \sum_{x=15}^{49} f_{t,x}^u, \quad TFR_t^r = \sum_{x=15}^{49} f_{t,x}^r;$$

$$B_t^u = l_{t,0}^{m;u} + l_{t,0}^{f;u}, \quad B_t^r = l_{t,0}^{m;r} + l_{t,0}^{f;r}.$$

（1）自然增长人口测算

根据队列要素方法，t 年 x 岁城镇和农村自然增长男性（女性）人口数等于 $t-1$ 年 $x-1$ 岁城镇和农村男性（女性）常住人口数乘以生存概率，具体表达式如下：

$$l_{t,x}^{m,u} = L_{t-1,x-1}^{m,u} \times (1-q_{x-1}^{m,u}), \ 1 \leqslant x \leqslant 100;$$

$$l_{t,x}^{f,u} = L_{t-1,x-1}^{f,u} \times (1-q_{x-1}^{f,u}), \ 1 \leqslant x \leqslant 100;$$

$$l_{t,x}^{m,r} = L_{t-1,x-1}^{m,r} \times (1-q_{x-1}^{m,r}), \ 1 \leqslant x \leqslant 100;$$

$$l_{t,x}^{f,r} = L_{t-1,x-1}^{f,r} \times (1-q_{x-1}^{f,r}), \ 1 \leqslant x \leqslant 100.$$

(2) 新生人口测算

根据成分法，t 年分城乡的新生人口（即 0 岁人口）数量等于 t 年分城乡、年龄的平均育龄（15—49 岁）妇女人口数量乘以对应的年龄别生育率之后的加总，具体表达式如下：

$$P_{t,x}^{f,u} = \frac{1}{2} \times (l_{t,x}^{f,u} + l_{t+1,x}^{f,u}) = \frac{1}{2} \times [l_{t,x}^{f,u} + l_{t,x-1}^{f,u} \times (1-q_{x-1}^{f,u})],$$
$$15 \leqslant x \leqslant 49;$$

$$P_{t,x}^{f,r} = \frac{1}{2} \times (l_{t,x}^{f,r} + l_{t+1,x}^{f,r}) = \frac{1}{2} \times [l_{t,x}^{f,r} + l_{t,x-1}^{f,r} \times (1-q_{x-1}^{f,r})],$$
$$15 \leqslant x \leqslant 49;$$

$$B_t^u = \sum_{x=15}^{49} P_{t,x}^{f,u} \times f_{t,x}^u = \frac{1}{2} \times \sum_{x=15}^{49} \{[l_{t,x}^{f,u} + l_{t,x-1}^{f,u} \times (1-q_{x-1}^{f,u})] \times f_{t,x}^u\};$$

$$B_t^r = \sum_{x=15}^{49} P_{t,x}^{f,r} \times f_{t,x}^u = \frac{1}{2} \times \sum_{x=15}^{49} \{[l_{t,x}^{f,r} + l_{t,x-1}^{f,r} \times (1-q_{x-1}^{f,r})] \times f_{t,x}^u\};$$

$$l_{t,0}^{m,u} = B_t^u \times sr_t^u; \ l_{t,0}^{f,u} = B_t^u - l_{t,0}^{m,u}; \ l_{t,0}^{m,r} = B_t^r \times sr_t^r; \ l_{t,0}^{f,r} = B_t^r - l_{t,0}^{m,r}.$$

(3) 考虑人口迁移情况的人口测算模型

考虑到农村人口向城镇迁移的情况，即可获得 t 年分城乡、性别、年龄的常住人口数量，具体表达式如下：

$$L_{t,x}^{m,u} = l_{t,x}^{m,u} + l_{t,x}^{m,r} \cdot R_{t,x}^m, \quad 1 \leqslant x \leqslant 100;$$

$$L_{t,x}^{f,u} = l_{t,x}^{f,u} + l_{t,x}^{f,r} \cdot R_{t,x}^f, \quad 1 \leqslant x \leqslant 100;$$

$$L_{t,x}^{m,r} = l_{t,x}^{m,r} - l_{t,x}^{m,r} \cdot R_{t,x}^m, \quad 1 \leqslant x \leqslant 100;$$

$$L_{t,x}^{f,r} = l_{t,x}^{f,r} - l_{t,x}^{f,r} \cdot R_{t,x}^f, \quad 1 \leqslant x \leqslant 100。$$

$l_{t,x}^{m,r} \cdot R_{t,x}^m$ 和 $l_{t,x}^{f,r} \cdot R_{t,x}^f$ 分别代表 t 年 x 岁的由农村迁往城镇的男性和女性人口数量。用迁移人口数量加上城镇自然增长人口数量等于城镇常住人口数量，用农村自然增长人口数量减去迁移人口数量等于农村常住人口数量。

2.1.2 相关参数说明

通常情况下，某一国家或地区人口总量的变化主要受到三个因素的影响：生育要素、死亡要素和迁移要素。其他任何非人口要素，如国家生育政策、战争、疾病、社会经济状况以及医疗卫生水平等都是通过上述三个人口要素作用于人口总量（贾曼丽，2016）。下面详细分析这三个要素。

（1）总和生育率

总和生育率是预测新生人口的一个重要参数。2021年5月，第七次全国人口普查结果正式公布。第七次全国人口普查漏登率仅为0.05%，这说明本次普查数据具有很高的质量。第七次全国人口普查采用电子化数据收集的方式，允许采用互联网直报的方式收集数据。此外，很关键的是，与以往历次普查相比，第七次全国人口普查利用了行政记录（如公民身份信息）和大数据对普查数据做对比核查，这对获得高质量普查数据十分重要。第七次人口普查的总和生育率数据可能不会重蹈第五次全国人口普查、第六次全国人口普查以及2015年1%人口调查的覆辙，1.3的总生育率可能十分接近实际的水平,其中城镇和农村总和生育率分别为1.19和1.54(王广州、胡耀岭,2022)。

(2) 死亡率

死亡率是人口预测中的另一个重要参数。目前,较多学者的做法是基于基础数据(人口普查数据和1%抽样调查数据),应用Lee-Carter模型预测未来人口死亡率。本书沿用这一方法进行研究,但由于人口普查存在一定的漏报和误差,通过人口普查实际数据直接计算出来的死亡概率并非真实的死亡概率,需要修正,在此采用蒋正华(1983)提出的JPOP-1自修正迭代算法对2020年人口普查数据死亡概率进行修正。

(3) 迁移人口

本书研究的是全国范围内的人口和劳动力变化。因国内与国外之间的净迁移率较低,对我国人口总体的发展变化影响较小,在此忽略不计,重点关注内部迁移变化。

国家统计局公布的数据显示,2020年我国城镇化率为63.9%。观察2000年以来的城镇化率可以发现,我国城镇化率平均每年增加1.32个百分点(见图2.1)。根据发达国家的经验,城

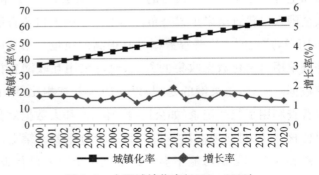

图2.1 中国城镇化率(2000—2020)

镇化率达到 75% 以后就较为稳定,本书参照蒋云赟(2009)的研究,假定城镇化率每年增加 1.3%,直至达到 75%。那么,t 年迁移人口数量的预测可以用 t 年总人口数量乘以城镇化率减去城镇常住人口数量,得到 t 年迁移人口数量后,再根据 t 年农村自然增长人口的分布,得到 t 年分性别、年龄的迁移人口数量。

2.2 我国未来人口及老龄化发展趋势

将生育率参数、死亡率参数及迁移率参数带入队列要素人口预测模型,即可预测我国 2021—2050 年的分年龄、性别、城乡的人口数量及全国的人口数量,下面将对我国人口发展趋势展开分析。

2.2.1 中国人口总量的趋势

结合生育政策的实施,预计 2021—2050 年我国人口总量呈现递减的变化趋势。结合第七次全国人口普查数据,预测结果表明(见图 2.2),2021 年人口总数达到峰值,约为 14.13 亿人,此后人口总数一直呈下降趋势,2050 年人口总数约为 12.72 亿人。

随着城镇化的进一步发展,预计我国城镇人口数量呈现出先增加后减少的趋势。预测结果表明(见图 2.3),2021 年城镇人口总数约为 9.14 亿人,2021—2045 年城镇人口总数呈缓慢上升趋势,在 2045 年达到峰值,约为 10.49 亿人,此后城镇人口总数一直呈下降趋势,到 2050 年约为 10.35 亿人。因农村人口向城镇迁移,使得我国农村人口数量持续减少,2021 年农村人口数量约为 4.98 亿人,从 2021 年到 2050 年一直呈下降趋势,到 2050 年约为 2.35 亿人。

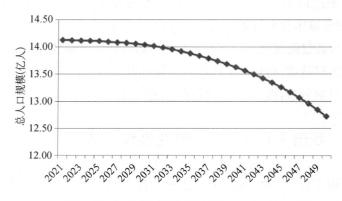

图 2.2 中国人口变动趋势(2021—2050)

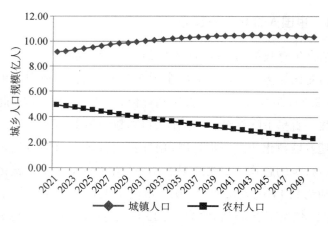

图 2.3 中国城乡人口变动趋势(2021—2050)

2.2.2 人口老龄化的预测

图 2.4 显示了 2021—2050 年 65 岁及以上老年人口规模与比

重的变化趋势,预测结果表明,即使考虑到生育政策调整的影响,我国老年人口规模也在不断扩大,同时,老龄化速度有所加快。2021年65岁及以上人口达到2.01亿,占总人口的14.16%。预计到2025年,老年人口将达到2.29亿,老龄化水平达到16.21%;2050年,65岁以上人口将达到3.95亿,老龄化水平达到31.07%。从阶段性发展态势来看,2021—2025年,我国65岁及以上人口年均增长约714.96万人,而2026—2040年年均增长约1136.12万人,年均增速明显加快;2041—2050年年均增长约101.54万人,年均增速有所放缓。从占比来看,2021—2025年,我国65岁及以上人口占总人口比重年均增加0.51个百分点,而2026—2040年占比年均增长0.93个百分点,年均增速较2021—2025年多0.68个百分点;而2041—2050年占比年均增长0.34个百分点,此阶段,老龄化进程进入减速期。

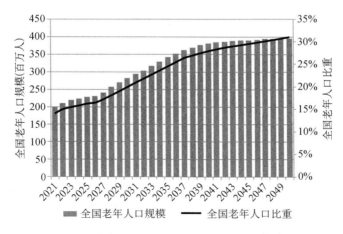

图 2.4 中国 65 岁及以上人口数的变化趋势(2021—2050)

图 2.5 和图 2.6 分别分析了我国城镇和农村 2021—2050 年

65岁及以上老年人口规模与比重的变化趋势,预测结果表明,城镇老龄人口规模和比重与全国相似。2021年65岁及以上人口占人口总数的11.72%;预计到2025年,城镇老龄化水平达到13.81%;2050年,65岁以上人口将达到3.09亿,老龄化水平达到29.89%。农村老年人口规模则呈现出M形的变化趋势,但老年人口比重持续增加。从图2.6可以看出,农村老年人口规模在2021—2023年呈现缓慢的上升趋势,2023年达到第一峰值,约为0.97亿人,之后两年出现缓慢下降趋势,此后,在2026—2036年又呈现快速上升趋势,2036年达到峰值,约为1.15亿人,之后阶段则再次出现快速下降趋势。农村老年人口尽管在规模上呈现出M形的变化趋势,但比重却持续增加,2021年约为18.64%,2034年首次超过30%,2050年农村老年人口比重达到36.31%。

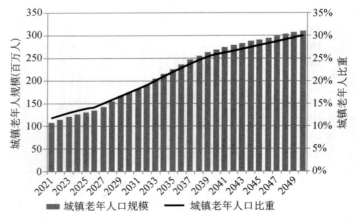

图2.5 中国城镇65岁及以上人口数的变化趋势(2021—2050)

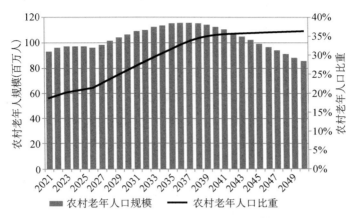

图 2.6　中国农村 65 岁及以上人口数的变化趋势(2021—2050)

2.2.3　老年抚养比的变化

图 2.7 分析了城镇老年抚养比、农村老年抚养比及总抚养比的变化趋势,预测结果表明,无论是城镇还是农村以及全国范围内,老年抚养比都持续增加。2021 年全国老年抚养比为 19.94%,

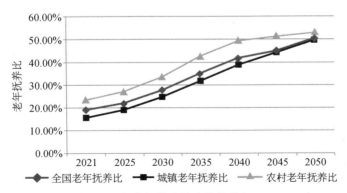

图 2.7　中国老年人抚养比的变化趋势(2021—2050)

2021年及以后全国老年抚养比呈现快速的上升趋势,至2050年,老年抚养比将达到50.27%,即未来需要两位年轻人抚养一位老年人,预示未来年轻人的赡养压力很大。与全国老年抚养比发展趋势类似,城镇和农村的老年抚养比均呈现快速上升趋势,且农村的老年抚养比超过城镇的老年人抚养比,至2050年,农村和城镇的老年抚养比分别为53.03%和49.61%,表明农村和城镇年轻人的养老负担都很重。

2.3 中国未来劳动力发展预测

本节基于预测结果分析我国劳动年龄人口总量和增长率及其内部结构的变化趋势,同时分别分析城乡劳动年龄人口总量和增长率及其内部结构的变化趋势。

2.3.1 中国劳动年龄人口总量及增长率变化

图2.8分析了我国2021—2050年劳动年龄人口规模与比重的变化趋势,预测结果表明,即使考虑到生育政策调整的影响,我国劳动年龄人口规模依然呈现出不断下降的趋势。劳动年龄人口从2021年的约9.49亿人下降到2050年的约7.82亿人,表明中国劳动年龄人口总量自2012年首次出现下降后,到21世纪中叶劳动年龄人口规模将持续下降。其中2025年后劳动年龄人口数量将进入快速下降通道,增长率将从2025年的−1.13%快速下降到2040年的−4.65%。

图2.9、图2.10分别分析了我国2021—2050年城镇和农村劳动年龄人口规模与比重的变化趋势,预测结果表明,相比城镇劳动年龄人口变化趋势,我国农村劳动年龄人口减少的趋势尤

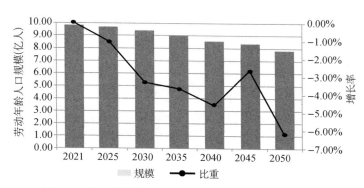

图 2.8 中国劳动年龄人口总量和增长率(2021—2050)

为明显(见图 2.10)。与全国劳动年龄人口规模和比重发展趋势类似,我国农村劳动年龄人口规模呈现持续下降的趋势,增长率也基本保持下降趋势,从 2021 年的 −0.06% 快速下降到 2040 年的 −15.74%。从图 2.9 可以看到城镇劳动年龄人口变化趋势,我国城镇劳动年龄人口先增加后减少,2035 年左右城镇劳动年龄人口规模开始下降,但增长率从 2025 年后进入快速下降通道。

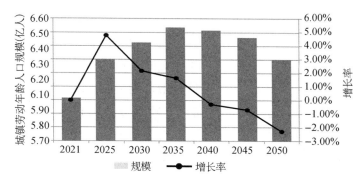

图 2.9 城镇劳动年龄人口总量和增长率(2021—2050)

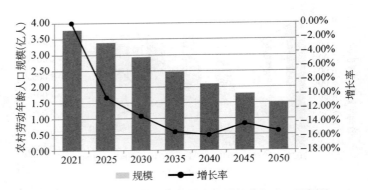

图 2.10　农村劳动年龄人口总量和增长率(2021—2050)

2.3.2　中国劳动年龄人口内部结构趋势

图 2.11 较为清晰地揭示了我国年轻劳动力、中青年劳动力和中老年劳动力内部结构变化趋势,预测结果表明,中老年劳动力将成为劳动力主体。从图 2.11 可直观地发现,在 2021—2025 年,中老年劳动力比重将首次超过中青年劳动力比重,达到 43.76%;在 2025—2040 年,中老年劳动力比重持续增加,而此阶段中青年劳动力比重进一步减少;在 2040—2050 年,中老年劳动力比重有所下降,但依然超过中青年劳动力。年轻劳动力占总劳动力比重在 2021—2050 年保持了相对平缓的变化趋势,保持在 15%—20% 左右的水平。由此可以看出,随着人口老龄化,中老年人即将成为未来我国劳动力的主体。而对于中老年人群体来说,他们既是健康状况相对欠佳,又是接近退出劳动力市场的群体,他们对于养老保障制度的反应尤为敏感,养老保障制度与中老年人的劳动供给关系也更加明显。因此需要特别关注 45 周岁以上的中老年人。

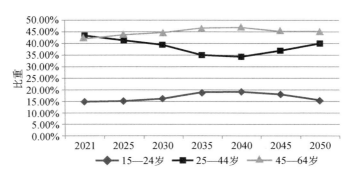

图 2.11　中国劳动年龄人口内部结构变化趋势（2021—2050）

图 2.12、图 2.13 分别分析了我国城镇和农村年轻劳动力、中青年劳动力和中老年劳动力内部结构变化趋势，预测结果表明，无论是城镇还是农村，中老年劳动力都将成为劳动力主体，其中在农村表现尤为明显。从图 2.13 可直观地看到，在 2021—2050 年，农村中老年劳动力比重始终高于中青年劳动力比重。从图 2.12 可以发现，城镇劳动年龄人口内部结构变化趋势与全国的变化趋势类似，在 2025—2030 年，城镇中老年劳动力比重将首次超过中青年劳动力比重，达到 43.45%；在 2030—2040 年，城镇中老年劳动力比重稳步增加，而此阶段中青年劳动力比重却持续减少；在 2040—2050 年，城镇中老年劳动力比重有所下降，但依然超过中青年劳动力。由此可以看出，无论是城镇还是农村，中老年人即将成为未来我国劳动力的主体。中国已经跨入中等收入发展阶段，正在从二元经济向一元经济逐步转变，劳动力市场发生着深刻变化，二元经济结构的刘易斯拐点已经到来，农村富余劳动力由剩余变为短缺，"农民工潮"转向了"农民工荒"，城镇、农村的劳动力都出现了相对短缺，尤其是对于中老年人，他们既是劳动力的主体，又是健康状况相对欠佳、接近退出劳动力市场的群体，因此，该群

体对养老保障制度的反应更为敏感。

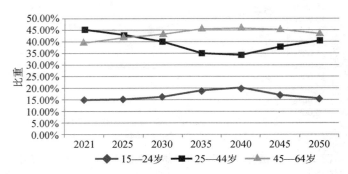

图 2.12　城镇劳动年龄人口内部结构变化趋势（2021—2050）

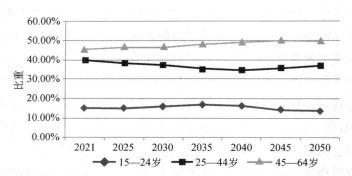

图 2.13　农村劳动年龄人口内部结构变化趋势（2021—2050）

第3章 中国养老保障制度概述

中国养老保障作为本书重点关注的核心解释变量,近年来呈何种变化趋势?现状又是如何?本章将对这些问题进行解答。本章首先对中国社会保障制度的相关概念进行了界定,并对中国社会保障制度的发展趋势和体系结构进行梳理;然后系统梳理养老保障制度的发展历程和现状以及各种养老保障项目,为后文实证分析做好铺垫。

3.1 中国社会保障制度的发展与体系结构

中国社会保障制度是一个大的概念,包括若干子项目,需要进行仔细的梳理和研究。根据研究对象和研究目的,本书对中国社会保障制度的发展和体系结构进行了必要的梳理。

3.1.1 中国社会保障制度的发展

社会保障制度是以国家为主体,在政府的管理之下,依据一定的法律和规定,通过国民收入的再分配,以社会保障基金为依托,对公民在暂时或者永久性失去劳动能力以及由于各种原因导致生活发生困难时给予物质帮助,用以保障居民最基本的生活需要(梅哲,2006)。中华人民共和国成立以来,我国的社会保障制度走过了创建、调整、停滞、重建、改革初探和改革加速六个阶段的历程。表 3.1 是对这六个阶段基本情况的总结。

表 3.1 1949 年以来我国社会保障制度的主要历史沿革

阶段	年份	内容	文件
第一阶段	1949—1955	创建阶段：社会保险政策、措施开始制定施行，全国开始着手建立统一的社会保险制度和体系	《共同纲领》(1949 年 9 月)、《中华人民共和国劳工保险条例》(1951 年 2 月)、《劳保条例》(1951 年制定，1953 年完善)、《国家机关工作人员退休、退职、病假期间待遇等 3 个暂行办法》(1955 年 12 月)
第二阶段	1956—1965	调整阶段：中央政府对社会保障政策进行了调整和完善	《关于国家机关工作人员退休和工作年限计算等几个问题的补充通知》(1955 年 12 月)、《中华人民共和国女工保护条例（草案）》(1956 年)、《国务院关于工人、职员退休处理的暂行规定》(1958 年 2 月)、《国务院关于工人、职员退职处理的暂行规定（草案）》(1958 年 3 月)、《关于把卫生工作重点放到农村的报告》(1965 年 9 月)、《关于改进公费医疗管理问题的通知》(1965 年 10 月)、《关于改进企业职工劳保医疗制度几个问题的通知》(1965 年 9 月)
第三阶段	1966—1977	停滞阶段：由于受到"文革"的冲击，各种保险设施、管理机构被取消，基金制度被废除，职工正常的退休、退职工作被迫停滞，	

续 表

阶段	年份	内容	文 件
		社会保险的组织基础和财政基础被破坏殆尽,整个保险工作陷入瘫痪	
第四阶段	1978—1985	重建时期:社会保障制度得到恢复和发展,各项社会保障工作陆续展开	《中华人民共和国宪法》(1978年2月)、《关于安置老弱病残干部的暂行办法》(1978年6月)、《关于工人退休、退职的暂行办法》(1978年6月)、《关于老干部离职休养的暂行规定》(1980年10月7日)、《关于整顿和加强劳动保险工作的通知》(1980年3月)、《关于帮助贫困地区尽快改变面貌的通知》(1984年9月)
第五阶段	1986—2000	改革初探阶段:建立具有多层次社会保障体系的社会保障制度	《中华人民共和国国民经济和社会发展第七个五年计划》(1986年4月)、《国营企业实行劳动合同制暂行规定》(1986年7月)、《国营企业职工待业保险暂行规定》(1986年7月)、《中共中央关于建立社会主义市场经济体制若干问题的决定》(1993年11月)、《劳动和社会保障部职能配置、内设机构和人员编制的规定》(1998年6月)
第六阶段	2001—至今	改革加速阶段:中国社会保障制度出现迅速发展的特征,各项政策、措施不断出台实施	《关于建立新型农村合作医疗制度的意见》(2003年1月)、《工伤保险条例》(2003年4月)、《关于解决农民工问题的若干意见》(2006年3月)、《关于在全国建立农村最低生活保障制度》

续 表

阶 段	年 份	内 容	文 件
			(2007年7月)、《关于深化医药卫生体制改革的意见》(2009年3月)、《关于开展新型农村社会养老保险试点的指导意见》(2009年9月试点)、《关于开展城镇居民社会养老保险试点的指导意见》(2011年试点)、《中华人民共和国老年人权益保障法》(2012年12月,分别于2015年4月和2018年12月进行修订)、《关于机关事业单位工作人员养老保险制度改革的决定》(2014年10月)、《关于整合城乡居民基本医疗保险制度的意见》(2016年1月)、《关于开展长期护理保险制度试点的指导意见》(2016年6月)、《生育保险和职工基本医疗保险合并实施试点方案》(2017年1月)、《关于建立企业职工基本养老保险基金重要调剂制度的通知》(2018年5月)、《关于维护新就业形态劳动者劳动保障权益的指导意见》(2021年7月)

注:本表中的部分资料来自黄清峰(2010)和梅哲(2006),阶段划分稍有区别,主要根据文件的内容和性质进行划分。

从表3.1可以看出,我国的社会保障制度经历了一个曲折发展的过程:前两个阶段是社会保障制度的预备和调整阶段;第三阶段由于受到"文化大革命"的冲击,整个社会保障工作陷入瘫痪,出现停滞甚至倒退的情况;第四阶段是重建时期,社会保障制度得到恢复和发展,各项社会保障工作陆续展开;第五、六阶段是社会保障制度的改革时期,包括改革初探时期和改革急速扩张时期。1993年,十四届三中全会制定了建立多层次的社会保障体系的目标,此后几年全国人大、国务院出台了一系列社会保障方面的法律、行政法规,如职工养老保险制度改革方案、养老保险制度改革试点以及下岗职工基本生活保障、失业保障、城镇居民最低生活保障等。特别是2000年以后,中国社会保障体系进入改革急速扩张时期:2003年,新农合试点;2005年为解决农民工社会保障问题,《关于解决农民工问题的若干意见》出台;2007年,农村低保制度开始建立;2011年新农保和城镇居民社会养老保险制度开始试点工作并于2012年实现了全国普及。新农保、新农合、农村最低生活保障等构成农村社会保障制度的基本制度框架,城乡一体化的社会保障制度已初见雏形。2014年10月颁布的《关于机关事业单位工作人员养老保险制度改革的决定》,标志着存在近20年的养老金"双轨制"的终结,涉及人数近4000万。2018年5月30日,由国务院印发的《关于建立企业职工基本养老保险基金中央调剂制度的通知》,针对当前养老保险基金发展不平衡、不充分的突出问题,围绕建立健全更加公平、更可持续养老保险制度的目标,从基本国情和养老保险制度建设实际出发,建立养老保险基金中央调剂制度,以尽快实现养老保险全国统筹。2021年7月16日,人社部等八部门共同印发《关于维护新就业形态劳动者劳动保障权益的指导意见》,为支持和规范发展新就业形态,切实维护新就业形态劳动者劳动保障权益,促进平台经济规范健康持续发展,进一步规范平台用工关系,对维护好新就业形态劳动者的社会保险等权益都作出明确要求。这一时期,国家逐步建立了以社会保险为主体,包括社会救助、社会福利和社会优抚在内的社会保障制度框架。社会保障制度在近年来进入改革急速扩张时期后,覆盖面迅速扩大,待遇水平不断提高。那么,中国的社会保障制度会像日本等西方国家一样加速中国劳动力减少劳动供给时间甚至退出劳动力市场吗？这有待进一步的验证。

3.1.2 中国社会保障制度的体系结构

中国的社会保障体系由四大部分组成：社会保险、社会救助、社会福利和社会优抚。它们互相衔接、互相补充,构成一个相对完整的社会安全网络。

社会保险即通常所说的"五险",包括养老、医疗、生育、失业和工伤五项保险,是指国家通过法律强制实施,为工薪劳动者在年老、疾病、生育、失业以及遭受职业伤害的情况下,提供必要物质帮助的制度。

社会救助,是指政府对生活在社会基本生活水平以下的贫困地区或贫困居民给予的基本生活保障,是基础的、最低层次的社会保障,其目的是保障公民享有最低生活水平,给付标准低于社会保险。

社会福利是政府为社会成员举办的各种公益性事业及为各类残疾人、生活无保障人员提供生活保障的事业。社会福利包括的内容十分广泛,不仅包括生活、教育、医疗等方面的福利待遇,而且包括交通、文娱、体育等方面的待遇。

社会优抚,是指政府对军属、烈属、复员退伍军人、伤残军人予以优待抚恤的制度。

中国社会保障制度结构及其项目构成如图3.1所示。

中国社会保障制度项目构成众多,且已有的研究较为充分地探讨了医疗保障的劳动供给效应。因此,本书将研究重点聚焦养老保障这项基本的中国社会保障制度,其他的社会保障制度项目因覆盖群体小或者对劳动者劳动供给作用方式差异较大,在此不作讨论。

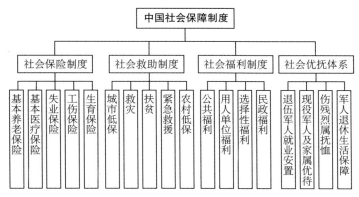

图 3.1 中国社会保障制度框架结构

3.2 中国养老保障制度的改革历程与发展状况

近年来,中国养老保障制度改革急速推进,本节对中国养老保障制度的演变过程特别是近年来的改革趋势进行梳理。同时,因中国政府针对不同群体制定了不同的养老保障制度,为较好地理解第六章涉及的各种不同养老保障制度,本节对不同养老保障项目及现状也进行了必要的梳理。

3.2.1 中国养老保障制度的改革历程发展

经过 70 多年的发展,我国建立起了相对完善的城镇养老保险制度和机关事业单位养老保险制度。20 世纪 90 年代中后期开始建立和完善城镇职工的养老金制度。2014 年 10 月 1 日,国务院印发《关于机关事业单位工作人员养老保险制度改革的决定》,决定合并"双轨制",近 4000 万机关事业单位工作人员和企业职工一样缴纳养老金。但由于城乡二元结构的影响,我国农村养老保障制度相对落后于城镇,其发展大致经历了四个阶段。

探索与初建阶段(1986—1992)。1986年民政部向国务院提交了《关于探索建立农村社会保障制度的报告》,农村社会保障制度在全国逐步展开。

试推广阶段(1993—1997)。1992年1月,《县级农村社会养老保险基本方案(试行)》实行,制定了养老保险制度的一些基本原则,包括资金来源,待遇水平,农村务农、务工、经商等各类人员的社会养老制度一体化方向等,还确立了基金个人账户积累制。这是我国历史上第一部针对农村居民的正式养老保险法规,也是农村养老保险制度建设的里程碑。

改革初探阶段(1998—2006)。1998年,农村养老保险事务由民政部移交至新组建的劳动和社会保障部,这标志着新的行政管理组织体系的建立。此后一段时期,农村养老保险制度在推行过程中艰难前进。1999年7月,国务院对养老保险业务进行清理整顿。进入21世纪,养老保险进一步试点和推广,尤其是沿海经济发达地区发展更为迅速,覆盖范围持续扩大、标准不断提高、模式逐步规范。2003年底,全国有1970个县、市、区实行了农村社会养老保险制度,5428万人参保,198万农民领取养老金。

改革快速扩张阶段(2007—至今)。2009年9月,根据国务院发布的《关于开展新型农村社会养老保险试点的指导意见》,我国正式开始农村社会养老保险试点工作。最初只在全国10%的县(市、区)开展,当年参保人数为7277.3万,占农村总人口的10.21%。此后,新农保试点工作在全国迅速铺开,2011年扩大到全国40%的县(市、区),参保人数迅速增长为3.26亿,参保率升至49.72%。截至2012年底,全国参保人数已达4.84亿人,共有1.31亿城乡居民领取了基本养老金,中央财政总计投入资金

2320多亿,地方财政总计投入资金300多亿。根据当时规划,在2020年之前基本实现农村适龄居民新农保全覆盖,实现农村居民都享有养老保险。2011年,覆盖城镇非就业居民的保险制度"城镇居民社会养老保险"建立试点。2012年,我国已经形成覆盖农村居民的新型农村社会养老保险(新农保)、覆盖城镇非就业居民的城镇居民社会养老保险(城居保)、覆盖城镇企业职工的城镇职工基本养老保险(城基保)和覆盖机关事业单位职工的机关事业单位养老保险四种养老保险。其中,新农保、城居保和城基保覆盖人口已经达到7.88亿。中国的社会养老保险体系已经成为世界上最大的社会养老保险体系。2013年11月,十八届三中全会通过的《中共中央关于全国深化改革若干重大问题的决定》明确提出"整合城乡基本养老保险制度"。2014年2月,国务院决定合并新农保和城居保,建立全国统一的城乡居民基本养老保险制度,中国社会保险开始迈开整合的重要一步。基于机关与事业单位未同步改革的失败教训,吸取分类改革的有利经验,国家于2015年颁布《关于机关事业单位工作人员养老保险制度改革的决定》,采取机关与事业单位同步改革的方式,针对不同类型事业单位采取差异化改革,实施与企业相同的"统账结合"模式。2015年1月发布的《国务院关于机关事业单位工作人员养老保险制度改革的决定》提出,建立统一的城乡居民基本养老保险制度,从制度上消除城乡差别,促进社会公平。2018年,建立企业职工基本养老保险中央调剂金制度,是实现养老保险全国统筹的重要举措。2022年,正式实施企业职工基本养老保险全国统筹,增强了基本养老保险制度的可持续性。2022年4月21日,国务院办公厅发布《关于推动个人养老金发展的意见》,这是完善我国养老金体系"三支柱"的新增长引擎,是推进多层次、多支柱养老保险体系建设,促进养老保险制度可持续发展的制度保障。

为了贯彻党的十九大报告提出的推进养老保险全国统筹的精神,政府在企业职工养老保险制度中推出中央调剂制度,于2018年通过法律形式予以确定。为了提高养老保险的征缴率,改变过去"征税与收费二分天下"的局面,我国于2018年开始统一由税务部门征收养老保险费。

3.2.2 各养老保障项目的基本情况①

(1) 城镇职工基本养老保险

城镇职工基本养老保险是指国家通过立法,由企业和个人筹集资金,对劳动者在退休时给予经济补偿,使他们能够老有所养的一项社会保障制度。

职工基本养老保险制度覆盖对象主要包括城镇各类企业及其职工、实行企业化管理的事业单位及其职工、城镇个体工商户和灵活就业人员以及依法在各级民政部门登记的社会团体、基金会、民办非企业单位、境外非政府组织驻华代表机构及其签订聘用合同或劳动合同的专职工作人员。

城镇职工基本养老保险基金由企业和个人筹集,其中企业承担20%,职工个人缴纳8%。2019年,根据国家部署,各省市城镇

---

① 养老保障是指为了满足老年人各种养老需求,一个经济体建立的涵盖养老资金积累、老年风险分散和养老照顾等多方面的综合性制度安排,主要包括养老保险和养老服务。养老保障是一个比养老保险更为广泛的综合性制度安排,是更为全面、更为系统的一揽子制度安排。在本节中除了养老保险,还包括高龄老人养老补助(补贴)等养老服务。此外,养老保障、养老保险等在很多时候并没有明确的界定和区分,如文献《养老保障的劳动供给效应》(程杰,《经济研究》2014年第10期)中养老保障就等同于养老保险。因此,本书使用养老保障这一更为全面的说法,在第6章中研究具体的养老保险项目时,使用具体养老保险项目名称。

职工基本养老保险费率统一由 20% 下调为 16%。参保人员退休后领取的养老金,包括基础养老金、个人账户养老金和过渡性养老金三部分。

截至 2021 年底,全国参加城镇职工基本养老保险人数为 48075 万人,比上年末增加 2454 万人,城镇职工基本养老保险基金收入 60040.4 亿元,基金支出 56500.3 亿元。2020 年末城镇职工基本养老保险基金累计结存 58075 亿元。2021 年,城镇职工基本养老保险基金中央调剂比例提高到 4.5%,调剂规模为 93000 余亿元。

(2) 政府机关和事业单位养老保险

政府机关和事业单位养老保险指法律规定的政府机关和事业单位工作人员在退休时从政府和事业单位领取退休金的一种养老保障制度。在较长的时期内,我国大部分政府机关和事业单位都没有实行社会养老保险制度,仍实行退休养老制度。在这一制度下,一般不需要个人在退休前缴纳养老保险金。2014 年 10 月 1 日,国务院印发《关于机关事业单位工作人员养老保险制度改革的决定》,并于 2015 年 1 月 14 日正式发布,这标志着存在了近 20 年的养老金"双轨制"走向终结,机关事业单位近 4000 万人将和企业职工一样缴纳养老金。2015 年 10 月至 2019 年 7 月,各省市接续发布养老金并轨实施的意见办法,已经有 27 个省区公布养老金并轨相关具体实施方案,19 个省已明确过渡时间及具体细则。

(3) 城镇居民社会养老保险

2011 年 6 月 13 日,国务院发布了《关于开展城镇居民社会养老保险试点的指导意见》,同年 7 月 1 日启动城镇居民养老保险试点工作。城镇居民社会养老保险是指通过个人缴费和财政补贴相结合的筹资模式建立城镇居民养老保险个人账户,为目前未享受定期养老待遇或其他相关定期养老待遇的城镇居民提供养老保险。16周岁（不含在校学生）及以上的不符合职工基本养老保险参保条件的城镇非从业居民，可以在户籍地自愿参加城镇居民养老保险。

基金筹集主要由个人缴费和政府补贴两部分构成。缴费标准当时设为每年100元、200元一直到1000元10个档次，地方人民政府可以根据实际情况增设缴费档次。参保人自主选择档次缴费，多缴多得。参加城镇居民社会养老保险的城镇居民，年满60周岁，可按月领取养老金。城镇居民养老保险制度实施时，已年满60周岁、未享受职工基本养老保险待遇以及国家规定的其他养老待遇的，不用缴费，可按月领取基础养老金。

城镇居民社会养老保险于2014年经国务院常务会议决定与新型农村社会养老保险合并，建立统一的城乡居民基本养老保险。为完善基础养老金和个人养老金相结合的待遇支付政策，建立基础养老金正常调整机制，城乡居民养老保险会根据国家经济状况以及个人收入及时调整。经国务院批准，2018年7月1日起，全国城乡居民基本养老保险基础养老金最低标准调高至每人每月70元，在原每人每月55元的基础上增加15元。2022年《政府工作报告》明确提出，会适当提高退休人员基本养老金和城乡居民基础养老金标准，从个人缴费和缴费补贴两个方面进行调整。

(4) 农村养老保险（老农保）

农村养老保险（老农保），是指1992年根据民政部颁布的《县级农村社会养老保险基本方案》所确定的以县为基本单位开展的农村社会养老保险制度。基金筹集以个人缴费为主、集体补助为辅，国家予以政策扶持。保险对象包括非城镇户口、不由国家供应商品粮的农村人口，但在实践中情况比较复杂，所采取的原则为农村户口，参保年龄为20—59周岁。农村社会养老保险缴费方式分为一次性缴费和逐年缴费两种,缴费标准由个人根据自己的经济承受能力决定。年满60周岁的次月开始领取,月领取标准＝积累总额×0.008631526。保险对象在参保缴费期间死亡的,个人账户的本息一次性退给其法定继承人或指定的受益人;保险对象领取养老金有10年的保证期,保险对象在此期间死亡的,其法定继承人或指定的受益人可按原标准继续领取养老金,直到满10年为止,领取养老金超过10年仍健在的,继续按原标准发放养老金,直至本人死亡。

老农保和新农保在筹资结构及养老金支付结构上有很大的不同。在筹资结构上,老农保主要是农民自我储蓄模式缴费,而新农保是个人、集体和政府三个渠道筹资。在养老金支付结构上,老农保主要是建立个人账户,而新农保包括基础养老金和个人账户的养老金两部分,基础养老金由国家财政全部保证支付。

(5) 新型农村社会养老保险

新型农村社会养老保险简称新农保,由政府组织实施,通过个人缴费、集体补助、政府补贴相结合的筹资模式集资,用以保障农村居民年老时的基本生活的一项社会养老保险制度,是国家社会保险体系的重要组成部分。

新农保于2009年9月1日正式开始试点工作,最初只在全国10%的县(市、区)开展,当年参保人数为7277.3万,占农村总人口的10.21%。此后,新农保试点工作在全国迅速铺开,2011年迅速扩大到全国40%的县(市、区),参保人数迅速增长至3.26亿,参保率飙升至49.72%。2012年底,全国参保人数已达4.84亿人,共有1.31亿城乡居民领取了基本养老金,中央财政总计投入资金2320多亿,地方财政总计投入资金300多亿。2014年2月,国务院制定《关于建立统一的城乡居民基本养老保险制度的意见》,在

"新农保"基础上形成城乡居民基本养老保险制度,不再对城乡居民分别进行制度创设,从而进入统筹城乡社会保障制度的新阶段。"新农保"和"城居保"合并实施后,针对城乡居民最低标准的基础养老金不断调整,从过去的55元/月提高到2018年的88元/月,2020年又提高到93元/月。

(6)城乡居民社会养老保险

2014年7月1日,国务院决定将我国目前在农村实施的新农保和城市居民实施的城居保两项制度合并实施,在《社会保险法》第22条基础上制定了"8号文",在全国范围内建立统一的城乡居民社会养老保障制度。城乡居民社会养老保障制度的建立打破了城乡二元化界限,使得社会养老保险向着城乡一体化转变,朝着社会公平迈出了重要一步,也为未来建立统一的社会保险制度迈出了重要一步。

参保范围为16周岁(不含在校学生)及以上的不属于职工基本养老保险制度覆盖范围和非国家机关事业单位工作人员的城乡居民,这些城乡居民可以在户籍地参保。

基金筹集由个人缴费、集体补助、政府补贴构成。缴费标准目前设为每年100元、200元一直到2000元12个档次,省(区、市)人民政府可以根据实际情况增设缴费档次,但最高缴费档次标准原则上不超过当地灵活就业人员参加职工基本养老保险的年缴费额。参保人自主选择档次缴费,多缴多得。养老保险待遇领取条件为年满60周岁、累计缴费满15年,且未领取国家规定的基本养老保障待遇的,可以按月领取城乡居民养老保险待遇。截至2021年底,我国城乡居民基本养老参保人数54797万人,比上年末增加554万人;城乡居民基本养老保险基金收入5207.2亿元,较上年增加437亿元,基金支出3724.5亿元,较上年增加

350.5亿元。截至2020年末,城镇职工基本养老保险基金累计结存58075亿元。

(7) 征地养老保险(失地养老保险)

农民失去土地后,多会出现收入来源不稳定的情况,而现行的城镇职工社会养老保险无力考虑和承担失地农民的养老保障问题。为了保障失地农民的权益,我国各地相继出台了失地农民养老保险制度。各地政策实施有所不同,一般按照不同的年龄段采取不同的缴费比例,按各地的经济发展水平确定缴费数额,并且逐步提高失地农民养老保险的统筹层次。

参保对象。失地农民指因政府统一征收农村集体土地而导致失去全部或部分土地,且征地时对所征土地享有承包经营权的人员。规定年满18周岁及以上的失地农民方可自愿参保,年龄以居民身份证登载的出生日期为准,征地时间以征地批文为准。

养老保险金待遇。对于年满60周岁的男性、年满55周岁的女性的失地农民,地方社会保障部门按15年期限,根据每年养老保险金水平,从政府土地征用收益中扣除一部分资金用于养老保险费用的支付,个人不负担缴费。从失地的当月起开始领取养老保险。45—60周岁的男性、40—55周岁的女性的失地农民应加入城镇灵活就业人员养老保险项目中。灵活就业人员养老保险缴费年限与失地农民实际年龄之间的差额即为实际缴费年限,每年所需缴纳的费用由政府、集体、个人三方共同承担(孙晶晶,2011)。政府负担的部分从政府土地征用收益中扣除,再加上专项的财政拨款,集体承担部分从土地补偿费和集体经济积累中提取,失地农民个人缴纳的部分每年定期自我支付。具体比例要合理,政府出资应在50%以上,集体出资应在30%左右,个人出资在

20%左右，坚持政府保障为主、个人保障为辅的原则。失地农民达到缴费年限后，可以领取养老保险金。对于男性45周岁以下、女性40周岁以下的失地农民，当地社会保障部门的主要任务是促进劳动力再就业，应从集体获得的土地补偿费中，提出一部分就业培训专用资金，使失地农民掌握新的劳动技能，增加就业机会，加快就业进程。当这部分失地农民自谋职业后，应参加城镇居民养老保险项目，凭借失地农民身份证明，享受一定的养老保险缴费的优惠待遇。同时也应特别注意农村低保人员失地后的养老保险安排，对于失地低保人员，社会保障部门应不分年龄差别，对其实施城镇最低生活保障。失地养老保险制度将失地农民全部纳入社保，将从根本上解决被征地农民的长期基本生活保障需要的问题。

(8) 商业养老保险

商业养老保险是以获得养老金为主要目的的长期人身险，它是年金保险的一种特殊形式，又称为退休金养老保险，是社会养老保险的补充。商业性养老保险的被保险人，在交纳了一定的保险费以后，就可以从一定的年龄开始领取养老金。这样，尽管被保险人在退休之后收入下降，但由于有养老金的帮助，仍然能保持退休前的生活水平。商业养老保险，如无特殊条款规定，则投保人缴纳保险费的时间间隔相等、保险费的金额相等、整个缴费期间内的利率不变且计息频率与付款频率相等。

(9) 其他养老保障

其他养老保障指高龄老人养老补助（补贴）等。高龄老人养老补助（补贴）是指60岁以上老人享有政策性的优惠，如乘车免费、挂号费免费、参观等免费、部分社区活动免费，如注射流感疫苗等，百岁以上老人享有月补助金。

3.3 本章小结

本章梳理了中国社会保障演变历程和近年来的发展趋势,介绍了中国社会保障的体系结构,重点关注了养老保障,对养老保障制度的演变历程和发展趋势进行了重点梳理,并对后文第 5 章、第 6 章实证章节中用到的养老保障指标作了详细的解释。近年来,随着我国社会经济的不断发展和老龄化程度的加深,养老保障问题已经成为我国社会面临的一个重要问题。因此,了解中国养老保障制度的发展历程和现状,对于我们深入认识和解决养老问题具有重要的意义。在养老保障历史沿革方面,本章分成四个阶段介绍,包括探索与初建阶段、试推广阶段、改革初探阶段、改革快速扩张阶段。在改革加速阶段,中国养老保障制度出现了迅速发展的特征,各项政策、措施不断出台实施。总体而言,近年来,中国养老保障制度正进入急速扩张时期,但政策制定者更多强调养老保障制度的福利功能,而容易忽视正在深刻变化的劳动力市场及中国经济高质量增长的协调功能。

第 4 章 养老保障制度对劳动供给影响的理论框架与计量模型

本章主要介绍养老保障制度对劳动供给影响的理论框架与计量模型。第 1 节阐述养老保障制度对劳动供给的一般作用机制;第 2 节构建效用理论模型,从理论上说明养老保障制度对劳动者的劳动供给行为的影响方向是模糊的;第 3 节包括数据介绍、变量说明与计量模型,为后文的研究奠定基础;第 4 节是关于本章的小结。

4.1 养老保障制度对劳动供给的一般作用机制

新古典劳动力供给理论是基于消费者在消费商品和闲暇之间进行选择的模型,即消费-闲暇选择模型。该模型解释了劳动力供给的主要特性,尤其是揭示了劳动力供给不一定是收入的单调函数。

个体效用不仅与商品消费束 X 有关,也依赖于工作之外的闲暇 z。假设消费者的效用函数为

$$u(X, z) \quad U_z > 0 \tag{4.1}$$

假设消费者可以支配的时间总量是 T,用于劳动的时间是 L,则有时间约束条件:

$$L + z = T \tag{4.2}$$

从而消费者效用函数也可以写成 $u(X, L)(u_L < 0)$。

消费者收入 m 包括两部分:劳动工资 W 和工资外收入 $\overline{m}$,工资外收入来自投资收入、债券利息等。工资收入 W 取决于工资率 w 和劳动时间 L,得到消费者的预算约束:

$$PX \leqslant m = \overline{m} + wL \tag{4.3}$$

将时间约束(4.2)带入可得如下预算约束:

$$PX + wz \leqslant \overline{m} + wT \equiv M \tag{4.4}$$

这里的 M 是消费者将全部时间禀赋用来工作情况下的收入,是消费者的潜在收入,并且用这个潜在收入来购买闲暇和消费品。预算约束写成(4.4)形式的优点在于模型中的闲暇 z 被视为一种价格为 w 的商品。这时,加入闲暇这种特殊的商品后,在预算约束(4.4)下最大化效用函数 $u(X, z)$ 的问题就转化成了标准的效用最大化问题。为了凸显消费者的劳动供给,分两步分析:第一步,不改变劳动-闲暇时间配置,在 z 和 m 都不变的情况下选择最优的商品束 $X^* = X(P, m, z)$;第二步,调整 z 达到效用最大化。

第一步:基于基本的消费模型将 z 和 m 都不变的情况下选择最优的商品束 $X^* = X(P, m, z)$ 带入效用函数,得到条件间接效用函数:

$$v = u[X(P, m, z), z] = v(P, m, z)$$

第二步:固定商品价格 P,利用时间约束(4.2),间接效用函数可以写为:

$$V = v(P, m, T - L) \equiv V(m, L)$$

且满足 $v_z = -V_L$。

在偏好单调假设下,约束(4.3)只有在等号成立时才可能达到最大化效用,即:

$$\max_L V(\overline{m} + wL, L) \tag{4.5}$$

假设消费者总是有正的劳动供给,同时闲暇时间也不为零。考虑问题(4.5)的内点解,一阶必要条件为:

$$wV_m + V_L = 0$$

即:

$$-\frac{V_L}{V_m} = w$$

也就是无差异曲线的斜率＝预算线斜率,表明问题(4.5)在无差异曲线与预算线的切点得解。如图 4.1 所示。

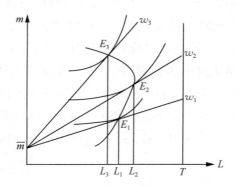

图 4.1 劳动供给曲线

随着工资率 w 的变化,可以得到不同的切点解,将这些切点连接起来,可以得到一条对应于不同工资率的劳动供给轨迹。图 4.1 中给出了三个具有代表性的工资水平 $w_1 < w_2 < w_3$,对应的

劳动供给分别为 L_1、L_2 和 L_3。通过约束(4.4)的转化可以将 w 理解为闲暇的价格,与一般商品一样,变化时在闲暇消费量上的价格效应可分解为替代效应和收入效应。参照具有初始禀赋时的 Slutsky 方程,可以写出闲暇需求(劳动供给)的 Slutsky 方程(蒋殿春,2012):

$$\frac{\mathrm{d}L(P,m)}{\mathrm{d}w} = \frac{\partial h[P, v(P,m)]}{\partial w} - \frac{\partial L(P,m)}{\partial m}L(P,m)$$

替代效应虽然恒为负数,但收入效应为正(闲暇是正常品)。随着 w 的增加,一方面消费者会降低闲暇时间以换取相对便宜的消费商品,即增加劳动供给时间;另一方面,w 的增加使得消费者的时间禀赋更值钱了,而更富有的消费者需要更多的闲暇,这会降低劳动供给。如果收入效应占主导,则综合效应表现为负效应,劳动者降低劳动供给;如果替代效应更大,则综合效应表现为正效应,从而劳动者增加劳动供给。因此,工资率变化对劳动者劳动供给的影响是不确定的。

我们重点从理论框架上解释养老保障制度对劳动决策的作用机制。首先是收入效应,养老保障能够增加当期或预期收入,减少了对储蓄的依赖,放松了收入的预算约束,将更多时间用于闲暇,这将对劳动者劳动供给产生负面效应。其次是替代效应,养老保障也可能通过放松预算约束或改变生产技术条件,增加人力资本投资以获取更高的劳动边际报酬,发挥了类似工资率的替代效应,这将对劳动供给产生正面效应,激励行为主体增加劳动供给。一个国家的养老保障政策是增加还是减少劳动力供给,主要是取决于上述两种力量的对比。而这些力量的大小不仅取决于养老保障政策的具体设计,还取决于一个国家的劳动力丰裕程度和人们对待劳动与闲暇的态度等。因此,养老保障制度对劳动者劳动供给的影响也是不确定的,这需要验证。

4.2 理论模型

假设劳动者是理性的,且在整个生命周期来计划自己的劳动供给行为,以实现终生的劳动收入和闲暇的最优配置。本章研究结合和扩展 Fields 和 Mitchell(1984)、Zweimüller(1991)以及车翼和王元月(2006)的效用模型进行理论分析,解释养老保障对劳动供给的影响。建立终生效用函数:

$$\max U[V(t), E(t)] = \max \left[\int_0^R U_0^t e^{-\delta t} dt + \int_R^T U_1^t e^{-\delta t} dt \right] \quad (4.6)$$

$$\text{s.t.} \int_0^T C_t e^{-\gamma t} dt = W_0 + \int_0^R (1-\tau I) Y_t e^{-\gamma t} dt + \int_R^T P(R, \xi) e^{-\gamma t} dt \quad (4.7)$$

$$Y_t = w_t^{f_1} LS_t^{f_1} + (p_t^{Y_{f_2}} Y_t^{f_2} - p_t^{X_{f_2}} X_t^{f_2}) + w_t^{n_1} LS_t^{n_1} \quad (4.8)$$
$$+ (p_t^{Y_{n_2}} Y_t^{n_2} - p_t^{X_{n_2}} X_t^{n_2}) + Q_t$$

$$Y_t^{f_2} = f(LS_t^{f_2}, X_t^{f_2}, Z_t^{f_2}) \quad (4.9)$$

$$Y_t^{n_2} = g(LS_t^{n_2}, X_t^{n_2}, Z_t^{n_2}) \quad (4.10)$$

理论分析框架的核心是效用最大化问题,保费和养老金进入预算约束中。方程(4.6)为效用最大化问题的目标函数,V 表示终生利益的折现值,包括初始财富 W_0、终生收入现值 $Y = \int_0^R (1-\tau I) Y_t e^{-\gamma t} dt$ 和终生养老金现值 $P = \int_R^T P(R, \xi) e^{-\gamma t} dt$,$E$ 表示闲暇,参加养老保障决策为 $I = \{0, 1\}$;考虑时间偏好率 δ 和折现问题,且整个生命周期分为两期(工作期和退休期),建立效用函数 $\int_0^R U_0^t e^{-\delta t} dt + \int_R^T U_1^t e^{-\delta t} dt$,其中,$R$ 表示退休年龄,T 表示死亡年龄,U_0^t 表示工作期的效用,U_1^t 表示退休期的效用。方程(4.7)表示预算约束,其中 τ 表示养老金缴费率,P 表示养老金总额,取决于 R 和浮动参数 ξ,γ 为随机贴现率。在传统的计算中,假定贴现率是一个确定值,方法上虽然简单,但与实际情况相差甚远。纵观国内外金融市场,贴现率经常受到社会经济环境、政策变动等诸多因素的影响,具有很强的随机性(刘凌晨、段白鸽,2016)。方程(4.8)表示收入来源,包括农业打工收入 $w_t^{f_1} LS_t^{f_1}$、自家农业收入 $p_t^{Y_{f_2}} Y_t^{f_2} - p_t^{X_{f_2}} X_t^{f_2}$、受雇收入 $w_t^{n_1} LS_t^{n_1}$ 和个体私营经济收入 $p_t^{Y_{n_2}} Y_t^{n_2} - p_t^{X_{n_2}} X_t^{n_2}$,以及其他净转移收入 Q_t,其中农业打工时间为 LS^{f_1}、自家农业劳动时间为 LS^{f_2}、受雇劳动时间为 LS^{n_1}、个体私营经济劳动时间为 LS^{n_2},w^{n_1}、w^{f_1} 分别表示受雇工资和农业打工工资,$p^{Y_{f_2}}$、$p^{X_{f_2}}$ 分别表示自家农业活动产出 Y^{f_2} 和投入 X^{f_2} 的价格,$p^{Y_{n_2}}$、$p^{X_{n_2}}$ 分别表示个体私营经济劳动产出 Y^{n_2} 和投入 X^{n_2} 的价格。方程(4.9)分别表示农业生产函数,Z^{f_2} 表示其他生产要素,如土地、人力资本等。方程(4.10)分别表示个体私营经济生产函数,Z^{n_2} 表示其他生产要素,如工厂、人力资本等。

劳动者从约束条件(4.7)—(4.10)中选择最大化效用的退休的时点 R:

$$R = \arg\{\max U[V(t), E(t)]\} \qquad (4.11)$$

根据边际效用递减原理,对于时间有限的劳动者会使最后一单位时间所得的收入 V 带给劳动者的效用与最后一单位闲暇 E

带给的效用相等,对(4.11)求一阶导数,从而得到均衡状态：

$$U_E = U_V \cdot V_t$$

其中 $V_t = Y_t + P_t$,Y_t 式子由(4.8)式子给出,表示边际收入,包括农业打工劳动收入、自家农业劳动收入、受雇劳动收入或者个体私营经济劳动收入,劳动者可以兼业;P_t 为时间 t 时养老金的边际增长。

为进一步研究养老保障对劳动供给时间的影响,构造函数：

$$F(t, x) = U_V(Y_t + P_t) - U_L$$

其中 x 是劳动者参加养老保障的年龄,若 $F(t, x) > 0$,则劳动者继续工作,直到 $F(t, x) = 0$,此时,劳动者退休或者退出劳动力市场。

当 $I = 0$ 时,即劳动者没有参加养老保障,假设其边际收益为 Y_{0t}。

当 $I = 1$ 时,即参加养老保障,其边际收益为 $Y_t + P_t$。在此设 $Y_{0t} < Y_t + P_t$。令：

$$\pi(t) = Y_t + P_t - Y_{0t}$$

对于无养老保障的劳动者在年龄 R_0 选择退休或者退出劳动力市场,即：

$$F(R_0, T) = U_V(Y_{0R_0}) - U_L = 0$$

在年龄 a 参加养老保障的劳动者在年龄 R_1 选择退休或者退出劳动力市场,即：

$$F(R_1, a) = U_V[Y_{0R_1} + \pi(R_1)] - U_L = 0$$

此时,养老金对个体选择退休时点是不确定的,也就是说养老金对个体劳动供给时间的影响是不确定的。因为参加养老保障比没有参加养老保障的边际收益多了 $\pi(t)$，从替代效应来看，变贵了的闲暇商品会激励参加养老保障的劳动者增加劳动供给，延迟退出劳动力市场或者推迟退休；从收入效应来看，$\pi(t)$ 也会激励参加养老保障的劳动者消费更多的"闲暇"商品，从而提早退出劳动力市场或提前退休，减少劳动供给。从以上分析可知，养老保障制度对劳动者的劳动供给行为的影响方向是模糊的。这也正是实证部分要回答的问题。

4.3 数据介绍、变量说明与计量模型

4.3.1 数据介绍与处理

本书主要使用的数据源于中国健康与养老追踪调查（China Health and Retirement Longitudinal Study，CHARLS）。中国健康与养老追踪调查（CHARLS）为研究社会保障和中国中老年人劳动供给等问题提供了一个全面的、高质量的公开数据库。该数据库具有数据样本量大、全国代表性强及信息丰富等特点，同时该数据库的详尽程度是前所未有的，较好地满足了本书的研究需要。而且美洲（如美国）、欧洲（如英国）以及亚洲国家（如印度、印度尼西亚、日本、韩国、泰国），都已经或开始着手类似的调查，这将使各国间的比较研究成为可能。

CHARLS 项目由北京大学国家发展研究院主持，北京大学中国社会科学调查中心执行。在 2008 年，CHARLS 项目对甘肃、浙江两省进行了首次基线预调查，包括 1570 户家庭，2685 人，并且在 2012 年对两省进行了追踪访问。全国基线调查于 2011 年开

展,于2011年、2013年、2015年和2018年分别在全国28个省(自治区、直辖市)的150个县、450个社区(村)开展调查访问,至2018年全国追访完成时,其样本已覆盖总计1.24万户家庭中的1.9万名受访者。

因参加养老保障与未参加养老保障的年轻人总体劳动参与率和劳动供给时间相差不大,而对于中老年人群体来说,他们既是劳动力的主体,又是健康状况相对欠佳、接近退出劳动力市场的群体,该群体对于养老保障制度的反应更为敏感(程杰,2014),养老保障与劳动供给的关系更为明显。本书将分析对象界定为45岁以上的中老年人,包括城镇中老年人和农村中老年人。本书利用中国健康与养老追踪调查(CHARLS)2011年、2013年和2018年全国调查数据,动态考察养老保障对中老年劳动供给的影响,剔除缺失值及离群值样本后,最终得到49100个有效观察值,其中得到农村43530个有效观察值,城镇13469个有效观察值。

4.3.2 变量处理与说明

根据第一章对相关文献综述的分析可知,影响中老年人劳动参与率和劳动供给时间的主要有社会保障制度、个人特征、家庭特征以及所处区域等因素。经验模型中,被解释变量劳动供给可以通过劳动参与率和劳动供给时间来反映。因居民就业从事兼业活动,所以被解释变量劳动参与率分别为总体劳动参与率、农业劳动参与率、农业打工劳动参与率和自家农业劳动参与率以及非农业劳动参与率、受雇劳动参与率和个体私营经济劳动参与率;被解释变量劳动供给时间分别为总体劳动供给时间、农业劳动供给时间、农业打工劳动供给时间和自家农业劳动供给时间以及非农业劳动供给时间、受雇劳动供给时间和个体私营经济劳动供给时间。解

第4章 养老保障制度对劳动供给影响的理论框架与计量模型

释变量包括四个部分,其中养老保障变量是核心解释变量;而个人特征变量、家庭特征变量和区域虚拟变量为控制变量。控制变量中个人特征控制变量包括性别、年龄、受教育程度、婚姻状态、是否党员及健康状况,其中健康状况用是否有日常活动能力障碍(ADL/IADL)作为代理变量,本书没有采用自评健康这一更为常用的健康度量指标,因为自评健康状况主观性太强,容易存在内生性问题(赵耀辉等,2015);家庭特征控制变量包括家庭抚养比、总收入、农业收入、农业打工收入、自家农业收入、非农业收入、受雇劳动收入、个体私营经济收入、人均资产、得到家庭外经济支持和提供家庭经济帮助。解释变量中,养老保障是重点关注因素,是核心解释变量。具体变量定义和描述性统计见表 4.1。参考既有的研究成果,后文将重点考察以下几类特征因素,各变量的选择和处理方法如下:

(1) 劳动供给

本书主要考察的对象为全国、农户和城镇户口中老年人的劳动供给行为,包括劳动参与和劳动供给时间。其中劳动参与为 0,1 变量,劳动供给时间单位为小时/年。相关数据是从全国追踪调查 CHARLS 的工作、退休和养老金模块中按照农业打工、自家农业生产活动、受雇劳动和个体私营经济劳动四个方面分别整理计算得出。本课题假定考察对象从事兼业劳动,主要包括四种形式的兼业,分别为农业打工、自家农业生产活动、受雇劳动和个体私营经济活动。这四种劳动供给均是以挣钱为目的的活动,无报酬的如志愿者之类的劳动不包括在内。劳动参与详细分为总体劳动参与(TLP);农业劳动参与(LPf),包括农业打工劳动参与(LPf1)和自家农业劳动参与(LPf2);非农业劳动参与(LPn),包括受雇劳动参与(LPn1)和个体私营经济劳动参与(LPn2)。劳动供给时间详细分为总体劳动供给时间(TLS);农业劳动供给时间(LSf),包括农业打工劳动供给时间(LSf1)和自家农业劳动供给时间(LSf2);非农业劳动供给(LSn),包括受雇劳动供给(LSn1)和个体私营经济劳动供给(LSn2)。

(2) 养老保障变量

养老保障变量是本书的核心解释变量,已有的相关研究主要集中在养老保障制度对劳动力市场的影响,这为本书深入理解养老保障的劳动供给效应提供了非常有益的理论和实践参考。

养老保障制度变量因数据局限只从养老保障覆盖视角来研究养老保障制度对劳动供给的影响,养老保障覆盖变量又细分为政府机关和事业单位养老保险覆盖、城镇职工基本养老保险覆盖、新农保覆盖、城乡居民社会养老保险覆盖、城镇居民社会养老保险覆盖、老农保覆盖、失地养老保险覆盖,以及其他养老保险覆盖。养老保障制度变量是从全国追踪调查CHARLS的工作、退休和养老金模块中的FN养老金部分判断得来,而养老保障覆盖是由以上各险种覆盖复合而成。

(3) 个人特征变量

作为控制变量主要包括性别、年龄、年龄的平方、教育水平、婚姻状态、是否党员及健康状况。其中,性别、年龄、年龄的平方、教育水平、婚姻状态、是否党员是从2011年、2013年、2018年全国追踪调查CHARLS的基本信息模块中来计算或者判断。健康状况用是否有日常活动能力障碍(ADL/IADL)作为代理变量,本书没有采用自评健康这一更为常用的健康度量指标,因为自评健康状况主观性太强,容易存在内生性问题,该指标从全国追踪调查CHARLS的健康状况和功能模块中按照ADL/IADL表计算得来。

第4章 养老保障制度对劳动供给影响的理论框架与计量模型

(4) 家庭特征变量

作为控制变量主要包括家庭抚养比、总收入、农业收入、农业打工收入、自家农业收入、非农业收入、受雇劳动收入、个体私营经济收入、人均资产、得到家庭外经济支持和提供家庭经济帮助。其中,家庭抚养比指考察对象家庭成员中16岁以下儿童和60岁及以上老年人数量占劳动年龄人口数的比例,反映受访对象平均供养的人口系数。家庭抚养比是从全国追踪调查CHARLS的家庭模块中计算得来。总收入、农业收入、农业打工收入、自家农业收入、非农业收入、受雇劳动收入、个体私营经济收入是从CHARLS数据的工作、退休和养老金模块计算得来。人均资产是从CHARLS数据的收入、支出与资产模块计算得来。得到家庭外经济支持和提供家庭经济帮助是从CHARLS数据家庭模块中的家庭交往与经济帮助部分计算得来。

(5) 区域变量

作为控制变量本书引入了东部、中部、西部三个部分的虚拟变量,因各地区发展情况特别是经济发展差异较大,从而导致就业机会和收入差异较大,对这些地区中老年人的劳动参与和劳动供给时间影响也有所不同。区域变量指标从全国追踪调查CHARLS的调查对象的ID数据中的前两位判断得来。

表4.1 变量定义及描述性统计

变量	变量定义	赋值	均值	标准差	最小值	最大值
被解释变量						
TLP	总体劳动参与	1是,0否	0.73	0.44	0	1
LPf	农业劳动参与	1是,0否	0.63	0.48	0	1
LPf1	农业打工劳动参与	1是,0否	0.04	0.21	0	1

续 表

变量	变量定义	赋值	均值	标准差	最小值	最大值
LPf2	自家农业劳动参与	1是,0否	0.57	0.49	0	1
LPn	非农业劳动参与	1是,0否	0.23	0.42	0	1
LPn1	受雇劳动参与	1是,0否	0.14	0.35	0	1
LPn2	个体私营经济劳动参与	1是,0否	0.09	0.28	0	1
TLS	总体劳动供给时间	小时/年	1114.7	1298.1	0	6471.3
LSf	农业劳动供给时间	小时/年	684.2	990.2	0	6111.8
LSf1	农业打工劳动供给时间	小时/年	21.6	160.6	0	3595.2
LSf2	自家农业劳动供给时间	小时/年	662.5	973.9	0	6111.8
LSn	非农业劳动供给时间	小时/年	430.5	1033.3	0	6471.3
LSn1	受雇劳动供给时间	小时/年	257.9	786.6	0	6471.3
LSn2	个体私营经济劳动供给时间	小时/年	172.6	727.1	0	6471.3
解释变量						
养老保障制度变量						
oascov	养老保障覆盖	1是,0否	0.80	0.39	0	1
gicov	政府机关和事业单位养老覆盖	1是,0否	0.05	0.23	0	1
bpfcov	城镇职工基本养老保险覆盖	1是,0否	0.11	0.31	0	1
nrpcov	新农保覆盖	1是,0否	0.50	0.50	0	1

续 表

变量	变量定义	赋值	均值	标准差	最小值	最大值
repcov	城乡居民社会养老保险覆盖	1是,0否	0.01	0.13	0	1
urpcov	城镇居民社会养老保险覆盖	1是,0否	0.02	0.48	0	1
rupcov	老农保覆盖	1是,0否	0.04	0.19	0	1
lfpcov	失地养老保险覆盖	1是,0否	0.02	0.11	0	1
othcov	其他养老保险覆盖	1是,0否	0.02	0.13	0	1
个人特征变量						
sex	性别	1男,0女	0.46	0.50	0	1
age	年龄	周岁	60.05	9.93	45.0	102.0
edu	教育水平	年	3.77	4.16	0	16.0
married	婚姻状态	1已婚,0未婚	0.87	0.42	0	1
party	党员	1是,0否	0.07	0.25	0	1
adl/iadl	健康状况	1有日常活动能力障碍,0无	0.29	0.45	0	1
家庭变量						
dependency	家庭抚养比	百分比	0.33	0.48	0	6.0
income	收入	万元/年	0.56	2.28	−9.6	134.5
value	人均资产	万元	4.52	10.33	0	262.15
re_support	得到家庭外经济支持	万元/年	0.42	1.59	0	100.0
e_support	提供家庭经济帮助	万元/年	0.35	1.51	0	50.25

续 表

变量	变量定义	赋值	均值	标准差	最小值	最大值
区域变量						
D1	东部	1是,0否	0.35	0.47	0	1
D2	中部	1是,0否	0.35	0.48	0	1
D3	西部	1是,0否	0.29	0.46	0	1

注:在第5章中表5.3—表5.8,第6章中表6.4—表6.44,不再翻译各变量,各变量定义请参考此表。

4.3.3 计量模型

劳动参与模型的被解释变量是 TLP、LPf、LPf1、LPf2、LPn、LPn1、LPn2,分别表示总体劳动参与、农业劳动参与、农业打工劳动参与、自家农业劳动参与、非农业劳动参与、受雇劳动参与和个体私营经济的劳动参与决策,为 0 或 1 的二元选择变量。估计方法采用二值选择模型 Probit,为了解决可能的异方差问题,在此使用稳健标准差。劳动供给模型的被解释变量是 TLS、LSf、LSf1、LSf2、LSn、LSn1、LSn2,分别表示总体劳动供给时间、农业劳动供给时间、农业打工劳动供给时间、自家农业劳动供给时间、非农业劳动供给时间、受雇劳动供给时间和个体私营经济的劳动供给时间行为,为大于或者等于 0 的变量。考虑到劳动供给时间为左断尾受限被解释变量,估计方法采用断尾回归 Tobit 模型进行估计。

为了便于实证,构建劳动参与率计量模型和劳动供给时间计量模型如下:

$$LP_{(T, f, f_1, f_2, n, n_1, n_2)_i} = \alpha_0 + \alpha_1 \cdot insurance_i + \alpha_2 M_i^s + \alpha_3 M_i^h + \varepsilon_i$$

第4章 养老保障制度对劳动供给影响的理论框架与计量模型

$$LS_{(T, f, f_1, f_2, n, n_1, n_2)_i} = \alpha_0 + \alpha_1 \cdot insurance_i + \alpha_2 M_i^s + \alpha_3 M_i^h + \varepsilon_i$$

其中，i 表示第 i 个样本；$LP_{(T, f, f_1, f_2, n, n_1, n_2)_i}$ 为被解释变量，表示总体劳动参与、农业劳动参与、农业打工劳动参与、自家农业劳动参与、非农业劳动参与、受雇劳动参与、个体私营经济劳动参与决定，选择用 Probit 模型和工具变量 IvProbit 模型来估计；$LS_{(T, f, f_1, f_2, n, n_1, n_2)_i}$ 表示总体劳动供给时间、农业劳动供给时间、农业打工劳动供给时间、自家农业劳动供给时间、非农业劳动供给时间、受雇劳动供给时间、个体私营经济劳动供给时间，为大于或者等于 0 的连续变量，选择用 Tobit 模型和工具变量 IvTobit 模型来估计；$insurance_i$ 表示是否参加养老保障；M_i^s 表示个人特征变量；M_i^h 表示家庭特征变量。

4.4 本章小结

本章主要解释养老保障制度对劳动供给的一般作用机制，并结合中国当前劳动者兼业的普遍现象，构建一个效用最大化模型，用来解释养老保障对劳动供给的影响。同时还介绍了中国健康与养老追踪调查（China Health and Retirement Longitudinal Study，CHARLS），该数据库具有数据样本量大、全国代表性及信息丰富等特点，同时该数据库的详尽程度是前所未有的，较好满足了本书的研究需要。因中国健康与养老追踪调查数据库存在一些指标缺失、指标异常等问题，在进一步分析之前，本书要对原始的数据进行一系列的处理，剔除了极端值，最终得到 49100 个有效观察值，其中农村 43530 个有效观察值，城镇 13469 个有效观察值。在参考已有文献的基础上,本节介绍了后文实证分析中使用的相关变量,如劳动供给特征变量、养老保障特征变量等。最后,本节还介绍了后文实证分析中使用的计量模型,劳动参与模型主要使用的计量方法是二值选择模型 Probit,劳动供给模型因劳动供给时间为左断尾受限被解释变量,因此,采用断尾回归 Tobit 模型进行估计。本章的阐述将为第 5 章和第 6 章实证分析提供理论基础。

第 5 章 中国养老保障制度的劳动供给效应实证

养老保障制度对中国中老年人的劳动参与率和劳动供给时间是否有影响？究竟如何影响他们的劳动供给行为？本章利用中国健康与养老追踪调查（CHARLS）微观数据，基于第四章第二节最大化效用分析框架，观察和分析中国养老保障制度对中老年人劳动供给的影响。

5.1 养老保障制度与劳动供给的统计分析

参加养老保障的全国中老年人的平均总劳动参与率高于未参加养老保障的中老年人。从图 5.1（左）直观地看出，参加养老保障中老年人的总劳动参与率分布更靠右，劳动参与率相对较高，而且高参与率相对集中。从表 5.1 可以看出，参加养老保障的中老年人总体劳动参与率为 63.63%，而未参加养老保障的总体劳动参与率为 54.33%，尤其是农业劳动参与率，参加养老保障的农业劳动参与率为 48.11%，高出未参加养老保障 6.36%，但非农业劳动参与率刚好相反，参加养老保障的非农业劳动参与率表现得相对更低。进一步分别观察不同类型劳动参与率，被养老保障覆盖的群体的农业打工劳动参与率、自家农业劳动参与率和受雇劳动参与率相对更高,而个体私营经济劳动参与率相对更低。从分样本来看,农村样本与全国样本表现出类似的特征,但城镇样本中被覆盖群体的总体劳动参与率表现相对更低。

参加养老保障的全国中老年人的平均总劳动供给时间也高于未参加养老保障的中老年人。从图5.1(右)直观地看出,劳动供给时间在200小时/年左右,参加养老保障群体的分布明显更为集中。从表5.2可以看出,参加养老保障的中老年人总体劳动供给时间为1015.7小时/年,略高于未参加养老保障的总劳动供给时间。其中农业劳动供给时间尤为明显,参加养老保障的农业劳动供给时间为613.2小时/年,远高于未参加养老保障的农业劳动供给时间,但非农业劳动供给时间表现出相反的统计特征,参加养老保障的非农业劳动供给时间相对更低。进一步分别观察不同类型劳动供给时间,被养老保障覆盖群体的自家农业劳动供给时间和农业打工劳动供给时间相对更高,而个体私营经济劳动供给时间和受雇劳动供给时间相对更低。从分样本来看,农村样本与全国样本表现出类似的特征,但城镇样本中被覆盖群体的总体劳动供给时间表现相对更低。这些统计特征是否具有显著性因果关系还有待规范的计量模型进一步检验分析。

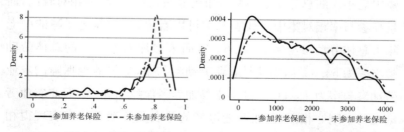

图5.1 养老保障覆盖与总体劳动参与率和劳动供给时间的分布关系

注:图5.1中Density表示密度,小数点前有0,如.2表示0.2,其他类同。

表 5.1　养老保障覆盖与劳动参与率(%)

		TLP	LPf	LPf1	LPf2	LPn	LPn1	LPn2
全国样本	覆盖	63.63	48.11	3.84	45.15	24.43	17.23	7.21
	未覆盖	54.33	41.75	3.21	36.82	26.14	10.34	8.81
农村样本	覆盖	70.77	60.51	4.72	56.63	20.03	13.44	6.59
	未覆盖	62.46	52.68	3.97	46.52	23.58	8.78	6.81
城镇样本	覆盖	36.17	11.48	0.54	10.34	27.35	20.27	7.11
	未覆盖	43.35	9.05	0.53	7.51	25.33	15.7	9.66

表 5.2　养老保障覆盖与劳动供给时间(小时/年)

		TLS	LSf	LSf1	LSf2	LSn	LSn1	LSn2
全国样本	覆盖	1015.7	613.2	23.2	487.2	375.5	185.9	189.6
	未覆盖	936.5	561.0	20.2	466.0	402.5	288.0	214.5
农村样本	覆盖	1047.0	767.7	27.3	595.2	379.3	143.8	145.5
	未覆盖	1015.3	723.1	24.1	552.1	392.3	155.8	146.5
城镇样本	覆盖	723.2	81.1	4.5	66.9	642.1	383.0	259.1
	未覆盖	765.8	86.5	2.8	61.2	679.2	310.0	369.2

5.2　养老保障制度的劳动参与率实证

劳动参与模型可以估计养老保障、个人特征、家庭特征以及所处区域等因素对我国中老年人劳动参与率的影响,重点关注核心解释变量养老保障覆盖对中老年人劳动参与率的影响。表 5.3、表 5.4 和表 5.5 分别是养老保障覆盖对全国中老年人、农村中老年人和城镇中老年人的劳动参与模型估计结果,其中表 5.4 和表

5.5 重点考察了养老保障覆盖对农村居民和城镇居民劳动参与率的影响。

从全国中老年人样本（表 5.3）可以看出，养老保障覆盖显著提高中老年人总体劳动参与率（TLP）。细分来看，养老保障覆盖显著提高农业劳动参与率（LPf），但显著降低非农业劳动参与率（LPn）。进一步考察不同类型的劳动参与模型可以发现，养老保障覆盖显著提高中老年人的自家农业劳动参与率（LPf2）和受雇劳动参与率（LPn1），同时也降低个体私营经济劳动参与率（LPn2），但对农业打工劳动参与率（LPf1）没有显著性影响。在农业劳动参与模型（LPf）、自家农业劳动参与模型（LPf2）、非农业劳动参与模型（LPn）、受雇劳动参与模型（LPn1）、个体私营经济劳动参与模型（LPn2）和总体劳动参与模型（TLP）中，养老保障参与变量均在10%的显著性上通过检验。从 Probit 边际效应来看，参加养老保障将使农业劳动参与率提高 2.89%，自家农业劳动参与率提高 3.20%，非农业劳动参与率降低 0.51%，受雇劳动参与率提高 1.16%，个体私营经济劳动参与率降低 1.04%，总体劳动参与率提高 0.78%。在农业打工劳动参与模型（LPf1）中，养老保障覆盖变量没有通过显著性检验，说明参加养老保障并不影响全国中老年人的这一项劳动类型决策行为。该结果说明养老保障覆盖能够明显促进中老年人劳动参与率，且以农业劳动参与率为主。从劳动类型分析可以看出，养老保障覆盖显著激励中老年人提高自家农业劳动参与和受雇劳动参与，同时也降低个体私营经济劳动参与率。

同时，在表 5.3 的 Probit 模型中考察了年份虚拟变量对于中老年人劳动参与率的影响。通过总劳动参与率模型（TLP）发现 2018 年和 2013 年年份虚拟变量都显著为正，且 2018 年的系数小于 2013 年的系数，其系数之差为 −0.0083，小于 2013 年系数的

表 5.3 全国中老年人劳动参与模型估计

VARIABLES	(1) TLP	(2) LPf	(3) LPf1	(4) LPf2	(5) LPn	(6) LPn1	(7) LPn2
oascov	0.0078*	0.0289***	0.0017	0.0320***	−0.0051*	0.0116***	−0.0104***
	(1.7531)	(6.0882)	(0.8243)	(6.6332)	(−1.8360)	(3.3150)	(−4.0806)
2013	0.0326***	0.0076	0.0071***	0.0381***	0.1370***	0.0828***	0.0520***
	(6.9397)	(1.4868)	(3.1562)	(7.3760)	(33.0416)	(22.4620)	(18.5422)
2018	0.0243***	−0.0118**	0.0189***	0.0460***	0.1814***	0.1360***	0.0427***
	(4.8896)	(−2.1612)	(7.7353)	(8.2902)	(39.3050)	(33.1807)	(13.3729)
sex	0.1318***	0.0801***	0.0094***	0.0781***	0.1309***	0.1060***	0.0269***
	(34.9375)	(19.2697)	(5.1726)	(18.5097)	(38.9051)	(35.3875)	(11.8590)
age	−0.014***	−0.007***	−0.002***	−0.007***	−0.0135***	−0.010***	−0.003***
	(−66.2441)	(−31.3695)	(−17.0754)	(−27.9335)	(−61.0546)	(−49.6995)	(−20.9756)
edu	−0.006***	−0.0112***	−0.0015***	−0.0105***	0.0044***	0.0042***	0.0002
	(−12.7404)	(−22.0974)	(−6.9483)	(−20.2205)	(10.8428)	(11.6735)	(0.5653)

续 表

VARIABLES	(1) TLP	(2) LPf	(3) LPf1	(4) LPf2	(5) LPn	(6) LPn1	(7) LPn2
married	0.0778***	0.1283***	0.0077**	0.1306***	−0.0106*	−0.0087	0.0050
	(14.6585)	(21.2550)	(2.4815)	(20.9442)	(−1.8084)	(−1.6263)	(1.3003)
hukou	0.2729***	0.4458***	0.0604***	0.4403***	−0.0774***	−0.0554***	−0.0191***
	(62.4928)	(90.5676)	(15.4536)	(82.7775)	(−18.5605)	(−15.3496)	(−7.1042)
adl_iadl	−0.1444***	−0.1276***	−0.0172***	−0.1222***	−0.0940***	−0.0798***	−0.0231***
	(−34.2415)	(−26.3995)	(−7.1312)	(−24.6183)	(−19.2190)	(−17.1814)	(−7.3741)
dependency	0.0026	0.0096***	−0.0022	0.0095***	−0.0117***	−0.0125***	−0.0016
	(0.8462)	(2.8423)	(−1.3495)	(2.7842)	(−3.7539)	(−4.4115)	(−0.8052)
value	−0.0009***	−0.0027***	−0.0004***	−0.0029***	0.0003***	0.0001	−0.0000
	(−7.2635)	(−14.5716)	(−4.3853)	(−14.4925)	(4.0171)	(0.9513)	(−0.7093)
income	0.0312***	−0.0039***	0.0021*	0.2706***	0.0200	−0.0200	0.0458***
	(28.3466)	(−4.4652)	(1.738)	(4.589)	(0.819)	(−0.714)	(37.7610)
re_support	−0.0073***	−0.0085***	−0.0021**	−0.0082***	−0.0004	−0.0010	0.0003
	(−6.1388)	(−5.0282)	(−2.2485)	(−4.7342)	(−0.4406)	(−1.1318)	(0.4681)

续　表

VARIABLES	(1) TLP	(2) LPf	(3) LPf1	(4) LPf2	(5) LPn	(6) LPn1	(7) LPn2
e_support	0.0004	−0.0022**	−0.0003	−0.0020*	0.0023***	0.0002	0.0009**
	(0.4632)	(−2.0430)	(−0.6360)	(−1.8056)	(3.2242)	(0.4132)	(2.1195)
D2	0.0106**	0.0519***	−0.0024	0.0510***	−0.05470***	−0.0558***	0.0040
	(2.4903)	(11.2145)	(−1.1705)	(10.7919)	(−14.5120)	(−17.1731)	(1.5963)
D3	0.0641***	0.1206***	−0.0016	0.1123***	−0.0860***	−0.0855***	0.0008
	(13.7235)	(24.3973)	(−0.7438)	(22.3858)	(−20.2595)	(−22.6740)	(0.2948)
Pseudo R^2	0.2476	0.2235	0.0786	0.2020	0.2792	0.3349	0.1215
Observations	49100	49100	49141	49139	49102	49102	49102

注:(1)采用 Probit 模型估计;(2)估计结果汇报边际效应;(3)括号中为 t 值;(4) *** $p<0.01$, ** $p<0.05$, * $p<0.1$。

表 5.4　农村中老年人的劳动参与模型估计

VARIABLES	(1) TLP	(2) LPf	(3) LPf1	(4) LPf2	(5) LPn	(6) LPn1	(7) LPn2
oascov	0.0279***	0.0386***	0.0019	0.0414***	−0.0059**	0.0094	−0.0031**
	(5.9843)	(7.0753)	(0.7762)	(7.4333)	(1.9588)	(1.4603)	(−1.9786)

续 表

VARIABLES	(1) TLP	(2) LPf	(3) LPf1	(4) LPf2	(5) LPn	(6) LPn1	(7) LPn2
2013	0.0127**	−0.0082	0.0081***	0.0304***	0.1667***	0.1104***	0.0594***
	(2.3844)	(−1.3253)	(2.8845)	(4.8095)	(33.7543)	(24.1861)	(17.8608)
2018	−0.0153***	−0.0874***	0.0162***	−0.0178***	0.2259***	0.1780***	0.0471***
	(−2.9670)	(−14.4715)	(5.7595)	(−2.8526)	(46.7058)	(39.9876)	(13.8880)
sex	0.1250***	0.0793***	0.0108***	0.0781***	0.1304***	0.1059***	0.0278***
	(31.3175)	(16.7578)	(5.0651)	(16.1319)	(36.2942)	(32.8083)	(11.4869)
age	−0.0126***	−0.0077***	−0.0023***	−0.0071***	−0.0120***	−0.0091***	−0.0028***
	(−59.0795)	(−28.7566)	(−16.5618)	(−25.7591)	(−53.5914)	(−43.4795)	(−18.3218)
edu	−0.0063***	−0.0145***	−0.0022***	−0.0140***	0.0062***	0.0043***	0.0014***
	(−12.5410)	(−25.2765)	(−8.3011)	(−23.7379)	(14.5433)	(11.3458)	(5.0762)
married	0.0908***	0.1476***	0.0121***	0.1480***	−0.0004	−0.0021	0.0095**
	(16.6394)	(21.6072)	(3.2536)	(20.8071)	(−0.0607)	(−0.3627)	(2.2198)
adl_iadl	−0.1501***	−0.1386***	−0.0208***	−0.1316***	−0.1025***	−0.0853***	−0.0246***
	(−35.4348)	(−25.4018)	(−7.2827)	(−23.2555)	(−20.2815)	(−17.8280)	(−7.4114)

续 表

VARIABLES	(1) TLP	(2) LPf	(3) LPf1	(4) LPf2	(5) LPn	(6) LPn1	(7) LPn2
dependency	0.0024	0.0017	−0.0034*	0.0033	−0.0027	−0.0062**	0.0008
	(0.7657)	(0.4581)	(−1.7388)	(0.8539)	(−0.8231)	(−2.0672)	(0.3916)
value	−0.0005***	−0.0009***	−0.0005***	−0.0009***	−0.0000	−0.0000	0.0000
	(−5.7067)	(−8.2454)	(−4.8111)	(−8.2888)	(−0.0290)	(−0.6704)	(0.1668)
income	0.0054***	−0.0066***	0.0024***	0.2517***	0.0004	0.0234***	0.0449***
	(10.5359)	(−8.6348)	(4.254)	(3.932)	(0.941)	(2.644)	(37.0012)
re_support	−0.0087***	−0.0080***	−0.0021**	−0.0078***	−0.0020*	−0.0026**	0.0000
	(−7.0216)	(−4.4079)	(−2.0778)	(−4.1071)	(−1.8569)	(−2.4102)	(0.0667)
e_support	−0.0014	−0.0102***	−0.0018**	−0.0104***	0.0033***	0.0006	0.0013***
	(−1.6430)	(−7.5841)	(−2.2407)	(−7.4774)	(4.8038)	(1.0149)	(3.4574)
D2	0.0025	0.0604***	−0.0022	0.0613***	−0.0722***	−0.0704***	0.0014
	(0.5626)	(11.5120)	(−0.9220)	(11.3537)	(−17.9113)	(−19.8923)	(0.5115)
D3	0.0625***	0.1409***	−0.0022	0.1351***	−0.1038***	−0.0927***	−0.0075**
	(12.9678)	(25.3545)	(−0.8531)	(23.7590)	(−23.6034)	(−23.6282)	(−2.5752)

续表

VARIABLES	(1) TLP	(2) LPf	(3) LPf1	(4) LPf2	(5) LPn	(6) LPn1	(7) LPn2
Pseudo R²	0.1914	0.1126	0.0435	0.0976	0.2577	0.3061	0.1160
Observations	43530	43530	43550	43548	43532	43532	43532

注：(1)采用Probit模型估计；(2)估计结果汇报边际效应；(3)括号中为t值；(4)$^{***}\,p<0.01$, $^{**}\,p<0.05$, $^{*}\,p<0.1$。

表5.5　城镇中老年人的劳动参与模型估计

VARIABLES	(1) TLP	(2) LPf	(3) LPf1	(4) LPf2	(5) LPn	(6) LPn1	(7) LPn2
oascov	−0.0190**	0.0032	−0.0002	0.0051	−0.0101**	0.0378***	−0.0424***
	(−2.2079)	(0.4017)	(−0.0537)	(0.6627)	(−2.0157)	(4.8318)	(−7.9364)
2013	0.0236***	0.0184	0.0064	0.0101	0.0338***	0.0288***	0.0313***
	(7.8854)	(0.9029)	(1.3644)	(0.0507)	(8.8972)	(4.3071)	(6.2936)
2018	−0.0072***	0.0039	0.0244	0.0054	0.0492***	0.0349***	0.0119***
	(18.4329)	(0.1267)	(0.0044)	(1.0693)	(11.1969)	(8.8413)	(3.4604)
sex	0.2064***	0.1036***	0.0098***	0.0973***	0.1735***	0.1444***	0.0318***
	(32.0924)	(16.5680)	(4.2238)	(15.9773)	(27.5201)	(24.1099)	(6.9687)

续 表

VARIABLES	(1) TLP	(2) LPf	(3) LPf1	(4) LPf2	(5) LPn	(6) LPn1	(7) LPn2
age	−0.0225***	−0.0080***	−0.0014***	−0.0073***	−0.0214***	−0.0183***	−0.0042***
	(−76.2672)	(−23.3825)	(−8.9052)	(−22.0587)	(−64.0284)	(−50.9362)	(−14.5898)
edu	−0.0096***	−0.0188***	−0.0026***	−0.0181***	0.0071***	0.0113***	−0.0033***
	(−12.8189)	(−28.5850)	(−9.3744)	(−28.3846)	(9.6733)	(15.9634)	(−6.4798)
married	0.0218*	0.0734***	0.0097**	0.0837***	−0.0185	−0.0107	0.0053
	(1.9455)	(6.5913)	(2.0201)	(7.5486)	(−1.5545)	(−0.9097)	(0.6549)
adl_iadl	−0.0961***	−0.0190**	−0.0063*	−0.0157*	−0.1386***	−0.1163***	−0.0428***
	(−9.8140)	(−2.1277)	(−1.8368)	(−1.8103)	(−12.4698)	(−10.0375)	(−5.6331)
dependency	−0.0161***	0.0091*	−0.0008	0.0071	−0.0358***	−0.0383***	−0.0072*
	(−2.9531)	(1.8913)	(−0.4025)	(1.5342)	(−5.5467)	(−5.9909)	(−1.6514)
value	−0.0001	−0.0002*	−0.0001**	−0.0001*	−0.0001	−0.0002	−0.0001
	(−0.8003)	(−1.8258)	(−2.0526)	(−1.6997)	(−0.9384)	(−1.5267)	(−1.5198)
income	0.0747***	−0.0019***	0.4318***	0.0668***	0.1136	0.0512	0.0609***
	(11.445)	(−2.8684)	(2.734)	(12.357)	(1.004)	(0.637)	(27.5765)

续 表

VARIABLES	(1) TLP	(2) LPf	(3) LPf1	(4) LPf2	(5) LPn	(6) LPn1	(7) LPn2
re_support	−0.0019	−0.0028	−0.0001	−0.0034	−0.0012	−0.0027	−0.0000
	(−0.9295)	(−1.2431)	(−0.1899)	(−1.5378)	(−0.6028)	(−1.4493)	(−0.0267)
e_support	0.0024**	−0.0027***	−0.0004	−0.0029***	0.0031***	0.0003	0.0014***
	(2.5649)	(−2.6090)	(−0.9546)	(−2.8680)	(3.5484)	(0.3984)	(2.8766)
D2	−0.0057	0.0094	0.0029	0.0084	−0.0183**	−0.0344***	0.0156***
	(−0.7558)	(1.3121)	(1.0854)	(1.1979)	(−2.4703)	(−4.9886)	(2.9945)
D3	0.0275***	0.0662***	0.0040	0.0605***	−0.0393***	−0.0570***	0.0188***
	(3.0790)	(8.3567)	(1.3884)	(7.8503)	(−4.5031)	(−6.9065)	(3.1558)
Pseudo R^2	0.2914	0.0959	0.1081	0.3782	0.4291	0.1748	0.3122
Observations	15522	15522	15543	15543	15522	15522	15522

注:(1)采用 Probit 模型估计;(2)估计结果汇报边际效应;(3)括号中为 t 值;(4)*** $p<0.01$,** $p<0.05$,* $p<0.1$。

绝对值 0.0326。该结果表明，养老保障在长期（2011—2018）的劳动参与率效果小于短期（2011—2013）的劳动参与率效果，并且 2013—2018 年的劳动参与率小于 2011—2013 年的劳动参与率，即劳动参与率效果在后期大幅减弱。其他类型的年份效应不再赘述。

其次，考虑到中国的二元经济结构，为了更好地揭示养老保障制度对不同类型中老年人劳动参与率的影响及其差异，本书按照户口划分将全国中老年人分成农村中老年人和城镇中老年人，分别对两个分样本进行劳动参与模型估计，估计结果见表 5.4 和表 5.5。

从表 5.4 可以看出，养老保障覆盖显著地提高农村中老年人总体劳动参与率（TLP）。细分来看，养老保障覆盖显著地提高农业劳动参与率（LPf），但也显著降低非农业劳动参与率（LPn）。进一步考察不同类型的劳动参与模型可以发现，养老保障覆盖显著提高农村中老年人的自家农业劳动参与率（LPf2），但也显著降低个体私营经济劳动参与率（LPn2）。在农业劳动参与模型（LPf）、自家农业劳动参与模型（LPf2）、个体私营经济劳动参与率（LPn2）和总体劳动参与模型（TLP）中，养老保障参与变量均在 5% 的显著性上通过检验。从 Probit 边际效应来看，参加养老保障将使农业劳动参与率提高 3.86%，自家农业劳动参与率提高 4.14%，个体私营经济劳动参与率降低 0.31%，非农业劳动参与率降低 0.59%，总体劳动参与率提高 2.79%。在受雇劳动参与模型（LPn1）和农业打工劳动参与模型（LPf1）中养老保障覆盖变量没有通过显著性检验，说明参加养老保障并不影响农村中老年人的这些劳动类型决策行为。

同时，在表 5.4 的 Probit 模型中考察了年份虚拟变量对于农村中老年人劳动参与率的影响。通过总劳动参与率模型（TLP）发现 2013 年年份虚拟变量显著为正,但 2018 年年份虚拟变量显著为负。该结果表明,养老保障在长期(2011—2018)的劳动参与率小于短期(2011—2013)的劳动参与率,并且 2013—2018 年的劳动参与率小于 2011—2013 年的劳动参与率,即劳动参与率在后期大幅减弱。这说明随着时间的推移,参加养老保障使农村中老年人劳动参与意愿越来越弱,甚至激励他们退出劳动力市场。

从表 5.5 可以看出,养老保障覆盖显著地降低城镇中老年人总体劳动参与率(TLP)。细分来看,养老保障覆盖显著地降低非农业劳动参与率(LPn),但对农业劳动参与率(LPf)没有显著性影响。进一步考察不同类型的劳动参与模型可以发现,养老保障覆盖显著地提高城镇中老年人的受雇劳动参与率(LPn1),并降低其个体私营经济劳动参与率(LPn2)。在受雇劳动参与模型(LPn1)和个体私营经济劳动参与模型(LPn2)中,养老保障参与变量均通过了 1% 的显著性检验。从 Probit 边际效应来看,参加养老保障将使城镇中老年人的受雇劳动参与率提高 3.78%,个体私营经济劳动参与率降低 4.24%,总体劳动参与率降低 1.90%。在农业劳动参与模型(LPf)、农业打工劳动参与模型(LPf1)和自家农业劳动参与模型(LPf2)中,养老保障覆盖变量没有通过显著性检验,说明参加养老保障并不影响城镇中老年人的这些劳动类型决策行为。

同时,在表 5.5 的 Probit 模型中考察了年份虚拟变量对于城镇中老年人劳动参与率的影响。通过总劳动参与率模型(TLP)发现 2013 年年份虚拟变量显著为正,但 2018 年年份虚拟变量显著为负。与表 5.4 类似,该结果表明,养老保障在长期(2011—2018)的劳动参与率小于短期(2011—2013)的劳动参与率,并且劳动参与率在后期大幅减弱。这说明随着时间的推移,参加养老保险使越来越多的城镇中老年人劳动参与意愿越来越弱,甚至激励他们退出劳动力市场。

分析养老保障制度对不同类型中老年人劳动参与率的影响差异可以发现,养老保障覆盖显著提高农村中老年人的劳动参与率,但显著降低城镇中老年人的劳动参与率。造成这种差异的原因可能是对于农村中老年人来说,养老保障的替代效应占据主导地位,从而对劳动参与率的综合效应表现为正效应,但对城镇中老年人养老保障的收入效应更大,从而综合效应表现为负效应,导致劳动参与率下降。

5.3 养老保障制度的劳动供给时间实证

劳动供给模型估计了养老保障、个人特征、家庭特征以及所处区域等因素对我国中老年人劳动供给时间的影响。我们同样重点关注养老保障制度变量,具体从养老保障覆盖来详细分析。

首先,从全国中老年人样本来看(见表 5.6),养老保障覆盖显著降低了中老年人总体劳动供给时间(TLS)。细分来看,养老保障覆盖显著提高农业劳动供给时间(LSf),同时降低非农业劳动供给时间(LSn)。进一步考察不同类型的劳动供给模型可以发现,养老保障覆盖显著提高中老年人的农业打工劳动供给时间(LSf1)和自家农业劳动供给时间(LSf2),同时降低中老年人的个体私营经济劳动供给时间(LSn2),但对受雇劳动供给时间(LSn1)没有影响。从 Tobit 边际效应来看,参加养老保障将使农业劳动供给时间提高 19.27 小时/年,农业打工劳动供给时间提高 2.85 小时/年,自家农业劳动供给时间提高 13.36 小时/年,非农业劳动供给时间降低 35.58 小时/年,个体私营劳动供给时间降低 52.84 小时/年。该结果说明养老保障降低中老年人的劳动供给时间,主要以非农业劳动为主,但养老保障能够显著促进农业劳动供给时间增加。

同时,在表 5.6 Tobit 模型中考察了年份虚拟变量对于全国中老年人劳动供给时间的影响。通过分析总劳动供给时间模型(TLS)发现,2013 年和 2018 年年份虚拟变量都显著为正,且 2018 年的系数(43.42)小于 2013 年的系数(67.78),其系数之差为-24.36。该结果表明,养老保障在长期(2011—2018)的劳动供给效果小于短期(2011—2013)的劳动供给效果,并且 2013—2018 年的劳动供给效果小于 2011—2013 年的劳动供给效果,即劳动供给效果在后期大幅减弱。

其次,分别考察养老保障对农村和城镇中老年人劳动供给时间的影响。由表 5.7 可知,养老保障覆盖对农村中老年人的劳动供给时间(TLS)的影响并不明显。细分来看,养老保障能够提高农业劳动供给时间(LSf),但也减少非农业劳动供给时间(LSn)。进一步考察不同类型的劳动供给模型可以发现,养老保障覆盖显著提高农村中老年人的自家农业劳动供给时间(LSf2),同时也减少个体私营经济劳动供给时间(LSn2)。从 Tobit 边际效应来看,参加养老保障将使农村中老年人农业劳动供给时间增加 31.02 小时/年,自家农业劳动供给时间增加 21.33 小时/年,非农业劳动供给时间减少 12.12 小时/年,个体私营经济劳动供给时间减少 0.47 小时/年。在受雇劳动供给模型(LSn1)和农业打工劳动供给模型(LSf1)中,养老保障覆盖变量没有通过显著性检验,说明参加养老保障并不影响农村中老年人的这些劳动供给时间。

同时,在表 5.7 Tobit 模型中考察了年份虚拟变量对于农村中老年人劳动供给时间的影响。通过分析总劳动供给时间模型(TLS)发现,2018 年年份虚拟变量显著为正,2013 年年份虚拟变量对劳动供给时间影响不显著。说明与 2011 年基期相比,长期(2011—2018)的劳动供给时间有明显提高,但在短期影响不明显。

由表 5.8 可知,养老保障覆盖能够明显降低城镇中老年人的劳动供给时间(TLS)。细分来看,养老保障能够降低城镇中老年人非农业劳动供给时间(LSn),但对农业劳动供给时间(LSf)没有显著性影响。进一步考察不同类型的劳动供给模型可以发现,养老保障覆盖显著地提高城镇中老年人的受雇劳动供给时间(LSn1),但降低其个体私营经济劳动供给时间(LSn2),对农业劳动供给时间都没有显著性影响。从 Tobit 边际效应来看,参加养老保障将使城镇中老年人劳动供给时间减少 105.48 小时/年,非农业劳动供给时间减少 98.08 小时/年,受雇劳动供给时间增加 34.66 小时/年,个体私营经济劳动供给时间减少 208.63 小时/年。在农业劳动供给模型(LSf)、农业打工劳动供给模型(LSf1)和自家农业劳动供给模型(LSf2)中,养老保障覆盖变量没有通过显著性检验,说明参加养老保障并不影响城镇中老年人的这些劳动供给时间。

同时,在表 5.8 Tobit 模型中考察了年份虚拟变量对于城镇中老年人劳动供给时间的影响。通过分析总劳动供给时间模型(TLS)发现,2013 年和 2018 年年份虚拟变量都显著为正,且 2018 年的系数(344.52)大于 2013 年的系数(254.74),其 2018 年与 2013 年系数之差为 89.78。该结果表明,养老保障在长期(2011—2018)的劳动供给效果大于短期(2011—2013)的劳动供给效果,并且后期(2013—2018)的劳动供给效果小于前期(2011—2013)的劳动供给效果,即劳动供给效果在后期大幅减弱。

考察养老保障制度对不同类型中老年人劳动供给影响的差异可以发现,养老保障覆盖对城镇中老年人的劳动供给时间影响显著且为负效应,但对农村中老年人的劳动供给时间影响并不明显。

表 5.6 全国中老年人劳动供给模型估计

VARIABLES	(1) TLS	(2) LSf	(3) LSf1	(4) LSf2	(5) LSn	(6) LSn1	(7) LSn2
oascov	−26.72***	19.27***	2.8513**	13.36**	−35.58***	−5.18	−52.84***
	(−2.6886)	(2.7563)	(1.9780)	(2.1334)	(−2.8020)	(−0.5553)	(−2.9123)
2013	67.78***	46.22***	23.11***	18.15***	41.44***	21.20**	43.15***
	(6.4065)	(−8.8138)	(2.7940)	(2.6985)	(17.5766)	(2.0818)	(17.1852)
2018	43.42***	39.62***	33.0443***	−4.05	22.13	18.40***	25.30
	(8.9853)	(−4.8454)	(5.1620)	(−0.5553)	(26.6890)	(26.1262)	(16.9428)
sex	273.52***	142.94***	44.3210	117.36***	255.80***	161.36***	232.37***
	(31.0766)	(22.9945)	(1.6420)	(21.0432)	(22.4580)	(19.1991)	(14.3004)
age	−31.91***	−12.22***	−24.2179***	−9.99***	−33.97***	−19.63***	−28.99***
	(−57.0871)	(−31.8724)	(−13.0610)	(−29.1357)	(−42.3674)	(−32.5394)	(−25.8178)
edu	−9.63***	−14.15***	−12.2656***	−13.39***	7.31***	4.75***	5.48***
	(−9.0293)	(−18.6043)	(−3.7200)	(−19.6526)	(5.5150)	(4.8576)	(2.9090)
married	194.18***	194.74***	62.2067	184.64***	11.28	−21.12	53.80*
	(14.1814)	(20.3288)	(1.4000)	(21.5321)	(0.5821)	(−1.4803)	(1.9267)

续 表

VARIABLES	(1) TLS	(2) LSf	(3) LSf1	(4) LSf2	(5) LSn	(6) LSn1	(7) LSn2
hukou	383.85***	649.87***	699.206***	586.65***	−211.9***	−121.7***	−217.3***
	(32.5534)	(63.4908)	(11.4140)	(63.8541)	(−15.8455)	(−12.4537)	(−11.4814)
adl_iadl	−275.9***	−152.9***	−2.1e+02***	−135.1***	−284.98***	−188.82***	−214.58***
	(−25.1825)	(−20.5079)	(−5.90)	(−20.2880)	(−17.0437)	(−14.3889)	(−9.3645)
dependency	0.49	7.48	−8.5457	12.98***	−21.18*	−21.59***	−14.96
	(0.0686)	(1.4961)	(−0.3630)	(2.9110)	(−2.1109)	(−2.8956)	(−1.0438)
value	−1.00***	−4.00***	−4.6902***	−3.67***	0.38	−0.96***	0.15
	(−3.6560)	(−12.8816)	(−3.4400)	(−12.7487)	(1.5029)	(−3.6423)	(0.4474)
income	53.19***	44.01***	2.6e+03***	106.34***	−12.89***	−38.38**	274.57***
	(29.1520)	(21.6687)	(46.32)	(7.0064)	(−3.8040)	(−2.0936)	(8.0115)
re_support	−17.98***	−11.40***	−47.0996***	−10.02***	−10.63***	−9.60***	−9.29
	(−5.5715)	(−4.3201)	(−2.7740)	(−4.2703)	(−2.8540)	(−3.5187)	(−1.5276)
e_support	6.78***	0.50	−4.8433	1.45	−2.43	−4.81***	9.86***
	(3.3722)	(0.3054)	(−0.5610)	(1.0021)	(−1.0575)	(−2.7879)	(3.3867)

续 表

VARIABLES	(1) TLS	(2) LSf	(3) LSf1	(4) LSf2	(5) LSn	(6) LSn1	(7) LSn2
D2	−15.22	37.69***	−39.6213	52.76***	−116.04***	−116.30***	−2.93
	(−1.5533)	(5.4032)	(−1.2960)	(8.4327)	(−9.5207)	(−13.1334)	(−0.1658)
D3	95.77***	161.89***	−16.0648	174.72***	−195.61***	−176.54***	−47.25**
	(9.1237)	(22.0958)	(−0.5060)	(26.5664)	(−14.0171)	(−16.9188)	(−2.3962)
Pseudo R^2	0.02	0.03	0.18	0.03	0.06	0.08	0.04
Observations	49102	49102	49102	49102	49102	49102	49102

注:(1)采用 Tobit 模型估计;(2)估计结果汇报边际效应;(3)括号中为 t 值;(4) *** $p<0.01$, ** $p<0.05$, * $p<0.1$。

表 5.7 农村中老年人劳动供给模型估计

VARIABLES	(1) TLS	(2) LSf	(3) LSf1	(4) LSf2	(5) LSn	(6) LSn1	(7) LSn2
oascov	14.33	31.02***	14.85	21.33**	−12.12**	−8.46	−0.47**
	(1.3437)	(3.9824)	(0.4935)	(3.0498)	(−1.9207)	(−0.8458)	(−1.9268)
2013	10.86	10.83***	17.48**	9.35	25.47***	31.33**	33.58***
	(0.8998)	(11.6244)	(2.1288)	(0.0441)	(16.6515)	(2.4831)	(16.3191)

续 表

VARIABLES	(1) TLS	(2) LSf	(3) LSf1	(4) LSf2	(5) LSn	(6) LSn1	(7) LSn2
2018	50.72***	12.96***	22.10***	−15.32***	50.05***	36.49***	38.54***
	(4.2566)	(−14.5656)	(5.2601)	(−9.1824)	(32.6802)	(30.6529)	(17.9548)
sex	269.15***	146.80***	38.46	119.83***	259.48***	161.03***	206.25***
	(28.7991)	(21.4419)	(1.4579)	(19.4401)	(22.4761)	(18.3636)	(13.4324)
age	−28.93***	−12.87***	−22.26***	−10.44***	−29.18***	−16.69***	−22.82***
	(−51.3450)	(−31.6138)	(−13.0168)	(−28.5506)	(−38.3281)	(−28.8254)	(−22.8227)
edu	−7.44***	−16.30***	−13.09***	−15.52***	13.11***	3.94***	14.24***
	(−6.5823)	(−19.4059)	(−4.0799)	(−20.5777)	(9.8846)	(3.9428)	(7.9890)
married	239.76***	216.43***	68.08	202.62***	40.58**	−3.11	83.50***
	(16.4225)	(20.3861)	(1.5572)	(21.2855)	(2.0080)	(−0.2057)	(3.0145)
adl_iadl	−306.1***	−160.7***	−234.1***	−142.1***	−299.4***	−196.7***	−209.6***
	(−26.705)	(−19.5388)	(−6.8700)	(−19.3106)	(−18.0491)	(−14.9824)	(−9.7873)
dependency	8.62	−0.34	−16.30	6.95	−4.65	−11.83	4.06
	(1.1478)	(−0.0620)	(−0.7121)	(1.4237)	(−0.4690)	(−1.5666)	(0.3078)

续 表

VARIABLES	(1) TLS	(2) LSf	(3) LSf1	(4) LSf2	(5) LSn	(6) LSn1	(7) LSn2
value	−0.47**	−1.15***	−6.32***	−0.97***	−0.04	−0.94***	0.02
	(−2.0236)	(−6.4591)	(−4.0493)	(−6.0544)	(−0.3859)	(−2.8308)	(0.2353)
income	22.53***	15.97***	2706.12***	117.96***	−6.30***	−10.80	304.13***
	(19.0229)	(15.2478)	(44.4702)	(8.1608)	(−4.4044)	(−0.7425)	(11.9969)
re_support	−22.97***	−12.08***	−49.43***	−9.14***	−10.03***	−7.77***	−12.36**
	(−6.4589)	(−4.2652)	(−3.1674)	(−3.6930)	(−2.6279)	(−2.6652)	(−2.1072)
e_support	4.67**	−5.12***	−19.62*	−4.00**	−0.92	−6.73***	11.15***
	(2.3651)	(−2.7334)	(−1.8269)	(−2.4552)	(−0.4544)	(−4.0246)	(4.7017)
D2	−55.17***	41.80***	−43.07	58.34***	−170.92***	−153.94**	−34.31**
	(−5.2775)	(5.4199)	(−1.4455)	(8.4139)	(−13.7161)	(−16.2958)	(−2.0685)
D3	70.25***	183.79***	−51.06	195.00***	−256.02***	−188.77***	−110.74***
	(6.3978)	(22.8235)	(−1.6409)	(26.8976)	(−18.4420)	(−17.9002)	(−6.0224)

续 表

VARIABLES	(1) TLS	(2) LSf	(3) LSf1	(4) LSf2	(5) LSn	(6) LSn1	(7) LSn2
Pseudo R^2	0.02	0.01	0.17	0.01	0.06	0.08	0.04
Observations	43532	43532	43532	43532	43532	43532	43532

注：(1)采用 Tobit 模型估计；(2)估计结果汇报边际效应；(3)括号中为 t 值；(4) *** $p<0.01$, ** $p<0.05$, * $p<0.1$。

表5.8 城镇中老年人劳动供给模型估计

VARIABLES		(1) TLS	(2) LSf	(3) LSf1	(4) LSf2	(5) LSn	(6) LSn1	(7) LSn2
oascov		−105.48***	−0.30	0.09	3.89	−98.08***	34.66**	−208.63***
		(−4.9583)	(−0.0284)	(0.0105)	(0.4121)	(−4.2922)	(2.0871)	(−6.9254)
2013		254.74***	36.10***	42.87***	68.72***	243.03***	16.44	284.39***
		(10.1687)	(2.6063)	(2.8823)	(5.4999)	(9.0522)	(0.8462)	(7.6646)
2018		344.52***	222.68***	72.73***	222.80***	177.68***	96.09***	183.26***
		(14.8133)	(18.0554)	(5.3713)	(19.8590)	(6.9220)	(5.2636)	(5.1061)
sex		426.13***	146.68***	15.24***	125.58***	350.70***	221.34***	235.00***
		(24.4350)	(16.8352)	(2.1545)	(16.1939)	(18.5315)	(16.2191)	(9.0909)

续表

VARIABLES	(1) TLS	(2) LSf	(3) LSf1	(4) LSf2	(5) LSn	(6) LSn1	(7) LSn2
age	−53.43***	−11.25***	−3.86	−9.91***	−51.76***	−32.52***	−31.88***
	(−48.8265)	(−22.8350)	(−8.4004)	(−22.5550)	(−39.9506)	(−33.6671)	(−18.9408)
edu	−19.31***	−23.08***	−6.12***	−19.87***	2.86	4.58***	−5.66*
	(−10.1415)	(−23.9024)	(−7.4067)	(−23.1025)	(1.3459)	(2.9156)	(−1.9501)
married	98.45***	108.37***	10.70	104.71***	3.88	−20.48	48.78
	(3.2191)	(6.9799)	(0.8092)	(7.5574)	(0.1128)	(−0.8067)	(1.0651)
adl_iadl	−280.64***	−27.47**	−32.19***	−19.64*	−396.56***	−239.84***	−282.12***
	(−10.4073)	(−2.3157)	(−3.0353)	(−1.8801)	(−11.8784)	(−9.3761)	(−6.6051)
dependency	−86.23***	1.81	−3.31	3.19	−114.61***	−75.49***	−77.77***
	(−5.6873)	(0.2763)	(−0.4942)	(0.5552)	(−6.1177)	(−5.4423)	(−3.0714)
value	−0.25	−0.05	−0.15	−0.03	−1.18***	−1.64***	−0.43
	(−1.0947)	(−0.4984)	(−0.7150)	(−0.4384)	(−3.2112)	(−5.0557)	(−1.0874)
income	16.92***	3.58***	165.38***	79.18***	−0.89	0.22	310.89***
	(11.9271)	(5.5105)	(17.4282)	(6.6042)	(−0.4671)	(0.0096)	(7.8993)

第 5 章 中国养老保障制度的劳动供给效应实证

续 表

VARIABLES	(1) TLS	(2) LSf	(3) LSf1	(4) LSf2	(5) LSn	(6) LSn1	(7) LSn2
re_support	−6.85	−1.28	−1.78	−0.72	−7.62	−11.11***	−7.11
	(−1.2916)	(−0.4284)	(−0.6447)	(−0.2706)	(−1.3589)	(−2.6716)	(−0.8914)
e_support	5.19**	−1.36	−0.87	−1.32	−0.07	−5.51***	10.50***
	(2.4841)	(−1.0186)	(−0.6565)	(−1.1289)	(−0.0313)	(−3.2574)	(3.5050)
D2	−36.66*	−4.61	12.02	−1.93	−35.03*	−58.96***	60.43**
	(−1.9100)	(−0.4776)	(1.4316)	(−0.2242)	(−1.6950)	(−4.0169)	(2.0678)
D3	9.67	72.02***	8.86	64.20***	−86.18***	−110.73***	62.68*
	(0.4355)	(6.8250)	(0.9796)	(6.8553)	(−3.5191)	(−6.2716)	(1.8683)
Pseudo R^2	0.05	0.03	0.03	0.06	0.09	0.05	0.07
Observations	15522	15522	15522	15522	15522	15522	15522

注:(1)采用 Tobit 模型估计;(2)估计结果汇报边际效应;(3)括号中为 t 值;(4) *** $p<0.01$, ** $p<0.05$, * $p<0.1$。

5.4 稳健性检验

考虑到养老保障制度可能对劳动参与决策行为存在样本选择偏差和偶然性因素干扰,从而导致观察结果不能准确地反映最低生活保障对劳动参与率的净效应。在此,采用倾向得分匹配法(Propensity Score Matching,PSM),考察养老保障覆盖对中老年人劳动参与率的影响,以期进一步验证养老保障制度对中老年人劳动参与决策行为的影响。

在考察养老保障覆盖和养老保障未覆盖的劳动参与差异时需要关注的一个重要问题是,我们只能获得领取与未领取两种情况之一,即典型的反事实因果推断。Rubin(1974)提出反事实框架,即 PSM 方法的基本思想,也就是建立一个参加养老保障的处理组和一个对照组,这样可以用对照组最大限度模拟处理组中的反事实情形,进而比较中老年人在养老保障前后的劳动参与差异。

在处理组和对照组影响中老年人劳动参与的特征变量匹配的情况下,估计了总体劳动参与(TLP)、农业劳动参与(LPf)、农业打工劳动参与(LPf1)、自家农业劳动参与(LPf2)、非农业劳动参与(LPn)、受雇劳动参与(LPn1)以及个体私营经济劳动参与(LPn2)的平均处理效应 ATT 差距,估计结果见表 5.9。PSM 估计与 Probit 估计(表 5.3)得到的方向基本一致,差异在于边际效应不同。倾向得分匹配法估计结果再次验证,在保持其他因素不变的情况下,养老保障制度对中老年人的劳动参与确实存在明显的影响。

表 5.9　养老保障对劳动参与率的倾向得分匹配处理效应

劳动参与类型	ATT 差距	标准误	T 检验值
总体劳动参与 TLP	0.0190***	0.0055	3.45
农业劳动参与 LPf	0.0220***	0.0059	3.71
农业打工劳动参与 LPf1	0.0055	0.0023	1.38
自家农业劳动参与 LPf2	0.0430***	0.0059	7.21
非农业劳动参与 LPn	－0.0439	0.0047	1.20
受雇劳动参与 LPn1	0.0386***	0.0040	9.62
个体私营经济劳动参与 LPn2	－0.0051*	0.0030	1.93

在上述基础上,我们用倾向值匹配基础上的倍差法(PSM-DD)来估计全国样本的年份效应,可以去除参保行为的非随机性所带来的选择性偏误和混杂偏误,同时消除不随时间改变且不可观测的个体异质性(陈华帅、曾毅,2013,见表 5.10)。用 PSM-DID 方法验证养老保障的年份供给效应,具体操作步骤如下:第一步,估计参加养老保障的 Logistic 模型,借助该模型预测每个个体的参保概率,定义其为倾向分值;第二步,对每个干预组(有养老保障)的个体,以倾向分值为依据,在控制组(无养老保障)中寻找最接近其倾向分值的对象,完成配对;第三步,检验匹配的平衡性;第四步,估计每个个体跨年的劳动参与决策变化,再对干预组中每个个体和控制组中与其匹配的个体的跨年劳动参与率变化进行差分,并对所有差分结果取均值,从而得到养老保障对劳动参与决策的平均干预效果。在第二步对样本进行匹配时,采用核匹配(Epanechniko)方法(Heckman et al.,1998),构建一个虚拟对象来匹配干预组的每个个体,虚拟对象是对控制组所有个体采用核函数构建的权重进行加权得到,该方法的优势在于最大限

度地利用全样本的信息。在计算倾向分值时,通常选择面板数据的第一年(陈华帅、曾毅,2013;樊丽明、解垩,2014)或者某项改革的起始年份(杨龙见、尹恒,2015)为基年,本书遵循上述做法,选择2011年作为基年。PSM-DID估计(表5.10)与Probit估计(表5.3)得到的方向基本一致,差异在于边际效应不同。倾向值匹配基础上的倍差法(PSM-DID)估计结果再次验证,在保持其他因素不变的情况下,养老保障制度对中老年人的劳动参与年份效应确实存在明显的影响,而且不同类型的劳动参与决策年份效应差异较大。

表5.10 养老保障对劳动参与率的倾向得分匹配处理效应

劳动参与类型	PSM-DID	标准误	T检验值
总体劳动参与(TLP)			
2011—2013	0.043**	0.015	2.16
2013—2018	−0.015***	0.012	29.85
2011—2018	0.028***	0.013	32.37
农业劳动参与(LPf)			
2011—2013	0.0107***	0.015	6.98
2013—2018	−0.0244***	0.012	20.40
2011—2018	−0.0137***	0.013	24.45
农业打工劳动参与(LPf1)			
2011—2013	0.005*	0.006	1.99
2013—2018	0.027***	0.005	6.00
2011—2018	0.028***	0.005	5.70
自家农业劳动参与(LPf2)			
2011—2013	0.051***	0.015	7.26
2013—2018	0.025***	0.012	18.98

续 表

劳动参与类型	PSM-DID	标准误	T检验值
2011—2018	0.076***	0.013	24.40
非农业劳动参与(LPn)			
2011—2013	0.101***	0.012	7.49
2013—2018	0.058***	0.010	14.99
2011—2018	0.159***	0.010	15.23
受雇劳动参与(LPn1)			
2011—2013	0.076***	0.010	4.44
2013—2018	0.033***	0.009	10.96
2011—2018	0.109***	0.009	12.04
个体私营经济劳动参与(LPn2)			
2011—2013	0.055***	0.008	5.87
2013—2018	−0.004***	0.007	8.72
2011—2018	0.051***	0.006	8.24

与劳动参与率类似,同样考虑到养老保障制度对劳动供给时间行为可能会存在样本选择偏差和偶然性因素干扰,从而导致观察结果不准确。在此,仍然采用倾向得分匹配法(Propensity Score Matching,PSM)来考察养老保障制度对中老年人劳动供给时间的影响,以期进一步验证估计结果的可靠性。

倾向得分匹配法的基本思想详见上文稳健性检验。在处理组和对照组影响中老年人劳动供给时间的特征变量匹配的情况下,估计了总体劳动供给时间(TLS)、农业劳动供给时间(LSf)、农业打工劳动供给时间(LSf1)、自家农业劳动供给时间(LSf2)、非农业劳动供给时间(LSn)、受雇劳动供给时间(LSn1)以及个体私营经济劳动供给时间(LSn2)的平均处理效应 ATT 差距,估计结果见表 5.11。PSM 估计与 Tobit 估计(见表 5.6)两种方法得到的方向基本一致,差异在于边际效应不同。倾向得分匹配法估计结果得到再次验证,在保持其他因素不变的情况下,养老保障制度对中老年人的劳动供给时间确实存在明显的影响。

表 5.11 养老保障对劳动供给时间的倾向得分匹配处理效应

劳动供给类型	ATT 差距	标准误	T 检验值
总劳动供给时间(TLS)	−37.00**	18.38	−2.01
农业劳动供给时间(LSf)	27.38***	13.32	5.81
农业打工劳动供给时间(LSf1)	0.70*	2.373	1.93
自家农业劳动供给时间(LSf2)	28.07***	11.53	3.30
非农业劳动供给时间(LSn)	−40.37***	15.51	−2.60
受雇劳动供给时间(LSn1)	−8.048	9.219	−1.17
个体私营经济劳动供给时间(LSn2)	−51.893***	12.65	−3.15

同样,我们用倾向值匹配基础上的倍差法(PSM-DID)来估计全国样本养老保障劳动供给的年份效应,见表 5.12。PSM-DID 估计与 Tobit 估计(见表 5.6)两种方法得到的短期(2011—2013)和长期(2011—2018)年份效应方向基本一致,差异在于边际效应不同。倾向值匹配基础上的倍差法结果得到再次验证,在保持其他因素不变的情况下,养老保障制度对中老年人的劳动供给时间短期和长期确实存在明显的年份效应。

表 5.12 养老保障对劳动供给时间的倾向得分匹配处理效应

劳动参与类型	PSM-DID	标准误	T 检验值
总体劳动供给时间(TLS)			

续　表

劳动参与类型	PSM-DID	标准误	T检验值
2011—2013	72.8***	45.70	5.97
2013—2018	34.9***	38.29	17.63
2011—2018	107.7***	37.24	18.74
农业劳动供给时间(LSf)			
2011—2013	48.85***	32.51	3.96
2013—2018	−3.01***	21.04	11.32
2011—2018	45.86***	27.46	12.59
农业打工劳动供给时间(LSf1)			
2011—2013	10.22	5.022	0.25
2013—2018	26.40***	4.396	5.18
2011—2018	36.62***	5.464	4.14
自家农业劳动供给时间(LSf2)			
2011—2013	15.01***	27.89	5.20
2013—2018	−23.23***	20.43	10.55
2011—2018	−8.22***	22.89	14.77
非农业劳动供给时间(LSn)			
2011—2013	41.07***	38.42	10.72
2013—2018	37.02***	35.14	12.46
2011—2018	78.09***	29.465	11.22
受雇劳动供给时间(LSn1)			
2011—2013	24.9***	22.43	4.77
2013—2018	28.9***	18.69	11.03
2011—2018	49.8***	22.03	9.21

续 表

劳动参与类型	PSM-DID	标准误	T检验值
个体私营经济劳动供给时间(LSn2)			
2011—2013	54.7***	31.91	9.55
2013—2018	5.20***	30.38	7.63
2011—2018	59.9***	18.88	6.76

5.5 本章小结

本章基于效用最大化分析框架,建立了融入养老保障制度的劳动参与模型和劳动供给模型,利用2011年、2013年和2018年CHARLS数据观察了养老保障制度对中国中老年人劳动参与率和劳动供给时间的影响。

研究表明,当前中国养老保障制度对全国中老年人的总体劳动、农业和非农业的劳动参与率和劳动供给时间都有显著影响。当前养老保障制度显著激励全国中老年人提高劳动参与率,但同时也显著激励其减少劳动供给时间。养老保障制度更倾向于鼓励中老年人提高农业劳动参与率(劳动供给时间),降低非农业劳动参与率(劳动供给时间)。从劳动参与模型和劳动供给模型的边际效应来看,在保持个人特征、家庭特征以及所处区域等控制变量不变的情况下,参加养老保障制度使全国中老年人的农业劳动参与率和农业劳动供给时间分别提高2.89%和19.27小时/年,而非农业劳动参与率和非农业劳动供给时间分别降低0.51%和35.58小时/年。从全国范围来看,当前中国的养老保障制度对中老年人有更强的"拉回效应",鼓励中老年人脱离城镇个体私营经济非农业部门,转移到农村农业从事自家农业劳动。从年份虚拟变量对于中老年人劳动参与率和劳动供给时间的影响来看,养老保障在长期(2011—2018)的劳动参与率和劳动供给时间效果小于短期(2011—2013)的劳动参与率和劳动供给时间效果,并且2013—2018年的劳动参与率和劳动供给时间小于2011—2013年的劳动参与率和劳动供给时间,即劳动参与和供给效果在后期大幅减弱。

中国养老保障制度对农村中老年人劳动供给存在明显影响,养老保障覆盖对农户中老年人的总体劳动参与率具有正向影响。当前养老保障更倾向于鼓励农户中老年人提高农业劳动参与率和农业劳动供给时间,尤其是自家农业劳动的劳动参与率和劳动供给时间,但对非农业劳动供给特别是个体私营经济劳动供给存在负面效应。从劳动参与模型和劳动供给模型的边际效应来看,在保持个人特征、家庭特征以及所处区域等控制变量不变的情况下,参加养老保障使农户中老年人的农业劳动参与率和农业劳动供给时间分别提高 3.86% 和 31.02 小时/年,其中自家农业劳动参与率和自家农业劳动供给时间分别提高 4.14% 和 21.33 小时/年,非农业劳动参与率和劳动供给时间分别降低 0.59% 和 12.12 小时/年,其中个体私营经济劳动参与率和个体私营经济劳动供给时间分别降低 0.31% 和 0.47 小时/年,但对受雇劳动供给没有明显影响,说明当前的养老保障制度并不足以改变农户中老年人的受雇劳动供给行为。当前中国的养老保障制度对农户中老年人有更强的"拉回效应",鼓励农户中老年人脱离城镇个体私营经济等非农业部门,转移到农村农业,从事自家农业劳动。从年份虚拟变量对于农村中老年人劳动参与率的影响来看,养老保障在长期(2011—2018)的劳动参与率小于短期(2011—2013)的劳动参与率,并且劳动参与率在后期大幅减弱。这说明随着时间的推移,参加养老保险使越来越多的农村中老年人的劳动参与意愿越来越弱,甚至激励他们退出劳动力市场。从年份虚拟变量对于农村中老年人劳动供给时间的影响来看,长期(2011—2018年)的劳动供给时间有明显提高,但在短期影响不明显。

中国养老保障制度对城镇中老年人劳动供给存在明显影响,养老保障覆盖对城镇中老年人的总体劳动参与率和劳动供给时间都具有显著负向影响。当前参加养老保障更倾向于鼓励城镇中老年人降低非农业劳动供给特别是个体私营经济劳动供给,但也激励城镇中老年人提高受雇劳动供给。从劳动参与模型和劳动供给模型的边际效应来看,在保持个人特征、家庭特征以及所处区域等控制变量不变的情况下,参加养老保障使城镇中老年人的总体劳动参与率和总体劳动供给时间分别降低1.90%和105.48小时/年,其中非农业劳动参与率和劳动供给时间分别降低1.01%和98.08小时/年,受雇劳动参与率和劳动供给时间分别提高3.78%和34.66小时/年。从年份虚拟变量对于城镇中老年人劳动参与率的影响来看,养老保障在长期(2011—2018)的劳动参与率小于短期(2011—2013)的劳动参与率,而在长期(2011—2018)的劳动供给时间大于短期(2011—2013)的劳动供给时间,而劳动参与率和劳动供给时间在后期大幅减弱。这说明随着时间的推移,养老保障使越来越多的城镇中老年人劳动参与意愿越来越弱,甚至激励他们退出劳动力市场。

养老保障制度无论是对城镇中老年人还是对农村中老年人的劳动供给的广度(劳动参与率)和深度(劳动供给时间)都有着显著的影响,这对于正在加快发展的社会保障制度、深刻变化的劳动力市场建设及当前处在新常态的中国经济具有非常重要的政策启示。在过去的十几年里，中国的养老保障体系主要集中于基本框架的设计和制度的实践探索阶段，相关部门更多关注各个养老保障系统内部自身的运行，没有特别重视其对整个经济社会系统的深刻影响。中国经济进入高质量发展阶段，增长放缓，养老保障加速发展，劳动力成本逐步升高等新情况要求我们充分关注养老保障对劳动力市场的影响。

第 6 章 "碎片化"养老保障项目的劳动供给效应

由于制度结构的差异性和行政管理的地方性,中国基本养老保障体系呈现"碎片化"特征,在不同地区、不同身份的人群之间存在着非常大的差别。中国养老保障制度的"碎片化"恰恰可以看成是社会政策实验,可以观察不同养老保障制度在制度设计、保障水平等方面的差异,以及该差异如何影响不同群体的劳动供给行为。这也是目前国外研究欠考虑之处。本章同样基于第 4 章 4.2 节的理论模型和 4.3 节的实证模型,将系统深入地实证检验各种不同的养老保障项目对中老年人总体劳动供给及不同类型劳动(农业打工、自家农业生产活动、受雇劳动和个体私营经济等)参与率和劳动供给时间的影响。

6.1 "碎片化"养老保障项目与劳动供给的统计分析

由表 6.1 和表 6.2 可知,参加不同类型养老保障的中老年人的劳动参与率存在差异。参加政府机关和事业单位养老保险的中老年人的总劳动参与率最低,仅为 40.17%;参加新农保的总体劳动参与率最高,达到 73.20%;而参加城镇职工基本养老保险的中老年人的受雇劳动参与率最高,达到 26.40%;参加老农保的受雇劳动参与率最低，仅为13.50%。参加政府机关和事业单位养老保险的中老年人的总劳动供给时间最低，参加城乡居民社会养老保险的总体劳动供给时间最高，达到1121.5小时/年。这些统计上的差异反映出不同类型养老保障的劳动参与率和劳动供给时间的差异，因此，进一步实证分析不同类型养老保障制度的劳动供给效应是有必要的。

表6.1　不同类型养老保障覆盖与劳动参与率(%)

	TLP	LPf	LPf1	LPf2	LPn	LPn1	LPn2
政府机关和事业单位养老保险	40.17	17.49	0.92	15.53	25.97	22.34	3.66
城镇职工基本养老保险	41.30	12.70	0.60	11.90	32.90	26.40	6.50
新农保	73.20	62.60	5.20	59.00	21.50	14.40	7.10
城乡居民社会养老保险	69.10	53.00	4.80	50.90	31.30	22.30	9.00
城镇居民养老保险	45.10	14.10	1.10	12.70	34.50	19.50	15.00
老农保	69.40	55.50	4.40	50.80	21.40	13.50	7.90
失地养老保险	63.50	42.50	2.70	39.60	31.70	20.80	10.90

表6.2　不同类型养老保障覆盖与劳动供给时间(小时/年)

	TLS	LSf	LSf1	LSf2	LSn	LSn1	LSn2
政府机关和事业单位养老保险	634.8	159.3	9.6	114.3	475.5	369.3	106.3
城镇职工基本养老保险	863.4	91.8	7.0	73.4	771.6	551.4	220.3
新农保	1090.9	679.4	29.5	613.1	411.5	208.4	203.1
城乡居民社会养老保险	1121.5	489.7	32.8	449.2	631.8	377.5	254.3

续表

	TLS	LSf	LSf1	LSf2	LSn	LSn1	LSn2
城镇居民养老保险	1063.3	119.8	6.0	94.9	943.5	372.3	571.2
老农保	1003.7	738.1	32.0	592.2	465.7	248.4	217.2
失地养老保险	1037.1	329.8	15.0	314.7	707.3	383.7	323.6

6.2 新型农村养老保险(新农保)的劳动供给效应

本节重点关注新型农村养老保险(新农保)变量,具体从新农保覆盖分析该项养老保险制度对中老年人劳动参与率和劳动供给时间的影响。

6.2.1 新型农村养老保险的劳动参与模型估计

表6.3、表6.4和表6.5分别是新型农村养老保险覆盖对全国中老年人、农村中老年人和城镇中老年人的劳动参与模型估计结果,其中表6.4和表6.5分别考察了新农保对农村和城镇中老年人劳动参与决策的影响及差异。

首先,从全国中老年人样本来看,新型农村养老保险覆盖显著激励中老年人提高总体劳动参与率。细分来看,新农保覆盖显著提高农业劳动参与率,也显著降低非农业劳动参与率,但对农业劳动参与率的影响程度强于对非农业劳动参与率的影响,因而在总体劳动参与上表现为正向影响。进一步观察不同类型劳动参与模型可以发现,新农保覆盖显著提高中老年人农业打工劳动参与率和自家农业劳动参与率,同时也降低受雇劳动参与率,但对个体私营经济劳动参与率没有显著影响。从表6.3可以看出,在总体劳动

表 6.3 新型农村养老保险对全国中老年人劳动参与的影响估计

VARIABLES	(1) TLP	(2) LPf	(3) LPf1	(4) LPf2	(5) LPn	(6) LPn1	(7) LPn2
nprcov	0.0493***	0.0728***	0.0047**	0.0722***	−0.0112***	−0.0092***	−0.0000
	(11.6870)	(16.7415)	(2.5447)	(16.4150)	(−2.9207)	(−2.7220)	(−0.0149)
2013	0.0209***	−0.0051	0.0067***	0.0266***	0.1400***	0.0894***	0.0487***
	(4.5513)	(−1.0352)	(3.0458)	(5.2606)	(34.2877)	(24.5759)	(17.6678)
2018	0.0135***	−0.0232***	0.0175***	0.0340***	0.1842***	0.1445***	0.0385***
	(2.8293)	(−4.4277)	(7.4259)	(6.3718)	(41.1936)	(36.3325)	(12.4718)
sex	0.1321***	0.0792***	0.0075***	0.0772***	0.1308***	0.1058***	0.0272***
	(35.0674)	(19.1396)	(4.1286)	(18.3563)	(38.8641)	(35.3622)	(11.9882)
age	−0.0139***	−0.0074***	−0.0020***	−0.0067***	−0.0135***	−0.0103***	−0.0033***
	(−66.7755)	(−30.7064)	(−16.1914)	(−26.9507)	(−61.7281)	(−50.4707)	(−21.7453)
edu	−0.0058***	−0.0109***	−0.0016***	−0.0099***	0.0044***	0.0042***	0.0001
	(−12.2602)	(−21.4924)	(−7.0868)	(−19.1009)	(10.7405)	(11.8944)	(0.3173)
married	0.0775***	0.1281***	0.0071**	0.1285***	−0.0103*	−0.0077	0.0045
	(14.6209)	(21.2760)	(2.3229)	(20.7119)	(−1.7565)	(−1.4528)	(1.1752)

续 表

VARIABLES	(1) TLP	(2) LPf	(3) LPf1	(4) LPf2	(5) LPn	(6) LPn1	(7) LPn2
hukou	0.2503***	0.4114***	0.0557***	0.3998***	−0.0724***	−0.0521***	−0.0188***
	(52.4556)	(76.3652)	(13.9189)	(69.1247)	(−15.9894)	(−13.2882)	(−6.4360)
adl_iadl	−0.1454***	−0.1288***	−0.0165***	−0.1228***	−0.0937***	−0.0806***	−0.0229***
	(−34.5096)	(−26.7023)	(−6.9035)	(−24.8464)	(−19.1488)	(−17.3904)	(−7.2912)
dependency	0.0031	0.0103***	−0.0016	0.0108***	−0.0118***	−0.0124***	−0.0015
	(1.0339)	(3.0558)	(−0.9739)	(3.1555)	(−3.7738)	(−4.3919)	(−0.7520)
value	−0.0008***	−0.0027***	−0.0004***	−0.0029***	0.0003***	0.0002**	−0.0000
	(−7.1155)	(−14.6653)	(−4.3466)	(−14.5032)	(3.9314)	(2.2508)	(−0.7998)
income	0.0312***	0.1182***	−0.0016	0.0165***	0.1182***	−0.0320***	0.0458***
	(28.3931)	(7.8291)	(−4.2248)	(12.0659)	(7.8291)	(−11.9865)	(37.7567)
re_support	−0.0074***	−0.0087***	−0.0021**	−0.0083***	−0.0004	−0.0008	0.0003
	(−6.2280)	(−5.1726)	(−2.2219)	(−4.7847)	(−0.4116)	(−0.8901)	(0.4448)
e_support	0.0006	−0.0020*	−0.0006	−0.0018	0.0022***	0.0005	0.0009**
	(0.6638)	(−1.9075)	(−1.0550)	(−1.6271)	(3.2019)	(0.9158)	(2.0456)

续 表

VARIABLES	(1) TLP	(2) LPf	(3) LPf1	(4) LPf2	(5) LPn	(6) LPn1	(7) LPn2
D2	0.0073*	0.0464***	−0.0025	0.0448***	−0.0538***	−0.0557***	0.0041
	(1.6999)	(10.0126)	(−1.2511)	(9.4619)	(−14.2079)	(−17.1019)	(1.6220)
D3	0.0622***	0.1174***	−0.0017	0.1077***	−0.0855***	−0.0864***	0.0011
	(13.3574)	(23.8311)	(−0.7912)	(21.5422)	(−20.1219)	(−22.9338)	(0.3812)
Pseudo R²	0.2526	0.2324	0.0781	0.2097	0.2787	0.3353	0.1206
Observations	49030	49030	49028	49026	49031	49031	49031

注：(1)采用 Probit 模型估计；(2)估计结果汇报边际效应；(3)括号内为 t 值；(4) *** $p<0.01$, ** $p<0.05$, * $p<0.1$。

表 6.4 新型农村养老保险对农村中老年人劳动参与的影响估计

VARIABLES	(1) TLP	(2) LPf	(3) LPf1	(4) LPf2	(5) LPn	(6) LPn1	(7) LPn2
nprcov	0.0579***	0.1061***	0.0095***	0.1073***	−0.0260***	−0.0200***	−0.0027
	(14.5022)	(22.9641)	(4.4166)	(22.6976)	(−7.1523)	(−6.2479)	(−1.1255)
2013	0.0025	−0.0312***	0.0053*	0.0069	0.1775***	0.1209***	0.0592***
	(0.4869)	(−5.1717)	(1.9136)	(1.1222)	(36.6563)	(26.9761)	(18.0575)

续 表

VARIABLES	(1) TLP	(2) LPf	(3) LPf1	(4) LPf2	(5) LPn	(6) LPn1	(7) LPn2
2018	−0.0207***	−0.1053***	0.0139***	−0.0354***	0.2357***	0.1895***	0.0464***
	(−4.2689)	(−18.5587)	(5.1558)	(−6.0310)	(51.5057)	(44.8328)	(14.3243)
sex	0.1246***	0.0766***	0.0109***	0.0762***	0.1306***	0.1058***	0.0280***
	(31.2838)	(16.2778)	(5.0745)	(15.8217)	(36.3434)	(32.8476)	(11.5443)
age	−0.0124***	−0.0074***	−0.0023***	−0.0069***	−0.0119***	−0.0091***	−0.0028***
	(−58.9674)	(−27.9590)	(−16.6644)	(−25.2073)	(−53.5837)	(−44.0982)	(−18.5426)
edu	−0.0057***	−0.0138***	−0.0021***	−0.0128***	0.0060***	0.0043***	0.0014***
	(−11.4152)	(−23.9958)	(−8.0249)	(−21.7824)	(14.0305)	(11.4208)	(4.9249)
married	0.0902***	0.1457***	0.0117***	0.1446***	0.0009	−0.0009	0.0094**
	(16.5692)	(21.4132)	(3.1315)	(20.4452)	(0.1379)	(−0.1549)	(2.2122)
adl_iadl	−0.1515***	−0.1397***	−0.0209***	−0.1327***	−0.1019***	−0.0859***	−0.0245***
	(−35.8371)	(−25.7345)	(−7.3238)	(−23.5983)	(−20.1726)	(−18.0292)	(−7.3714)
dependency	0.0029	0.0032	−0.0031	0.0051	−0.0030	−0.0061**	0.0008
	(0.9540)	(0.8455)	(−1.6011)	(1.3354)	(−0.9336)	(−2.0596)	(0.3942)

续 表

VARIABLES	(1) TLP	(2) LPf	(3) LPf1	(4) LPf2	(5) LPn	(6) LPn1	(7) LPn2
value	−0.0005***	−0.0009***	−0.0006***	−0.0009***	−0.0000	−0.0000	0.0000
	(−5.4564)	(−8.2716)	(−4.8332)	(−7.9316)	(−0.1329)	(−0.6872)	(0.1525)
income	0.0055***	0.1244***	0.0008**	0.0044***	0.0007	−0.0347***	0.0449***
	(10.8143)	(8.5676)	(2.4207)	(6.1897)	(1.3943)	(−12.8264)	(36.9731)
re_support	−0.0089***	−0.0084***	−0.0021**	−0.0081***	−0.0019*	−0.0021**	0.0000
	(−7.1842)	(−4.6256)	(−2.0901)	(−4.2692)	(−1.7371)	(−2.0269)	(0.0689)
e_support	−0.0010	−0.0100***	−0.0017**	−0.0095***	0.0032***	0.0008	0.0012***
	(−1.1337)	(−7.4556)	(−2.1367)	(−6.8700)	(4.6397)	(1.4256)	(3.3980)
D2	−0.0024	0.0521***	−0.0030	0.0525***	−0.0695***	−0.0692***	0.0016
	(−0.5403)	(9.9286)	(−1.2318)	(9.7275)	(−17.1765)	(−19.5356)	(0.5981)
D3	0.0590***	0.1359***	−0.0028	0.1290***	−0.1023***	−0.0929***	−0.0074**
	(12.2611)	(24.5559)	(−1.0852)	(22.7885)	(−23.2408)	(−23.7224)	(−2.5363)

续表

VARIABLES	(1) TLP	(2) LPf	(3) LPf1	(4) LPf2	(5) LPn	(6) LPn1	(7) LPn2
Pseudo R^2	0.1933	0.1163	0.0432	0.1006	0.2578	0.3066	0.1149
Observations	43466	43466	43464	43462	43467	43467	43467

注：(1)采用 Probit 模型估计；(2)估计结果汇报边际效应；(3)括号内为 t 值；(4) $^{***}p<0.01$，$^{**}p<0.05$，$^{*}p<0.1$。

表 6.5　新型农村养老保险对城镇中老年人劳动参与的影响估计

VARIABLES	(1) TLP	(2) LPf	(3) LPf1	(4) LPf2	(5) LPn	(6) LPn1	(7) LPn2
nprcov	0.1419***	0.1670***	0.0152***	0.1566***	−0.0364***	−0.0159*	−0.0137**
	(14.1547)	(23.2332)	(6.5820)	(22.7279)	(−3.9301)	(−1.8489)	(−2.1859)
2013	0.0612***	0.0331***	0.0006	0.0441***	0.0841***	0.0484***	0.0330***
	(6.7335)	(3.5324)	(0.1362)	(4.6875)	(9.0336)	(5.4643)	(5.1026)
2018	0.1190***	0.1090***	0.0231***	0.1302***	0.1055***	0.0933***	0.0114*
	(13.9777)	(13.0206)	(5.4925)	(15.6149)	(11.9345)	(11.1428)	(1.8115)
sex	0.2047***	0.0966***	0.0034	0.0901***	0.1750***	0.1441***	0.0338***
	(32.0545)	(15.8253)	(1.5672)	(15.1404)	(27.8007)	(24.2170)	(7.3823)

续表

VARIABLES	(1) TLP	(2) LPf	(3) LPf1	(4) LPf2	(5) LPn	(6) LPn1	(7) LPn2
age	−0.0215***	−0.0060***	−0.0008***	−0.0053***	−0.0219***	−0.0185***	−0.0047***
	(−71.4893)	(−17.7677)	(−5.8659)	(−16.3364)	(−65.6472)	(−51.7657)	(−16.2985)
edu	−0.0071***	−0.0149***	−0.0021***	−0.0140***	0.0063***	0.0112***	−0.0040***
	(−9.2891)	(−22.2617)	(−8.1869)	(−21.5637)	(8.2969)	(15.4508)	(−7.7689)
married	0.0201*	0.0745***	0.0067	0.0843***	−0.0183	−0.0080	0.0028
	(1.8048)	(6.8325)	(1.5411)	(7.7687)	(−1.5384)	(−0.6835)	(0.3434)
adl_iadl	−0.1036***	−0.0281***	−0.0065***	−0.0245***	−0.1368***	−0.1188***	−0.0402***
	(−10.5978)	(−3.2197)	(−2.0934)	(−2.8982)	(−12.2978)	(−10.3373)	(−5.2728)
dependency	−0.0172***	0.0080*	−0.0003	0.0062	−0.0347***	−0.0366***	−0.0071
	(−3.1655)	(1.7189)	(−0.1459)	(1.3695)	(−5.3927)	(−5.7806)	(−1.6103)
value	−0.0001	−0.0001*	−0.0002**	−0.0001	−0.0001	−0.0001	−0.0001*
	(−0.7899)	(−1.6975)	(−2.5395)	(−1.4529)	(−0.9569)	(−0.8708)	(−1.7065)
income	0.0007	0.0019***	0.0249***	0.0814***	−0.0248***	−0.0578***	0.0610***
	(1.3943)	(3.7539)	(16.2356)	(5.6366)	(−16.1554)	(−12.8167)	(27.4550)

续　表

VARIABLES	(1) TLP	(2) LPf	(3) LPf1	(4) LPf2	(5) LPn	(6) LPn1	(7) LPn2
re_support	−0.0021	−0.0028	−0.0001	−0.0034	−0.0012	−0.0016	−0.0002
	(−1.0310)	(−1.3040)	(−0.1200)	(−1.5970)	(−0.6087)	(−0.8574)	(−0.1407)
e_support	0.0027***	−0.0021**	−0.0004	−0.0021**	0.0030***	0.0007	0.0014***
	(2.9209)	(−2.1575)	(−0.7884)	(−2.2047)	(3.4184)	(0.9287)	(2.6584)
D2	−0.0054	0.0074	0.0042*	0.0068	−0.0176**	−0.0347***	0.0180***
	(−0.7169)	(1.0599)	(1.6775)	(1.0020)	(−2.3775)	(−5.0721)	(3.4388)
D3	0.0226**	0.0558***	0.0018	0.0513***	−0.0371***	−0.0584***	0.0205***
	(2.5388)	(7.2211)	(0.6761)	(6.8350)	(−4.2462)	(−7.1169)	(3.4252)
Pseudo R^2	0.3068	0.1575	0.1649	0.3781	0.4301	0.1776	0.2276
Observations	15516	15516	15516	15516	15516	15516	15516

注:(1)采用 Probit 模型估计;(2)估计结果汇报边际效应;(3)括号内为 t 值;(4) *** $p<0.01$, ** $p<0.05$, * $p<0.1$。

参与模型(TLP)、农业劳动参与模型(LPf)、农业打工参与模型(LPf1)、自家农业劳动参与模型(LPf2)、非农业劳动参与模型(LPn)、受雇劳动参与模型(LPn1)中,新农保参与变量都通过显著性检验。从 Probit 估计的边际效应来看,参加新农保将使农业劳动参与率提高 7.28%,农业打工参与率提高 0.47%,自家农业劳动参与率提高 7.22%,非农业劳动参与率降低 1.12%,受雇劳动参与率降低 0.92%,总体劳动参与率提高 4.93%。在个体私营经济劳动参与模型(LPn2)中,新农保覆盖变量没有通过显著性检验,说明参与新农保并不影响中老年人的这一项劳动决策行为。

同时,在表 6.3 Probit 模型中考察了年份虚拟变量对于全国中老年人劳动参与率的影响。通过分析总劳动参与率模型(TLP)发现,2018 年和 2013 年年份虚拟变量都显著为正,且 2018 年的系数小于 2013 年的系数,其系数之差为 -0.0074。该结果表明,新农保在长期(2011—2018)的劳动参与率效果小于短期(2011—2013)的劳动参与率效果,并且 2013—2018 年的劳动参与率小于 2011—2013 年的劳动参与率,即劳动参与率效果在后期大幅减弱。

其次,分别考察新型农村养老保险对农村和城镇中老年人劳动参与率的影响。从表 6.4 来看,新型农村养老保险覆盖明显激励农村中老年人提高总体劳动参与率。细分来看,新农保覆盖显著提高农业劳动参与率,也显著降低非农业劳动参与率,但对农业劳动参与率的影响程度强于对非农业劳动参与率的影响,因而在总体劳动参与上表现为正向影响。进一步观察不同类型劳动参与模型可以发现,新农保覆盖显著地提高农村中老年人农业打工劳动参与率和自家农业劳动参与率,同时也降低受雇劳动参与率,但对个体私营经济劳动参与率没有显著影响。从表 6.4 可以看出,在总体劳动参与模型(TLP)、农业劳动参与模型(LPf)、农业打工参与模型(LPf1)、自家农业劳动参与模型(LPf2)、非农业劳动参与模型(LPn)和受雇劳动参与模型(LPn1)中,新农保参与变量都在1%的水平上通过显著性检验。从Probit估计的边际效应来看,参加新农保将使农业劳动参与率提高10.61%,农业打工参与率提高0.95%,自家农业劳动参与率提高10.73%,非农业劳动参与率降低2.60%,受雇劳动参与率降低2.00%,总体劳动参与率提高5.79%。在个体私营经济劳动参与模型(LPn2)中,新农保覆盖变量没有通过显著性检验,说明参与新农保并不影响农村中老年人的这一项劳动决策行为。

同时,在表6.4 Probit模型中考察了年份虚拟变量对于农村中老年人劳动参与率的影响。通过分析总劳动参与率模型(TLP)发现,2018年年份虚拟变量显著为负,2013年年份虚拟变量对劳动参与率影响不显著,说明与2011年基期相比,长期(2011—2018)的劳动参与率有明显降低,但在短期影响不明显。

再来考察新型农村养老保险对城镇中老年人的劳动参与率的影响情况。从表6.5可以看出,新农保覆盖也显著激励城镇中老年人提高总体劳动参与率。细分来看,新农保覆盖显著提高其农业劳动参与率,降低非农业劳动参与率。进一步观察不同类型劳动参与模型可以发现,新农保覆盖显著提高城镇中老年人农业打工参与率和自家农业劳动参与率,并显著降低受雇劳动参与率和个体私营经济劳动参与率。所有模型中新农保参与变量均在10%的显著性水平上通过检验。从Probit边际效应来看,参加新农保将使农业劳动参与率提高16.70%,农业打工参与率提高1.52%,自家农业劳动参与率提高15.66%,非农业劳动参与率降低3.64%,受雇劳动参与率降低1.59%,个体私营经济劳动参与率降低1.37%,总体劳动参与率提高14.19%。

同时,在表6.5 Probit模型中考察了年份虚拟变量对于城镇中老年人劳动参与率的影响。通过分析总劳动参与率模型(TLP)发现,2018年和2013年年份虚拟变量都显著为正,且2018年的系数大于2013年的系数,其系数之差为0.0578,小于2013年系数的绝对值0.0612。该结果表明,新农保在长期(2011—2018)的劳动参与率效果大于短期(2011—2013)的劳动参与率效果,并且2013—2018年的劳动参与率小于2011—2013年的劳动参与率,即劳动参与率效果在后期有所减弱。

分析新农保制度对不同类型中老年人劳动参与率的影响差异可以发现,新农保覆盖能激励不同户口的中老年人提高自家农业劳动参与率,且激励强度最大,从而在农业劳动参与率和总体劳动参与率中都呈正向效应。这是因为新农保与农村农业直接相关,对无论是农村还是城镇中老年人都有正向激励效应。

6.2.2 新型农村养老保险的劳动供给模型估计

首先,从全国中老年人样本来看,新农保覆盖明显激励中老年人增加总体劳动供给时间。细分来看,新农保覆盖显著增加农业劳动供给时间,也显著减少非农业劳动供给时间,但对农业劳动供给时间的影响程度更强。进一步观察不同类型劳动供给模型可以发现,新农保覆盖显著地增加中老年人自家农业劳动供给时间和农业打工劳动供给时间,同时也显著减少受雇劳动供给时间,但对个体私营经济劳动供给时间没有显著性影响。从表6.6可以看出,在总体劳动供给模型(TLS)、农业劳动供给模型(LSf)、农业打工劳动供给模型(LSf1)和自家农业劳动供给模型(LSf2)中,新农保参与变量的系数均显著为正,这意味着保持个人特征、家庭特征以及所处区域等因素不变的情况下,参加新农保将倾向于增加总体劳动供给时间、农业劳动供给时间、农业打工劳动供给时间和自家农业劳动供给时间。从边际效应来看,参加新农保将使中老年人总体劳动供给时间增加 40.89 小时/年,农业劳动供给时间增加 69.85 小时/年,农业打工劳动供给时间增加 13.13 小时/年,自家农业劳动供给时间增加 60.67 小时/年。在非农业劳动供给模型(LSn)以及受雇劳动供给模型(LSn1)中,新农保覆盖变量的系数均显著为负。从边际效应来看,参加新农保将使非农业劳动供给时间减少 26.40 小时/年,受雇劳动供给时间减少 56.23 小时/年。在个体私营经济劳动供给模型(LSn2)中,新农保覆盖变量没有通过显著性检验,说明参加新农保并不影响中老年人的个体私营经济劳动供给时间。劳动供给模型估计的结果与前面的劳动参与模型估计的结果基本一致,这进一步证明了新农保制度对于中老年人行为的显著性影响。

同时,在表 6.6 Tobit 模型中考察了年份虚拟变量对于全国中老年人劳动供给时间的影响。通过分析总劳动供给时间模型(TLS)发现,2013 年和 2018 年年份虚拟变量都显著为正,且 2018 年的系数(80.04)大于 2013 年的系数(45.57),其系数之差为 34.47,小于 2013 年系数的绝对值 45.57。该结果表明,新农保在长期(2011—2018)的劳动供给效果大于短期(2011—2013)的劳动供给效果,并且后期(2013—2018)的劳动供给效果小于前期(2011—2013)的劳动供给效果,即劳动供给效果在后期有所减弱。

表 6.6 新型农村养老保险对全国中老年人劳动供给的影响估计

VARIABLES	(1) TLS	(2) LSf	(3) LSf1	(4) LSf2	(5) LSn	(6) LSn1	(7) LSn2
nprcov	40.89***	69.85***	13.13**	60.67***	−26.40**	−56.23***	10.15
	(4.3409)	(10.8249)	(2.5533)	(10.5133)	(−2.1134)	(−5.2894)	(0.5602)
2013	45.57***	−83.49***	10.58*	−1.67	237.60***	49.70***	327.08***
	(4.3828)	(−11.2555)	(1.7118)	(−0.2519)	(17.5226)	(4.3097)	(16.2608)
2018	80.04***	−97.78***	53.15***	−39.84***	405.27***	412.74***	338.43***
	(7.1972)	(−12.4475)	(8.1135)	(−5.6545)	(27.0113)	(33.0734)	(15.1014)
sex	274.77***	122.08***	10.87**	96.74***	254.19***	264.61***	196.14***
	(31.1892)	(19.6015)	(2.1583)	(17.3774)	(22.3368)	(27.2527)	(11.8659)
age	−32.14***	−10.48***	−4.73***	−8.27***	−34.10***	−29.31***	−26.59***
	(−57.8585)	(−27.5806)	(−13.7427)	(−24.4043)	(−42.9015)	(−41.5401)	(−23.6933)
edu	−9.59***	−15.57***	−3.91***	−14.75***	6.93***	12.16***	1.47
	(−8.9974)	(−20.0360)	(−6.3270)	(−21.4905)	(5.2295)	(10.9118)	(0.7583)
married	191.68***	200.37***	21.26***	190.64***	9.87	−12.22	59.69**
	(13.9908)	(20.7125)	(2.4664)	(21.9984)	(0.5084)	(−0.7285)	(2.0721)

续表

VARIABLES	(1) TLS	(2) LSf	(3) LSf1	(4) LSf2	(5) LSn	(6) LSn1	(7) LSn2
hukou	367.51***	649.41***	139.93***	579.03***	−201.92***	−194.48***	−172.81***
	(29.3714)	(61.0545)	(12.6376)	(60.4232)	(−14.0099)	(−16.3233)	(−8.2184)
adl_iadl	−276.06***	−148.35***	−47.27***	−131.85***	−283.21***	−242.10***	−212.42***
	(−25.1721)	(−19.6759)	(−7.0166)	(−19.5577)	(−16.9207)	(−15.7697)	(−8.9615)
dependency	1.59	9.23*	−4.45	14.04	−20.75**	−31.90**	−12.64
	(0.2214)	(1.8274)	(−0.9965)	(3.1162)	(−2.0649)	(−3.7092)	(−0.8563)
value	−1.00***	−4.48***	−0.75***	−4.66***	0.34	0.53**	−0.18
	(−3.6709)	(−14.4303)	(−3.0528)	(−16.2505)	(1.3463)	(2.6262)	(−0.4963)
income	53.17***	52.26***	25.38***	67.89***	145.43***	−64.43***	281.18***
	(29.1314)	(25.6632)	(16.1124)	(4.4655)	(47.0149)	(−8.5026)	(35.3212)
re_support	−18.11***	−11.99***	−9.60***	−10.42***	−10.48**	−2.09	−9.71
	(−5.6086)	(−4.5538)	(−3.1328)	(−4.4303)	(−2.8142)	(−0.7637)	(−1.5859)
e_support	6.84***	−1.46	−2.19	−0.20	−2.78	2.13	7.76***
	(3.4011)	(−0.8950)	(−1.2700)	(−0.1380)	(−1.2054)	(1.2557)	(2.6379)

续 表

VARIABLES	(1) TLS	(2) LSf	(3) LSf1	(4) LSf2	(5) LSn	(6) LSn1	(7) LSn2
D2	−17.50*	48.49***	−14.69***	62.52***	−113.29***	−167.30***	22.78
	(−1.7800)	(6.8961)	(−2.5938)	(9.9045)	(−9.2563)	(−16.4168)	(1.2543)
D3	95.91***	177.71***	−8.32	191.30***	−193.26***	−252.12***	−15.77
	(9.1351)	(24.1182)	(−1.4059)	(28.9225)	(−13.8330)	(−20.8802)	(−0.7798)
Pseudo R^2	0.02	0.03	0.19	0.03	0.06	0.08	0.04
Observations	49031	49031	49031	49031	49031	49031	49031

注：(1)采用 Tobit 模型估计；(2)估计结果汇报边际效应；(3)括号中为 t 值；(4) *** $p<0.01$，** $p<0.05$，* $p<0.1$。

其次，分别考察新农保对农村和城镇中老年人劳动供给时间的影响。从表 6.7 来看，新农保覆盖显著提高农村中老年人的劳动供给时间。细分来看，新农保覆盖显著增加农业劳动供给时间，也显著减少非农业劳动供给时间。进一步观察不同类型劳动模型可以发现，新农保覆盖显著增加农村中老年人农业打工劳动供给时间和自家农业劳动供给时间，同时也明显减少受雇劳动供给时间，对个体私营经济劳动供给时间没有显著影响。从表 6.7 可以看出，在总体劳动供给模型(TLS)、农业劳动供给模型(LSf)、农业打工劳动供给模型(LSf1)和自家农业劳动供给模型(LSf2)中，新农保参与变量的系数均显著为正。从 Tobit 的边际效应来看，参加新农保将使农村中老年人总体劳动供给时间增加 47.16 小时/年，农业劳动供给时间增加 112.21 小时/年，农业打工劳动供给时间增加 167.82 小时/年，自家农业劳动供给时间增加 95.81 小时/年。在非农业劳动供给模型(LSn)以及受雇劳动供给模型(LSn1)中，新农保覆盖变量的系数均显著为负。从边际效应来看，参加新农保将使农村中老年人非农业劳动供给时间减少 48.50 小时/年，受雇劳动供给时间减少 74.75 小时/年。在个体私营经济劳动供给模型(LSn2)中，新农保覆盖变量没有通过显著性检验，说明参加新农保并不影响农村中老年人的个体私营经济劳动供给时间。

同时，在表 6.7 Tobit 模型中考察了年份虚拟变量对于农村中老年人劳动供给时间的影响。通过分析总劳动供给时间模型(TLS)发现，2018 年年份虚拟变量显著为正，2013 年年份虚拟变量对劳动供给时间影响不显著，说明与 2011 年基期相比，长期(2011—2018)的劳动供给时间有明显提高，但在短期影响不明显。

表 6.7 新型农村养老保险对农村中老年人劳动供给的影响估计

VARIABLES	(1) TLS	(2) LSf	(3) LSf1	(4) LSf2	(5) LSn	(6) LSn1	(7) LSn2
nprcov	47.16***	112.21***	167.82***	95.81***	−48.50***	−74.75***	−4.76
	(5.0950)	(16.3925)	(4.0121)	(15.5925)	(−4.3369)	(−7.7641)	(−0.3147)
2013	−1.31	−134.41***	25.19	−33.22***	277.48***	63.89***	349.60***
	(−0.1105)	(−15.5165)	(−0.4610)	(−4.2756)	(17.6324)	(4.4635)	(16.3890)
2018	41.88***	−214.60***	333.48***	−129.33***	530.32***	510.83***	357.55***
	(3.7072)	(−25.5827)	(6.3662)	(−17.1738)	(34.7764)	(38.4770)	(17.0604)
sex	269.47***	123.95***	112.26***	93.76***	259.96***	248.29***	177.60***
	(28.8077)	(18.0382)	(2.6880)	(15.2031)	(22.4971)	(24.5559)	(11.3757)
age	−28.93***	−10.82***	−37.47***	−8.23***	−29.14***	−24.29***	−20.71***
	(−51.5744)	(−26.7291)	(−13.6862)	(−22.6961)	(−38.5000)	(−36.0768)	(−20.5986)
edu	−7.05***	−18.26***	−36.70***	−17.76***	12.66***	12.12***	9.83***
	(−6.2261)	(−21.6003)	(−7.1793)	(−23.3574)	(−9.5240)	(−10.7026)	(−5.4130)
married	238.01***	222.12***	221.98***	208.69***	42.25**	8.02	95.16***
	(16.2904)	(20.6970)	(3.0455)	(21.6482)	(2.0880)	(0.4521)	(3.3292)

续 表

VARIABLES	(1) TLS	(2) LSf	(3) LSf1	(4) LSf2	(5) LSn	(6) LSn1	(7) LSn2
adl_iadl	−307.01***	−154.37***	−409.78***	−135.72***	−298.11***	−253.67***	−203.11***
	(−26.7579)	(−18.5576)	(−7.2745)	(−18.1873)	(−17.9632)	(−16.5684)	(−9.1743)
dependency	9.37	−0.54	−57.87	7.19	−4.42	−15.90*	1.71
	(1.2471)	(−0.0981)	(−1.5407)	(1.4543)	(−0.4463)	(−1.8345)	(0.1252)
value	−0.45*	−1.31***	−6.55***	−1.29***	−0.05	−0.06	0.02
	(−1.9485)	(−7.2724)	(−2.9351)	(−7.9353)	(−0.4411)	(−0.6119)	(0.2185)
income	22.68***	13.97***	132.46***	62.63***	92.86***	8.64***	−71.10***
	(19.1486)	(13.2180)	(12.5359)	(4.3299)	(38.6481)	(9.8870)	(−8.2829)
re_support	−23.15***	−11.91***	−71.59***	−9.37***	−9.76**	−6.10*	−11.25*
	(−6.5040)	(−4.2619)	(−3.0822)	(−3.7770)	(−2.5626)	(−1.9250)	(−1.9106)
e_support	4.99**	−9.45***	−33.37***	−7.48***	−1.07	2.02	8.39***
	(2.5238)	(−4.8178)	(−2.1074)	(−4.3071)	(−0.5323)	(1.2888)	(3.6485)
D2	−58.66***	54.01***	−124.94***	72.33***	−167.02***	−206.10***	−6.08
	(−5.5881)	(6.9438)	(−2.6495)	(10.3298)	(−13.3507)	(−18.9733)	(−0.3583)

续 表

VARIABLES	(1) TLS	(2) LSf	(3) LSf1	(4) LSf2	(5) LSn	(6) LSn1	(7) LSn2
D3	67.76***	201.35***	−82.60*	218.25***	−254.10***	−263.98***	−79.05***
	(6.1682)	(24.8373)	(−1.6781)	(29.8886)	(−18.2859)	(−21.6793)	(−4.2040)
Pseudo R^2	0.02	0.01	0.17	0.01	0.06	0.08	0.04
Observations	43467	43467	43467	43467	43467	43467	43467

注:(1)采用 Tobit 模型估计;(2)估计结果汇报边际效应;(3)括号中为 t 值;(4) *** $p<0.01$, ** $p<0.05$, * $p<0.1$。

再来观察新农保参与变量对城镇中老年人的劳动供给时间的影响。从表6.8可以看出,新农保覆盖显著增加城镇中老年人的总劳动供给时间。细分来看,新农保覆盖显著激励其增加农业劳动供给时间,降低非农业劳动供给时间。进一步观察不同类型劳动供给模型可以发现,新农保覆盖显著地增加城镇中老年人农业打工劳动供给时间和自家农业劳动供给时间,但也显著减少受雇劳动供给时间和个体私营经济劳动供给时间。从表6.8可以看出,在总体劳动供给模型(TLS)、农业劳动供给模型(LSf)、农业打工劳动供给模型(LSf1)和自家农业劳动供给模型(LSf2)中,新农保参与变量均在1%的显著性上通过检验。从边际效应来看,参加新农保将使城镇中老年人总体劳动供给时间增加152.97小时/年,农业劳动供给时间增加196.59小时/年,农业打工劳动供给时间增加55.33小时/年,自家农业劳动供给时间增加174.67小时/年。在非农业劳动供给模型(LSn)、受雇劳动供给模型(LSn1)以及个体私营经济劳动供给模型(LSn2)中,养老保障覆盖变量的系数均显著为负。从边际效应来看,参加新农保将使非农业劳动供给时间减少62.32小时/年,受雇劳动供给时间减少42.81小时/年,个体私营经济劳动供给时间减少74.50小时/年。

同时,在表6.8 Tobit模型中考察了年份虚拟变量对于城镇中老年人劳动供给时间的影响。通过分析总劳动供给时间模型(TLS)发现,2013年和2018年年份虚拟变量都显著为正,且2018年的系数(272.78)大于2013年的系数(223.99),其系数之差为48.79,小于2013年系数的绝对值223.99。该结果表明,养老保险在长期(2011—2018)的劳动供给效果大于短期(2011—2013)的劳动供给效果,并且后期(2013—2018)的劳动供给效果小于前期(2011—2013)的劳动供给效果,即劳动供给效果在后期有所减弱。

表 6.8 新型农村养老保险对城镇中老年人劳动供给的影响估计

VARIABLES	(1) TlS	(2) LSf	(3) LSf1	(4) LSf2	(5) LSn	(6) LSn1	(7) LSn2
nprcov	152.97***	196.59***	55.33***	174.67***	−62.32**	−42.81**	−74.50**
	(6.6582)	(19.3352)	(5.8686)	(19.2947)	(−2.4243)	(−2.1021)	(−2.0544)
2013	223.99***	16.04	42.48**	48.76***	227.98***	48.32**	240.24***
	(9.0695)	(1.1862)	(1.9607)	(3.9568)	(8.5929)	(2.2460)	(6.2501)
2018	272.78***	138.75***	121.93***	153.29***	164.31***	223.75***	100.56***
	(11.7554)	(11.5046)	(6.2015)	(13.8272)	(6.4180)	(11.0548)	(2.7041)
sex	425.49***	125.68***	3.65	103.37***	356.77***	320.30***	191.86***
	(24.3793)	(14.6209)	(0.4097)	(13.4450)	(18.8261)	(21.0760)	(7.1251)
age	−52.95***	−7.88***	−3.01***	−6.49***	−53.24***	−42.78***	−30.86***
	(−48.1775)	(−16.4148)	(−5.4454)	(−15.1755)	(−40.7094)	(−39.1695)	(−17.5739)
edu	−17.15***	−21.01***	−9.28***	−18.76***	0.57	22.25*	−22.78***
	(−8.7773)	(−21.7449)	(−8.8652)	(−21.7009)	(0.2607)	(12.5533)	(−7.4194)
married	90.91***	115.36***	12.96	113.23***	−0.74	11.99	42.10
	(2.9727)	(7.3829)	(0.7630)	(8.0197)	(−0.0215)	(0.4167)	(0.8627)

续 表

VARIABLES	(1) TLS	(2) LSf	(3) LSf1	(4) LSf2	(5) LSn	(6) LSn1	(7) LSn2
adl_iadl	−283.99***	−33.27***	−38.62***	−24.34**	−390.66***	−302.98***	−260.64***
	(−10.5056)	(−2.7940)	(−2.8881)	(−2.2972)	(−11.6904)	(−10.4629)	(−5.7201)
dependency	−89.13***	3.83	−4.83	5.27	−112.83***	−99.55***	−66.36***
	(−5.8597)	(0.5829)	(−0.5640)	(0.9058)	(−6.0240)	(−6.4739)	(−2.5006)
value	−0.25	−0.06	−0.37	−0.04	−1.22***	−0.24	−0.77*
	(−1.0954)	(−0.5768)	(−1.1993)	(−0.5057)	(−3.3044)	(−0.9781)	(−1.6479)
income	17.13***	3.27***	98.56***	50.96***	71.90***	−99.65***	292.51***
	(12.0707)	(5.0634)	(18.1387)	(4.2763)	(24.1063)	(−9.8891)	(24.7039)
re_support	−7.26	−1.34	−1.30	−1.29	−7.81	−6.45	−7.52
	(−1.3670)	(−0.4571)	(−0.4030)	(−0.4939)	(−1.3921)	(−1.4386)	(−0.9039)
e_support	5.41***	−2.32*	−1.03	−2.04*	−0.31	1.60	7.44**
	(2.5881)	(−1.7508)	(−0.5940)	(−1.7105)	(−0.1371)	(0.9487)	(2.5167)
D2	−33.35*	0.53	13.76	2.72	−30.14	−105.11***	107.65***
	(−1.7385)	(0.0556)	(1.3377)	(0.3154)	(−1.4599)	(−6.4766)	(3.5128)

续　表

VARIABLES	(1) TLS	(2) LSf	(3) LSf1	(4) LSf2	(5) LSn	(6) LSn1	(7) LSn2
D3	3.46 (0.1556)	69.34*** (6.5800)	5.53 (0.4970)	65.11*** (6.9085)	−81.03*** (−3.3040)	−165.78*** (−8.4245)	120.05*** (3.4020)
Pseudo R^2	0.05	0.05	0.05	0.06	0.09	0.05	0.09
Observations	15516	15516	15516	15516	15516	15516	15516

注：(1)采用 Tobit 模型估计；(2)估计结果汇报边际效应；(3)括号中为 t 值；(4) *** $p<0.01$，** $p<0.05$，* $p<0.1$。

6.3 城镇职工基本养老保险的劳动供给效应

本节重点关注城镇职工养老保险变量,具体从城镇职工养老保险覆盖分析城镇职工养老保险制度对中老年人劳动参与率和劳动供给时间的影响。

6.3.1 城镇职工养老保险的劳动参与模型估计

表 6.9、表 6.10 和表 6.11 分别是城镇职工养老保险覆盖对全国中老年人、农村中老年人和城镇中老年人的劳动参与模型估计结果,其中表 6.10 和表 6.11 重点考察了城镇职工养老保险覆盖对农村和城镇中老年人的影响及差异。

首先,从全国中老年人样本来看,城镇职工养老保险覆盖显著降低中老年人的总体劳动参与率。细分来看,城镇职工养老保险覆盖显著降低农业劳动参与率和非农业劳动参与率。进一步观察不同类型劳动参与模型可以发现,城镇职工养老保险覆盖显著地降低中老年人农业打工劳动参与率、自家农业劳动参与率和个体私营经济劳动参与率,对受雇劳动参与率没有显著影响。从表 6.9 可以看出,在总体劳动参与模型(TLP)、农业劳动参与模型(LPf)、农业打工劳动参与模型(LPf1)、自家农业劳动参与模型(LPf2)、非农业劳动参与模型(LPn)和个体私营经济劳动参与模型(LPn2)中,城镇职工养老保险参与变量都在 1% 的显著性上通过检验,Probit 模型估计得到的边际效应均为负数,说明在控制个人特征、家庭特征以及所处区域等变量的情况下,参加城镇职工养老保险将倾向于降低总体劳动参与率、农业劳动参与率、农业打工劳动参与率、自家农业劳动参与率、非农业劳动参与率和个体私营

表 6.9 城镇职工养老保险对全国中老年人劳动参与的影响估计

VARIABLES	(1) TLP	(2) LPf	(3) LPf1	(4) LPf2	(5) LPn	(6) LPn1	(7) LPn2
bpfcov	−0.0922***	−0.1486***	−0.0334***	−0.1501***	−0.0268***	0.0063	−0.0343***
	(−13.5668)	(−16.7911)	(−5.6740)	(−16.2035)	(−4.5819)	(1.2956)	(−8.4609)
2013	0.0403***	0.0229***	0.0088***	0.0548***	0.1385***	0.0864***	0.0506***
	(9.0686)	(4.7842)	(4.1817)	(11.2965)	(34.7859)	(24.2911)	(18.8349)
2018	0.0347***	0.0078	0.0203***	0.0652***	0.1838***	0.1414***	0.0416***
	(7.4318)	(1.5330)	(8.8941)	(12.5571)	(41.7040)	(35.9777)	(13.6706)
sex	0.1317***	0.0795***	0.0075***	0.0775***	0.1307***	0.1059***	0.0270***
	(34.9961)	(19.1946)	(4.1454)	(18.4161)	(38.8909)	(35.4413)	(11.9371)
age	−0.0138***	−0.0072***	−0.0020***	−0.0065***	−0.0134***	−0.0103***	−0.0032***
	(−65.8436)	(−29.7494)	(−16.0731)	(−26.0980)	(−61.5622)	(−50.5784)	(−21.3159)
edu	−0.0055***	−0.0105***	−0.0015***	−0.0095***	0.0046***	0.0042***	0.0003
	(−11.5935)	(−20.6878)	(−6.7435)	(−18.3686)	(11.1898)	(11.8354)	(1.0358)
married	0.0792***	0.1309***	0.0074**	0.1314***	−0.0103*	−0.0082	0.0051
	(14.9752)	(21.7691)	(2.4184)	(21.2044)	(−1.7588)	(−1.5336)	(1.3252)

续表

VARIABLES	(1) TLP	(2) LPf	(3) LPf1	(4) LPf2	(5) LPn	(6) LPn1	(7) LPn2
hukou	0.2413***	0.4024***	0.0498***	0.3905***	−0.0863***	−0.0540***	−0.0289***
	(48.7016)	(72.4785)	(12.4017)	(65.4967)	(−18.8194)	(−13.6064)	(−9.9305)
adl_iadl	−0.1464***	−0.1304***	−0.0168***	−0.1242***	−0.0946***	−0.0807***	−0.0236***
	(−34.8505)	(−27.0656)	(−7.0330)	(−25.1507)	(−19.3499)	(−17.4035)	(−7.5160)
dependency	0.0034	0.0105***	−0.0016	0.0109***	−0.0115***	−0.0124***	−0.0014
	(1.1390)	(3.0995)	(−0.9875)	(3.1988)	(−3.6876)	(−4.3779)	(−0.6919)
value	−0.0008***	−0.0026***	−0.0004***	−0.0028***	0.0003***	0.0002**	−0.0000
	(−7.0300)	(−14.3947)	(−4.1156)	(−14.2291)	(4.1113)	(2.3197)	(−0.5890)
income	0.0311***	−0.0016***	0.0084***	0.1170***	0.0168***	−0.0319***	0.0456***
	(28.3235)	(−4.3132)	(14.5486)	(7.7507)	(12.2890)	(−11.9480)	(37.7228)
re_support	−0.0073***	−0.0084***	−0.0021**	−0.0080***	−0.0004	−0.0008	0.0003
	(−6.0929)	(−4.9986)	(−2.2329)	(−4.6075)	(−0.4224)	(−0.9200)	(0.5166)
e_support	0.0006	−0.0019*	−0.0006	−0.0016	0.0023***	0.0006	0.0009**
	(0.6664)	(−1.7675)	(−0.9750)	(−1.4809)	(3.2599)	(0.9243)	(2.1104)

续　表

VARIABLES	(1) TLP	(2) LPf	(3) LPf1	(4) LPf2	(5) LPn	(6) LPn1	(7) LPn2
D2	0.0079*	0.0490***	−0.0027	0.0472***	−0.0557***	−0.0562***	0.0029
	(1.8552)	(10.5857)	(−1.3474)	(9.9856)	(−14.7450)	(−17.2756)	(1.1516)
D3	0.0607***	0.1162***	−0.0020	0.1061***	−0.0871***	−0.0868***	−0.0002
	(13.0299)	(23.5283)	(−0.9542)	(21.1865)	(−20.5015)	(−23.0265)	(−0.0748)
Pseudo R²	0.2509	0.2252	0.0771	0.2032	0.2795	0.3353	0.1286
Observations	49092	49092	49091	49089	49094	49094	49094

注：(1) 采用 Probit 模型估计；(2) 估计结果汇报边际效应；(3) 括号中为 t 值；(4) *** $p<0.01$，** $p<0.05$，* $p<0.1$。

表 6.10　城镇职工养老保险对农村中老年人劳动参与的影响估计

VARIABLES	(1) TLP	(2) LPf	(3) LPf1	(4) LPf2	(5) LPn	(6) LPn1	(7) LPn2
bpfcov	−0.1208***	−0.2933***	−0.0515***	−0.2940***	0.0705***	0.0747***	−0.0247***
	(−12.9492)	(−25.1892)	(−7.0521)	(−24.1393)	(8.9849)	(11.8132)	(−4.4475)
2013	0.0255***	0.0108*	0.0091***	0.0494***	0.1671***	0.1120***	0.0587***
	(5.1112)	(1.8702)	(3.4394)	(8.3994)	(35.5520)	(25.7755)	(18.4594)

续 表

VARIABLES	(1) TLP	(2) LPf	(3) LPf1	(4) LPf2	(5) LPn	(6) LPn1	(7) LPn2
2018	0.0055	−0.0533***	0.0194***	0.0166***	0.2220***	0.1761***	0.0477***
	(1.1576)	(−9.5782)	(7.4304)	(2.8923)	(48.9579)	(42.1551)	(14.8963)
sex	0.1243***	0.0759***	0.0107***	0.0755***	0.1308***	0.1063***	0.0276***
	(31.1807)	(16.1597)	(4.9978)	(15.6968)	(36.4480)	(33.0926)	(11.4119)
age	−0.0123***	−0.0072***	−0.0023***	−0.0067***	−0.0119***	−0.0091***	−0.0028***
	(−58.3928)	(−27.1823)	(−16.5449)	(−24.4965)	(−53.9351)	(−44.3945)	(−18.5560)
edu	−0.0051***	−0.0123***	−0.0019***	−0.0115***	0.0056***	0.0037***	0.0016***
	(−10.1743)	(−21.2987)	(−7.1730)	(−19.3172)	(12.9064)	(9.6759)	(5.6813)
married	0.0914***	0.1475***	0.0118***	0.1469***	0.0004	−0.0011	0.0092**
	(16.7918)	(21.7743)	(3.1671)	(20.8436)	(0.0609)	(−0.1919)	(2.1529)
adl_iadl	−0.1527***	−0.1415***	−0.0212***	−0.1344***	−0.1008***	−0.0842***	−0.0249***
	(−36.0985)	(−26.2020)	(−7.4401)	(−23.9998)	(−19.9788)	(−17.7481)	(−7.5087)
dependency	0.0029	0.0032	−0.0032*	0.0051	−0.0028	−0.0060**	0.0009
	(0.9362)	(0.8513)	(−1.6515)	(1.3237)	(−0.8797)	(−2.0368)	(0.4114)

续 表

VARIABLES	(1) TLP	(2) LPf	(3) LPf1	(4) LPf2	(5) LPn	(6) LPn1	(7) LPn2
value	−0.0005***	−0.0009***	−0.0005***	−0.0009***	−0.0000	−0.0000	0.0000
	(−5.4612)	(−8.1620)	(−4.4900)	(−7.8300)	(−0.2917)	(−0.8174)	(0.3127)
income	0.0057***	0.0567	0.0008**	0.1221***	0.0044***	−0.0346***	0.0449***
	(11.0668)	(1.588)	(2.4285)	(8.5160)	(6.1845)	(−12.8027)	(37.0452)
re_support	−0.0087***	−0.0081***	−0.0022**	−0.0077***	−0.0020*	−0.0022**	0.0000
	(−7.0140)	(−4.4632)	(−2.1374)	(−4.0860)	(−1.8556)	(−2.1197)	(0.0657)
e_support	−0.0007	−0.0091***	−0.0015*	−0.0086***	0.0030***	0.0005	0.0013***
	(−0.7946)	(−6.7955)	(−1.8737)	(−6.2454)	(4.3153)	(0.9577)	(3.7094)
D2	−0.0002	0.0549***	−0.0031	0.0554***	−0.0700***	−0.0685***	0.0006
	(−0.0429)	(10.5183)	(−1.2975)	(10.3012)	(−17.3690)	(−19.4553)	(0.2298)
D3	0.0584***	0.1330***	−0.0033	0.1259***	−0.1016***	−0.0916***	−0.0082***
	(12.1218)	(24.0562)	(−1.3053)	(22.2678)	(−23.0918)	(−23.4445)	(−2.8327)
Pseudo R^2	0.1916	0.1126	0.0402	0.0971	0.2575	0.3084	0.1153
Observations	43530	43530	43529	43527	43532	43532	43532

注:(1)采用 Probit 模型估计;(2)估计结果汇报边际效应;(3)括号中为 t 值;(4)*** $p<0.01$,** $p<0.05$,* $p<0.1$。

表 6.11 城镇职工养老保险对城镇中老年人劳动参与的影响估计

VARIABLES	(1) TLP	(2) LPf	(3) LPf1	(4) LPf2	(5) LPn	(6) LPn1	(7) LPn2
bpfcov	−0.1089***	−0.1596***	−0.0272***	−0.1545***	−0.0107	0.0194***	−0.0304***
	(−15.3004)	(−21.6911)	(−6.3517)	(−21.3465)	(−1.4511)	(2.8181)	(−5.7076)
2013	0.0890***	0.0704***	0.0090*	0.0810***	0.0837***	0.0439***	0.0370***
	(9.6967)	(7.3733)	(1.9530)	(8.4524)	(8.9151)	(4.9066)	(5.6866)
2018	0.1640***	0.1731***	0.0255***	0.1927***	0.0975***	0.0866***	0.0109*
	(20.0338)	(21.5168)	(6.4474)	(23.9829)	(11.3514)	(10.6175)	(1.7919)
sex	0.2023***	0.0982***	0.0093***	0.0915***	0.1732***	0.1448***	0.0323***
	(31.6562)	(15.9676)	(4.0066)	(15.2611)	(27.4537)	(24.2817)	(7.0586)
age	−0.0215***	−0.0061***	−0.0011***	−0.0054***	−0.0214***	−0.0185***	−0.0043***
	(−72.0813)	(−18.2238)	(−7.5863)	(−16.6802)	(−63.7750)	(−51.7999)	(−14.9132)
edu	−0.0074***	−0.0155***	−0.0021***	−0.0146***	0.0073***	0.0111***	−0.0032***
	(−9.8918)	(−23.7037)	(−7.7580)	(−22.8611)	(9.6942)	(15.5026)	(−6.1260)
married	0.0238**	0.0800***	0.0102**	0.0888***	−0.0189	−0.0085	0.0032
	(2.1468)	(7.3003)	(2.1181)	(8.1772)	(−1.5906)	(−0.7235)	(0.3947)

续 表

VARIABLES	(1) TLP	(2) LPf	(3) LPf1	(4) LPf2	(5) LPn	(6) LPn1	(7) LPn2
adl_iadl	−0.1038***	−0.0309***	−0.0074**	−0.0272***	−0.1389***	−0.1183***	−0.0420***
	(−10.6760)	(−3.5148)	(−2.1787)	(−3.1896)	(−12.4845)	(−10.2893)	(−5.5328)
dependency	−0.0158***	0.0110**	−0.0008	0.0091**	−0.0360***	−0.0364***	−0.0078*
	(−2.9082)	(2.3558)	(−0.3509)	(2.0058)	(−5.5741)	(−5.7562)	(−1.7603)
value	−0.0001	−0.0002*	−0.0001*	−0.0001*	−0.0001	−0.0001	−0.0001*
	(−0.7795)	(−1.9393)	(−1.8241)	(−1.7105)	(−0.9544)	(−0.8524)	(−1.6833)
income	0.0714***	−0.0342***	−0.0000	0.0825***	0.0007	−0.0574***	0.0608***
	(14.217)	(−5.140)	(−0.1311)	(5.7517)	(1.3557)	(−12.7351)	(27.4096)
re_support	−0.0023	−0.0033	−0.0002	−0.0039*	−0.0013	−0.0015	−0.0002
	(−1.1183)	(−1.4928)	(−0.2772)	(−1.7788)	(−0.6387)	(−0.8058)	(−0.1231)
e_support	0.0025***	−0.0023**	−0.0004	−0.0023**	0.0031***	0.0007	0.0014***
	(2.6913)	(−2.4007)	(−0.8629)	(−2.4297)	(3.5317)	(0.9555)	(2.8173)
D2	−0.0104	0.0039	0.0021	0.0034	−0.0183**	−0.0335***	0.0163***
	(−1.3794)	(0.5495)	(0.7838)	(0.4897)	(−2.4620)	(−4.8839)	(3.1257)

续 表

VARIABLES	(1) TLP	(2) LPf	(3) LPf1	(4) LPf2	(5) LPn	(6) LPn1	(7) LPn2
D3	0.0196**	0.0561***	0.0027	0.0505***	−0.0400***	−0.0582***	0.0174***
	(2.2013)	(7.1791)	(0.9393)	(6.6563)	(−4.5803)	(−7.0959)	(2.9077)
Pseudo R²	0.3012	0.1108	0.1222	0.3803	0.4304	0.1931	
Observations	15514	15514	15514	15514	15514	15514	15514

注：(1)采用 Probit 模型估计；(2)估计结果汇报边际效应；(3)括号中为 t 值；(4) *** $p<0.01$，** $p<0.05$，* $p<0.1$。

经济劳动参与率,其中自家农业劳动参与率的降低尤为明显。从 Probit 估计的边际效应来看,参加城镇职工养老保险将使总体劳动参与率降低 9.22%,农业劳动参与率降低 14.86%,农业打工参与率降低 3.34%,自家农业劳动参与率降低 15.01%,非农业劳动参与率降低 2.68%,个体私营经济劳动参与率降低 3.43%。在受雇劳动参与模型(LPn1)中,城镇职工养老保险覆盖变量没有通过显著性检验,说明参加城镇职工养老保险并不影响中老年人的受雇劳动决策。

同时,在表 6.9 Probit 模型中考察了年份虚拟变量对于全国中老年人劳动参与率的影响。通过分析总劳动参与率模型(TLP)发现,2018 年和 2013 年年份虚拟变量都显著为正,且 2018 年的系数小于 2013 年的系数,其系数之差为 −0.0056。该结果表明,城镇职工养老保险在长期(2011—2018)的劳动参与率效果小于短期(2011—2013)的劳动参与率效果,并且 2013—2018 年的劳动参与率小于 2011—2013 年的劳动参与率,即劳动参与率效果在后期大幅减弱。

其次,分别考察城镇职工养老保险对农村和城镇中老年人劳动参与率的影响。从表 6.10 来看,城镇职工养老保险覆盖显著降低农村中老年人的总体劳动参与率。细分来看,城镇职工养老保险覆盖在显著降低农业劳动参与率的同时也显著提升非农业劳动参与率,但对农业劳动参与率的影响更大,从而在总体上表现出负效应。进一步观察不同类型劳动参与模型可以发现,城镇职工养老保险覆盖显著地降低农村中老年人农业打工参与率、自家农业劳动参与率和个体私营经济劳动参与率,但也提高受雇劳动参与率。这可能是因为城镇职工养老保险鼓励农村中老年人脱离农村农业,激励其从事非农业劳动,特别是到受雇劳动部门,而城镇职工养老保险的制度设计主要服务于非农业就业工作人员,特别是受雇劳动人员。具体来看,在总体劳动参与模型(TLP)、农业劳动参与模型(LPf)、农业打工劳动参与模型(LPf1)、自家农业劳动参与模型(LPf2)和个体私营经济劳动参与模型(LPn2)中,城镇职工养老保险参与变量的系数均显著为负。从 Probit 边际效应来看,参加城镇职工养老保险将使农村中老年人总体劳动参与率降低12.08%,农业劳动参与率降低29.33%,农业打工劳动参与率降低5.15%,自家农业劳动参与率降低29.40%,个体私营经济劳动参与率降低2.47%。在非农业劳动参与模型(LPn)、受雇劳动参与模型(LPn1)中,城镇职工养老保险参与变量的系数均显著为正。从 Probit 边际效应来看,参加城镇职工养老保险将使农村中老年人非农业劳动参与率提高 7.05%,受雇劳动参与率提高7.47%。

同时,在表 6.10 Probit 模型中考察了年份虚拟变量对于农村中老年人劳动参与率的影响。通过分析总劳动参与率模型(TLP)发现,2013 年年份虚拟变量显著为正,2018 年年份虚拟变量对劳动参与率影响不显著。说明与 2011 年基期相比,短期(2011—2013)的劳动参与率有明显提高,但长期影响不明显。

表 6.11 考察了城镇职工养老保险对城镇中老年人的劳动参与率的影响。从表中可以看出,城镇职工养老保险覆盖对城镇中老年人的影响与对全国中老年人的影响基本一致。城镇职工养老保险覆盖显著降低城镇中老年人的总体劳动参与率。细分来看,城镇职工养老保险覆盖显著降低农业劳动参与率,对非农业劳动参与率没有显著影响。进一步分别观察不同类型劳动参与模型可以发现,城镇职工养老保险覆盖显著地降低中老年人农业打工劳动参与率、自家农业劳动参与率和个体私营经济劳动参与率,显著

提高受雇劳动参与率。在总体劳动参与模型(TLP)、农业劳动参与模型(LPf)、农业打工劳动参与模型(LPf1)、自家农业劳动参与模型(LPf2)、个体私营经济劳动参与模型(LPn2)中,城镇职工养老保险参与变量均在1%的显著性水平上通过检验。从Probit边际效应来看,参加城镇职工养老保险将使城镇中老年人总体劳动参降低10.89%,农业劳动参与率降低15.96%,农业打工劳动参与率降低2.72%,自家农业劳动参与率降低15.45%,个体私营经济劳动参与率降低3.04%。而受雇劳动参与模型(LPn1)中,城镇职工养老保障覆盖变量的系数显著为正,参加城镇职工养老保险将使城镇中老年人受雇劳动参与率提高1.94%。非农业劳动参与模型(LPn)中该变量没有通过显著性检验。

同时,在表6.11 Probit模型中考察了年份虚拟变量对于城镇中老年人劳动参与率的影响。通过分析总劳动参与率模型(TLP)发现,2018年和2013年年份虚拟变量都显著为正,且2018年的系数大于2013年的系数,其系数之差为0.075,小于2013年系数的绝对值0.089。该结果表明,城镇职工养老保险在长期(2011—2018)的劳动参与率效果大于短期(2011—2013)的劳动参与率效果,并且2013—2018年的劳动参与率小于2011—2013年的劳动参与率,即劳动参与率效果在后期大幅减弱。

进一步考察城镇职工养老保险制度对不同类型中老年人劳动参与率的影响差异可以发现,城镇职工养老保险覆盖激励不同户口的中老年人提高受雇劳动参与率,但对农户影响更大。造成这种差异的原因可能是在城镇化快速发展和劳动力不断流动的背景下,部分农户参加了城镇职工基本养老保险、城镇居民基本养老保险等各类社会保险,这说明带有二元结构特征的养老保障制度也在发生变化。

6.3.2 城镇职工基本养老保险的劳动供给模型估计

首先,从全国中老年人样本来看,城镇职工养老保险覆盖显著减少中老年人的总体劳动供给时间。细分来看,城镇职工养老保险覆盖在显著减少农业劳动供给时间的同时也显著减少非农业劳动供给时间,从而使总体劳动供给时间显示为负效应。进一步观察不同类型劳动供给模型可以发现,城镇职工养老保险覆盖除显著提高受雇劳动供给时间外,其他类型的劳动供给时间都显著减少,即显著减少中老年人农业打工劳动供给时间、自家农业劳动供给时间和个体私营经济劳动供给时间。造成这种现象的原因可能是城镇职工养老保险与受雇劳动直接关联,参加该项保险倾向于激励中老年人增加受雇劳动供给时间,减少其他类型的劳动供给时间。从表6.12可以看出,在总体劳动供给模型(TLS)、农业劳动供给模型(LSf)、农业打工劳动供给模型(LSf1)、自家农业劳动供给模型(LSf2)、非农业劳动供给模型(LSn)及个体私营经济劳动供给模型(LSn2)中,城镇职工养老保险供给变量都在1%的显著性上通过检验,Tobit模型估计得到的边际效应均为负数,说明在控制个人特征、家庭特征以及所处区域等变量的情况下,参加城镇职工养老保险将倾向于减少总体劳动供给时间、农业劳动供给时间、农业打工劳动供给时间、自家农业劳动供给时间、非农业劳动供给时间和个体私营经济劳动供给时间,其中个体私营经济劳动供给时间的减少最为明显。从Tobit估计的边际效应来看,参加城镇职工养老保险将使总体劳动供给时间减少193.31小时/年,农业劳动供给时间减少233.98小时/年,农业打工劳动供给时间减少76.29小时/年,自家农业劳动供给时间减少213.51小时/年,非农业劳动供给时间减少91.95小时/年,个体私营经济劳动供给时间减少246.80小时/年。在受雇劳动供给模型(LSn1)中养老保障覆盖变量在1%的显著性上通过检验。从Tobit估计的边际效应来看,参加城镇职工养老保险将使受雇劳动供给时间增加45.66小时/年。劳动供给模型估计的结果与前面的劳动参与模型估计的结果基本一致,这进一步证明了城镇职工养老保险制度对于中老年人劳动供给行为的显著性影响。

同时,在表6.12 Tobit模型中考察了年份虚拟变量对于全国中老年人劳动供给时间的影响。通过分析总劳动供给时间模型(TLS)发现,2013年和2018年年份虚拟变量都显著为正,且2018年的系数(105.70)大于2013年的系数(66.44),其系数之差为39.26。该结果表明,城镇职工养老保险在长期(2011—2018)的劳动供给效果大于短期(2011—2013)的劳动供给效果,并且2013—2018年的劳动供给效果小于2011—2013年的劳动供给效果,即劳动供给效果在后期有所减弱。

其次,分别考察城镇职工养老保险对农村和城镇中老年人劳动供给时间的影响。从表6.13可以看出,城镇职工养老保险覆盖对农村中老年人的劳动供给时间有显著的负影响。细分来看,城镇职工养老保险覆盖显著减少农村中老年人的农业劳动供给时间,但对其非农业劳动供给时间没有显著影响。进一步观察不同类型劳动供给模型可以发现,城镇职工养老保险覆盖显著减少农村中老年人农业打工劳动供给时间、自家农业劳动供给时间和个体私营经济劳动供给时间,显著增加其受雇劳动供给时间,但对非农业劳动供给时间没有显著性影响。详细地说,从表6.13可以看出,在总体劳动供给模型(TLS)、农业劳动供给模型(LSf)、农业打工供给模型(LSf1)、自家农业劳动供给模型(LSf2)及个体私营经济劳动供给模型(LSn2)中,城镇职工养老保险供给变量都在1%

表 6.12 城镇职工养老保险对全国中老年人劳动供给的影响估计

VARIABLES	(1) TLS	(2) LSf	(3) LSf1	(4) LSf2	(5) LSn	(6) LSn1	(7) LSn2
bpfcov	−193.31***	−233.98***	−76.29***	−213.51***	−91.95***	45.66***	−246.80***
	(−11.3757)	(−15.5451)	(−4.8418)	(−15.7678)	(−5.0669)	(3.2178)	(−8.5152)
2013	66.44***	−53.57***	16.25***	24.63***	236.91***	33.50***	343.22***
	(6.6342)	(−7.5568)	(2.7468)	(3.8783)	(17.8564)	(2.9556)	(17.4733)
2018	105.70***	−63.82***	60.53***	−9.81	407.51***	394.43***	363.17***
	(9.7519)	(−8.3905)	(9.5057)	(−1.4380)	(27.5550)	(32.0734)	(16.4231)
sex	274.56***	122.41***	10.92**	97.04***	253.80***	265.26***	194.94***
	(31.1937)	(19.6655)	(2.1720)	(17.4456)	(22.3261)	(27.3332)	(11.8308)
age	−31.86***	−10.20***	−4.67***	−8.03***	−33.92***	−29.49***	−25.95***
	(−57.4214)	(−26.8804)	(−13.6212)	(−23.7286)	(−42.7150)	(−41.7211)	(−23.2525)
edu	−8.86***	−14.92***	−3.73***	−14.14***	7.53***	12.01***	2.87
	(−8.3035)	(−19.4806)	(−6.0508)	(−20.6073)	(5.6717)	(10.7601)	(1.4881)
married	194.96***	204.18***	22.04**	193.86***	9.73	−14.59	63.67**
	(14.2452)	(21.1315)	(2.5610)	(−22.4031)	(0.5022)	(−0.8707)	(2.2166)

续 表

VARIABLES	(1) TLS	(2) LSf	(3) LSf1	(4) LSf2	(5) LSn	(6) LSn1	(7) LSn2
hukou	324.25***	616.49***	125.82***	547.95***	−241.98***	−203.74***	−238.98***
	(25.1847)	(56.6719)	(11.2965)	(55.9385)	(−16.7015)	(−16.9451)	(−11.4600)
adl_iadl	−279.61***	−150.96***	−47.85***	−134.11***	−286.24***	−241.47***	−216.87***
	(−25.5064)	(−20.0391)	(−7.1138)	(−19.9155)	(−17.1058)	(−15.7333)	(−9.1811)
dependency	2.09	9.31*	−4.53	14.23***	−20.33**	−31.65***	−12.39
	(0.2898)	(1.8424)	(−1.0144)	(3.1577)	(−2.0233)	(−3.6832)	(−0.8397)
value	−0.96***	−4.35***	−0.71***	−4.52***	0.38	0.55***	−0.09
	(−3.4970)	(−14.0540)	(−2.8746)	(−15.8313)	(1.4949)	(2.7322)	(−0.2412)
income	53.38***	52.51***	25.46***	66.34***	146.21***	−63.79***	279.60***
	(29.2685)	(25.8248)	(16.1985)	(4.3693)	(47.3272)	(−8.4202)	(35.3020)
re_support	−18.01***	−11.73***	−9.68***	−10.17***	−10.60***	−2.19	−9.48
	(−5.5610)	(−4.4537)	(−3.1514)	(−4.3219)	(−2.8390)	(−0.7997)	(−1.5488)
e_support	7.02***	−1.10	−2.07	0.15	−2.75	2.16	7.89***
	(3.4942)	(−0.6722)	(−1.2083)	(0.1022)	(−1.1911)	(1.2728)	(2.6807)

续　表

VARIABLES	(1) TLS	(2) LSf	(3) LSf1	(4) LSf2	(5) LSn	(6) LSn1	(7) LSn2
D2	-20.26**	49.46***	-14.99***	63.24***	-119.04***	-169.14***	14.19
	(-2.0662)	(7.0529)	(-2.6519)	(10.0478)	(-9.7459)	(-16.6173)	(0.7856)
D3	91.25***	174.77***	-9.14	188.48***	-198.35***	-253.57***	-25.08
	(8.6934)	(23.7272)	(-1.5472)	(28.5141)	(-14.1941)	(-20.9791)	(-1.2430)
Pseudo R^2	0.02	0.03	0.19	0.03	0.06	0.08	0.04
Observations	49094	49094	49094	49094	49094	49094	49094

注:(1)采用 Tobit 模型估计;(2)估计结果汇报边际效应;(3)括号中为 t 值;(4) *** $p<0.01$, ** $p<0.05$, * $p<0.1$。

表 6.13　城镇职工养老保险对农村中老年人劳动供给的影响估计

VARIABLES	(1) TLS	(2) LSf	(3) LSf1	(4) LSf2	(5) LSn	(6) LSn1	(7) LSn2
bpfcov	-112.87***	-432.26***	-113.35***	-386.87***	35.21	199.57***	-141.80***
	(-4.9911)	(-22.1467)	(-6.4034)	(-21.9660)	(1.5645)	(11.5237)	(-4.1592)
2013	17.86	-87.58*	12.18*	6.95	261.03***	35.89***	349.97***
	(1.5749)	(-10.6038)	(1.8228)	(0.9380)	(17.0451)	(2.5770)	(16.8606)

续 表

VARIABLES	(1) TLS	(2) LSf	(3) LSf1	(4) LSf2	(5) LSn	(6) LSn1	(7) LSn2
2018	64.67***	−154.98***	55.14***	−77.72***	513.49***	468.32***	367.73***
	(5.8598)	(−19.0904)	(8.4881)	(−10.6581)	(34.2534)	(36.1145)	(17.7257)
sex	268.51***	123.30***	13.89***	93.04***	259.68***	250.17***	175.85***
	(28.7288)	(17.9674)	(2.6146)	(15.1089)	(22.4780)	(24.8305)	(11.2776)
age	−28.83***	−10.60***	−4.71***	−8.04***	−29.25***	−24.32***	−20.66***
	(−51.4677)	(−26.2475)	(−13.7359)	(−22.2374)	(−38.6324)	(−36.2866)	(−20.5879)
edu	−6.54***	−16.37***	−4.18***	−16.06***	12.73**	10.32***	11.09***
	(−5.7298)	(−19.2690)	(−6.4138)	(−21.0218)	(9.4826)	(9.0271)	(6.0515)
married	239.69***	225.09***	28.49***	211.16***	39.91**	6.27	94.10***
	(16.4216)	(21.0110)	(3.0765)	(21.9491)	(1.9749)	(0.3557)	(3.2969)
adl_iadl	−307.94***	−157.67***	−52.71***	−138.63***	−298.50***	−248.78***	−205.78***
	(−26.8498)	(−18.9900)	(−7.3908)	(−18.6197)	(−17.9866)	(−16.3363)	(−9.3018)
dependency	8.90	−0.69	−7.52	7.18	−4.03	−15.11*	1.34
	(1.1863)	(−0.1254)	(−1.5718)	(1.4562)	(−0.4072)	(−1.7562)	(0.0982)

续 表

VARIABLES	(1) TLS	(2) LSf	(3) LSf1	(4) LSf2	(5) LSn	(6) LSn1	(7) LSn2
value	−0.44*	−1.26***	−0.74***	−1.24***	−0.04	−0.07	0.04
	(−1.8999)	(−7.0330)	(−2.6253)	(−7.6831)	(−0.4161)	(−0.7391)	(0.3695)
income	22.91***	14.18***	17.16***	62.83***	93.19***	−73.34***	241.42***
	(19.3130)	(13.4338)	(12.8054)	(4.3529)	(38.4918)	(−9.5772)	(34.5039)
re_support	−23.02***	−11.59***	−9.33***	−9.07***	−10.00***	−6.18**	−11.22*
	(−6.4631)	(−4.1494)	(−3.1352)	(−3.6578)	(−2.6225)	(−1.9712)	(−1.9053)
e_support	5.21***	−8.13***	−3.76*	−6.29***	−0.99	1.50	8.92***
	(2.6325)	(−4.1901)	(−1.8855)	(−3.6688)	(−0.4926)	(0.9567)	(3.8937)
D2	−57.78***	54.91***	−16.23***	72.87***	−170.75***	−204.49***	−11.02
	(−5.5197)	(7.0830)	(−2.7090)	(10.4436)	(−13.6816)	(−18.9399)	(−0.6517)
D3	66.83***	196.15***	−11.95*	213.62***	−255.94***	−261.13***	−83.81***
	(6.0830)	(24.2248)	(−1.9075)	(29.3029)	(−18.4189)	(−21.5214)	(−4.4591)
Pseudo R^2	0.02	0.01	0.17	0.01	0.06	0.08	0.04
Observations	43532	43532	43532	43532	43532	43532	43532

注：(1)采用 Tobit 模型估计；(2)估计结果汇报边际效应；(3)括号中为 t 值；(4) *** $p<0.01$, ** $p<0.05$, * $p<0.1$。

的水平上通过了显著性检验，Tobit 模型估计得到的边际效应均为负数，这意味着，保持其他因素不变，参加城镇职工养老保险将倾向于减少总体劳动供给时间、农业劳动供给时间、农业打工劳动供给时间、自家农业劳动供给时间和个体私营经济劳动供给时间。从边际效应来看，参加城镇职工养老保险将使总体劳动供给时间减少 112.87 小时/年，农业劳动供给时间减少 432.26 小时/年，农业打工劳动供给时间减少 113.35 小时/年，自家农业劳动供给时间减少 386.87 小时/年，个体私营经济劳动供给时间减少 141.80 小时/年。在受雇劳动供给模型（LSn1）中，城镇职工养老保险参与变量为正，从边际效应来看，参加城镇职工养老保险将使受雇劳动供给时间增加 199.57 小时/年。而非农业劳动供给模型中，城镇职工养老保险参与变量没有通过显著性检验，说明参加城镇职工养老保险对农村中老年人的非农业劳动供给行为没有显著的影响。

同时，在表 6.13 Tobit 模型中考察了年份虚拟变量对于城镇中老年人劳动供给时间的影响。通过分析总劳动供给时间模型（TLS）发现，2018 年年份虚拟变量显著为正，2013 年年份虚拟变量对劳动供给时间影响不显著，说明与 2011 年基期相比，长期（2011—2018）的劳动供给时间有明显提高，但在短期影响不明显。

再来观察城镇职工养老保险覆盖对城镇中老年人的劳动供给时间的影响。从表 6.14 可以看出，城镇职工养老保险覆盖显著地降低城镇中老年人的总体劳动供给时间。细分来看，城镇职工养老保险覆盖显著地减少农业劳动供给时间，对非农业劳动供给时间没有显著影响。进一步观察不同类型劳动供给模型可以发现，城镇职工养老保险覆盖显著减少农业打工劳动供给时间、自家农业劳动供给时间、个体私营经济劳动供给时间，显著增加受雇劳动供给时间。根据表 6.14，在总体劳动供给模型（TLS）、农业劳动供给模型(LSf)、农业打工劳动供给模型(LSf1)、自家农业劳动供给模型(LSf2)和个体私营经济劳动供给模型(LSn2)中,城镇职工养老保险参与变量的系数均显著为负,这意味着保持个人特征、家庭特征以及所处区域等因素不变的情况下,参加城镇职工养老保险将倾向于减少总体劳动供给时间、农业劳动供给时间、农业打工劳动供给时间、自家农业劳动供给时间和个体私营经济劳动供给时间。从边际效应来看,参加城镇职工养老保险将使城镇中老年人总体劳动供给时间减少190.82小时/年,农业劳动供给时间减少214.41小时/年,农业打工劳动供给时间减少87.72小时/年,自家农业劳动供给时间减少192.90小时/年,个体私营经济劳动供给时间减少177.67小时/年。在受雇劳动供给模型(LSn1)中,城镇职工养老保险覆盖变量显著为正,从边际效应来看,参加城镇职工养老保险将使受雇劳动供给时间增加79.88小时/年。在非农业劳动供给模型(LSn)中,城镇职工养老保险覆盖变量没有通过显著性检验,说明参加城镇职工养老保险并不影响城镇中老年人的非农业劳动供给时间。劳动供给模型估计的结果与前面的劳动参与模型估计的结果基本一致,这进一步证明了城镇职工养老保险制度对于城镇中老年人行为的显著性影响。

同时,在表6.14 Tobit模型中考察了年份虚拟变量对于城镇中老年人劳动供给时间的影响。通过分析总劳动供给时间模型(TLS)发现,2013年和2018年年份虚拟变量都显著为正,且2018年的系数(332.37)大于2013年的系数(265.18),其系数之差为67.19,小于2013年系数的绝对值265.18。该结果表明,城镇职工养老保险在长期(2011—2018)的劳动供给效果大于短期(2011—2013)的劳动供给效果,并且2013—2018年的劳动供给效果小于2011—2013年的劳动供给效果,即劳动供给效果在后期有所减弱。

表 6.14 城镇职工养老保险对城镇中老年人劳动供给影响估计

VARIABLES	(1) TLS	(2) LSf	(3) LSf1	(4) LSf2	(5) LSn	(6) LSn1	(7) LSn2
bpfcov	−190.82***	−214.41***	−87.72***	−192.90***	−33.33	79.88***	−177.67***
	(−9.9114)	(−19.5842)	(−5.1635)	(−19.6234)	(−1.6171)	(−4.9446)	(−5.6729)
2013	265.18***	63.41***	48.26**	92.33***	229.89***	31.33	263.43***
	(10.6536)	(4.6402)	(2.3043)	(7.4073)	(8.5964)	(1.4463)	(6.8215)
2018	332.37***	216.06***	138.80***	223.39***	151.57***	202.06***	99.39***
	(14.7782)	(18.2438)	(7.4717)	(20.4476)	(6.1011)	(10.2564)	(2.7565)
sex	422.02***	126.21***	2.54	104.11***	352.53***	323.11***	182.60***
	(24.1953)	(14.6665)	(0.2839)	(13.5335)	(18.5973)	(21.2617)	(6.7949)
age	−52.45***	−7.80***	−2.93***	−6.41***	−52.30***	−43.25***	−28.25***
	(−48.0434)	(−16.3624)	(−5.3349)	(−15.1194)	(−40.1872)	(−39.5207)	(−16.2814)
edu	−16.34***	−21.29***	−9.34***	−18.95***	2.52	21.29***	−17.56***
	(−8.4572)	(−22.2878)	(−8.7306)	(−22.1877)	(1.1670)	(12.1850)	(−5.7819)
married	95.47***	121.13***	14.76	117.32***	−1.89	11.21	44.34
	(3.1249)	(7.7721)	(0.8680)	(8.3494)	(−0.0551)	(0.3899)	(0.9109)

续 表

VARIABLES	(1) TLS	(2) LSf	(3) LSf1	(4) LSf2	(5) LSn	(6) LSn1	(7) LSn2
adl_iadl	−289.95***	−37.62***	−40.08***	−28.20***	−395.09***	−299.40***	−270.71***
	(−10.7278)	(−3.1615)	(−3.0082)	(−2.6648)	(−11.8154)	(−10.3517)	(−5.9626)
dependency	−87.74***	7.67	−3.38	8.70	−115.34***	−98.15***	−71.83***
	(−5.7673)	(1.1761)	(−0.3927)	(1.5081)	(−6.1426)	(−6.4073)	(−2.6870)
value	−0.26	−0.09	−0.31	−0.07	−1.24***	−0.23	−0.77*
	(−1.1519)	(−0.7917)	(−1.0009)	(−0.7004)	(−3.3561)	(−0.9364)	(−1.6453)
income	17.09***	3.20	97.74***	52.08***	72.64***	−98.16***	290.25***
	(12.0560)	(4.9655)	(17.9701)	(4.4041)	(24.3799)	(−9.7626)	(24.6151)
re_support	−7.70	−1.94	−1.79	−1.78	−8.02	−6.06	−7.14
	(−1.4473)	(−0.6543)	(−0.5429)	(−0.6697)	(−1.4280)	(−1.3579)	(−0.8635)
e_support	5.18**	−2.44*	−1.08	−2.15*	−0.20	1.67	7.87***
	(2.4795)	(−1.8616)	(−0.6283)	(−1.8271)	(−0.0912)	(0.9974)	(2.6793)
D2	−40.71**	−3.52	12.65	−0.66	−31.76	−100.04***	98.25***
	(−2.1205)	(−0.3655)	(1.2203)	(−0.0768)	(−1.5353)	(−6.1647)	(3.2107)

续 表

VARIABLES	(1) TLS	(2) LSf	(3) LSf1	(4) LSf2	(5) LSn	(6) LSn1	(7) LSn2
D3	−2.30	68.95***	8.81	64.13***	−87.22***	−163.80***	102.07***
	(−0.1034)	(6.5329)	(0.7948)	(6.7957)	(−3.5527)	(−8.3340)	(2.8959)
Pseudo R^2	0.05	0.03	0.27	0.03	0.06	0.09	0.07
Observations	15514	15514	15514	15514	15514	15514	15514

注：(1)采用 Tobit 模型估计；(2)估计结果汇报边际效应；(3)括号中为 t 值；(4) *** $p<0.01$，** $p<0.05$，* $p<0.1$。

分析城镇职工养老保险制度对不同类型中老年人劳动供给时间的影响差异可以发现，城镇职工养老保险制度会激励不同户口的中老年人提高受雇劳动供给时间，但对农户影响更大，从而导致该项保险对农村中老年人非农业劳动供给时间综合效应为正，而对城镇中老年人非农业劳动供给时间综合效应为负。从分析可以得知，城镇职工养老保险对农村中老年人的吸引力更大。

6.4 城镇居民养老保险的劳动供给效应

本节重点关注城镇居民养老保险变量，具体从城镇居民养老保险覆盖分析城镇居民养老保险制度对中老年人劳动参与率和劳动供给时间的影响。

6.4.1 城镇居民养老保险的劳动参与模型估计

表6.15、表6.16和表6.17分别是城镇居民养老保险覆盖对全国中老年人、农村中老年人和城镇中老年人的劳动参与模型估计结果，其中表6.16和表6.17重点考察了该项养老保险覆盖对农村和城镇中老年人的影响及差异。

首先，从全国中老年人样本来看，城镇居民养老保险覆盖显著降低中老年人的总体劳动参与率。细分来看，城镇居民养老保险覆盖显著降低农业劳动参与率，同时显著提高非农业劳动参与率，但是，该项养老保险对农业劳动参与率的影响要比对非农业劳动参与率的影响大，从而在总体上体现为负效应。进一步分别观察不同类型劳动参与模型可以发现，城镇居民养老保险覆盖显著降低中老年人自家农业劳动参与率，显著提高个体私营经济劳动参与率，对农业打工劳动参与率和受雇劳动参与率没有显著性影响。

第6章 "碎片化"养老保障项目的劳动供给效应

表 6.15 城镇居民养老保险对全国中老年人劳动参与的影响估计

VARIABLES	(1) TLP	(2) LPf	(3) LPf1	(4) LPf2	(5) LPn	(6) LPn1	(7) LPn2
urpcov	−0.0361***	−0.1336***	−0.0078	−0.1371***	0.0573***	0.0115	0.0362***
	(−2.8973)	(−7.7665)	(−0.8247)	(−7.4777)	(5.2927)	(1.2050)	(5.6549)
2013	0.0310***	0.0124**	0.0089***	0.0464***	0.1423***	0.0902***	0.0505***
	(6.7128)	(2.4894)	(4.0754)	(9.1536)	(34.0364)	(24.1178)	(17.7630)
2018	0.0232***	−0.0065	0.0201***	0.0528***	0.1873***	0.1468***	0.0398***
	(4.8007)	(−1.2295)	(8.4098)	(9.7968)	(40.8026)	(35.7832)	(12.5032)
sex	0.1303***	0.0758***	0.0071***	0.0733***	0.1352***	0.1099***	0.0277***
	(33.7144)	(17.8391)	(3.8576)	(16.9611)	(39.1337)	(35.7088)	(11.8297)
age	−0.0138***	−0.0073***	−0.0020***	−0.0065***	−0.0137***	−0.0106***	−0.0033***
	(−64.8176)	(−29.2502)	(−15.8627)	(−25.5327)	(−61.2905)	(−50.1780)	(−21.3396)
edu	−0.0060***	−0.0112***	−0.0016***	−0.0102***	0.0046***	0.0043***	0.0002
	(−12.3896)	(−21.5540)	(−6.8581)	(−19.2275)	(10.9994)	(11.8601)	(0.6273)
married	0.0784***	0.1314***	0.0073**	0.1322***	−0.0123**	−0.0084	0.0033
	(14.4515)	(21.2869)	(2.3279)	(20.7778)	(−2.0434)	(−1.5244)	(0.8506)

续表

VARIABLES	(1) TLP	(2) LPf	(3) LPf1	(4) LPf2	(5) LPn	(6) LPn1	(7) LPn2
hukou	0.2680***	0.4362***	0.0577***	0.4257***	−0.0731***	−0.0548***	−0.0160***
	(58.6853)	(84.6928)	(14.1642)	(76.4889)	(−16.7038)	(−14.5083)	(−5.6660)
adl_iadl	−0.1442***	−0.1274***	−0.0157***	−0.1216***	−0.0949***	−0.0826***	−0.0229***
	(−33.5497)	(−25.8217)	(−6.4552)	(−24.0390)	(−18.9576)	(−17.3706)	(−7.1017)
dependency	0.0017	0.0090***	−0.0019	0.0091***	−0.0119***	−0.0134***	−0.0009
	(0.5542)	(2.6027)	(−1.1606)	(2.6105)	(−3.7050)	(−4.5722)	(−0.4274)
value	−0.0009***	−0.0026***	−0.0004***	−0.0028***	0.0003***	0.0001**	−0.0000
	(−7.1027)	(−14.2289)	(−4.1227)	(−14.0925)	(3.6263)	(2.0098)	(−0.7255)
income	0.0310***	−0.0015***	0.0082***	0.1173***	0.0163***	−0.0340***	0.0463***
	(27.8423)	(−4.0535)	(13.9546)	(7.6237)	(11.7672)	(−12.1337)	(36.7716)
re_support	−0.0068***	−0.0078***	−0.0028***	−0.0076***	−0.0003	−0.0006	0.0002
	(−5.6444)	(−4.6047)	(−2.6629)	(−4.3278)	(−0.3385)	(−0.6543)	(0.2783)
e_support	0.0006	−0.0021**	−0.0005	−0.0019*	0.0023***	0.0005	0.0009***
	(0.6845)	(−1.9724)	(−0.9074)	(−1.7197)	(3.1689)	(0.8510)	(2.0614)

续 表

VARIABLES	(1) TLP	(2) LPf	(3) LPf1	(4) LPf2	(5) LPn	(6) LPn1	(7) LPn2
D2		0.0495***	−0.0024	0.0475***	−0.0521***	−0.0561***	0.0060**
		(10.4259)	(−1.1555)	(9.8061)	(−13.4226)	(−16.7660)	(2.3223)
D3	0.0633***	0.1165***	−0.0014	0.1064***	−0.0842***	−0.0867***	0.0025
	(13.2320)	(22.9870)	(−0.6419)	(20.6613)	(−19.2590)	(−22.3730)	(0.8845)
Pseudo R²	0.2477	0.2246	0.0762	0.2028	0.2798	0.3349	0.1237
Observations	46759	46759	46759	46756	46761	46761	46761

D2行(1)列为 0.0104**，(2.3893)

注:(1)采用 Probit 模型估计;(2)估计结果汇报边际效应;(3)括号中为 t 值;(4) *** $p<0.01$, ** $p<0.05$, * $p<0.1$。

表 6.16 城镇居民养老保险对农村中老年人劳动参与的影响估计

VARIABLES	(1) TLP	(2) LPf	(3) LPf1	(4) LPf2	(5) LPn	(6) LPn1	(7) LPn2
urpcov	−0.1546***	−0.3245***	−0.0494***	−0.3225***	0.0628***	0.0211	0.0223**
	(−8.2070)	(−12.6416)	(−3.0720)	(−11.9756)	(3.7070)	(1.4453)	(2.1790)
2013	0.0195***	−0.0014	0.0095***	0.0399***	0.1776***	0.1202***	0.0616***
	(3.7409)	(−0.2349)	(3.3945)	(6.4635)	(35.4817)	(25.7703)	(18.0526)

续 表

VARIABLES	(1) TLP	(2) LPf	(3) LPf1	(4) LPf2	(5) LPn	(6) LPn1	(7) LPn2
2018	−0.0059	−0.0791***	0.0181***	−0.0062	0.2375***	0.1912***	0.0484***
	(−1.1939)	(−13.6306)	(6.6102)	(−1.0306)	(49.5749)	(42.9535)	(14.2169)
sex	0.1231***	0.0741***	0.0106***	0.0728***	0.1347***	0.1099***	0.0281***
	(30.2016)	(15.3456)	(4.8089)	(14.7281)	(36.5846)	(33.2173)	(11.2851)
age	−0.0123***	−0.0071***	−0.0023***	−0.0066***	−0.0122***	−0.0094***	−0.0029***
	(−56.9529)	(−26.1674)	(−16.2116)	(−23.4559)	(−53.7571)	(−44.3447)	(−18.3259)
edu	−0.0061***	−0.0146***	−0.0022***	−0.0136***	0.0064***	0.0046***	0.0015***
	(−11.9180)	(−24.9128)	(−8.0745)	(−22.6770)	(14.6067)	(11.8277)	(5.1150)
married	0.0917***	0.1503***	0.0124***	0.1500***	−0.0011	−0.0015	0.0083*
	(16.4694)	(21.5563)	(3.2402)	(20.6922)	(−0.1706)	(−0.2586)	(1.8959)
adl_iadl	−0.1509***	−0.1385***	−0.0201***	−0.1314***	−0.1038***	−0.0888***	−0.0244***
	(−35.0020)	(−24.9230)	(−6.9334)	(−22.8180)	(−20.0774)	(−18.1316)	(−7.1956)
dependency	0.0021	0.0020	−0.0035*	0.0035	−0.0029	−0.0066**	0.0012
	(0.6639)	(0.5202)	(−1.7782)	(0.8939)	(−0.8858)	(−2.1581)	(0.5659)

第6章 "碎片化"养老保障项目的劳动供给效应

续 表

VARIABLES	(1) TLP	(2) LPf	(3) LPf1	(4) LPf2	(5) LPn	(6) LPn1	(7) LPn2
value	−0.0005***	−0.0009***	−0.0005***	−0.0009***	−0.0000	−0.0000	0.0000
	(−5.5115)	(−8.1307)	(−4.6481)	(−7.8290)	(−0.1769)	(−0.6625)	(0.0955)
income	0.0054***	0.0008**	0.1263***	0.0043***	−0.0447*	−0.0365***	0.0452***
	(10.4551)	(2.3933)	(8.5722)	(5.9509)	(−1.922)	(−12.9325)	(36.0439)
re_support	−0.0081***	−0.0071***	−0.0027**	−0.0069***	−0.0020*	−0.0021**	−0.0001
	(−6.4622)	(−3.8893)	(−2.4285)	(−3.6518)	(−1.8373)	(−1.9644)	(−0.1141)
e_support	−0.0010	−0.0103***	−0.0017**	−0.0098***	0.0033***	0.0009	0.0012***
	(−1.1885)	(−7.5852)	(−2.0673)	(−7.0078)	(4.7092)	(1.5445)	(3.3642)
D2	0.0015	0.0568***	−0.0025	0.0575***	−0.0689***	−0.0703***	0.0032
	(0.3283)	(10.5840)	(−1.0142)	(10.3995)	(−16.6197)	(−19.3519)	(1.1664)
D3	0.0592***	0.1345***	−0.0023	0.1274***	−0.1011***	−0.0935***	−0.0057*
	(12.0213)	(23.6457)	(−0.8766)	(21.8924)	(−22.3613)	(−23.2670)	(−1.8998)
Pseudo R^2	0.1920	0.1121	0.0410	0.0970	0.2570	0.3062	0.1145
Observations	41647	41647	41647	41644	41649	41649	41649

注:(1)采用 Probit 模型估计;(2)估计结果汇报边际效应;(3)括号中为 t 值;(4) *** $p<0.01$, ** $p<0.05$, * $p<0.1$。

表 6.17 城镇居民养老保险对城镇中老年人劳动参与的影响估计

VARIABLES	(1) TLP	(2) LPf	(3) LPf1	(4) LPf2	(5) LPn	(6) LPn1	(7) LPn2
urpcov	−0.0354***	−0.0983***	−0.0061	−0.1029***	0.0407***	−0.0204	0.0472***
	(−2.5906)	(−6.5496)	(−1.0300)	(−6.8415)	(2.9895)	(−1.5147)	(5.5662)
2013	0.0664***	0.0513***	0.0076	0.0631***	0.0804***	0.0477***	0.0294***
	(6.9792)	(5.0234)	(1.5227)	(6.1383)	(8.3217)	(5.1835)	(4.3884)
2018	0.1478***	0.1633***	0.0257***	0.1837***	0.0963***	0.0895***	0.0063
	(17.0625)	(18.5192)	(5.8846)	(20.7536)	(10.7204)	(10.4999)	(0.9990)
sex	0.2050***	0.0993***	0.0095***	0.0927***	0.1764***	0.1439***	0.0359***
	(31.3791)	(15.5836)	(4.0185)	(14.9179)	(27.5034)	(23.6951)	(7.6509)
age	−0.0227***	−0.0079***	−0.0014***	−0.0072***	−0.0216***	−0.0184***	−0.0047***
	(−79.6215)	(−23.4086)	(−8.9298)	(−21.8022)	(−66.0299)	(−51.9869)	(−16.1580)
edu	−0.0099***	−0.0190***	−0.0025***	−0.0181***	0.0071***	0.0117***	−0.0039***
	(−13.1965)	(−28.7491)	(−9.1262)	(−27.9752)	(9.4801)	(16.3588)	(−7.4866)
married	0.0237**	0.0791***	0.0096*	0.0871***	−0.0200*	−0.0085	0.0020
	(2.0907)	(6.9598)	(1.9599)	(7.7276)	(−1.6636)	(−0.7093)	(0.2351)

续表

VARIABLES	(1) TLP	(2) LPf	(3) LPf1	(4) LPf2	(5) LPn	(6) LPn1	(7) LPn2
adl_iadl	−0.0952***	−0.0195**	−0.0060*	−0.0165*	−0.1375***	−0.1179***	−0.0417***
	(−9.6304)	(−2.1412)	(−1.7093)	(−1.8677)	(−12.2082)	(−10.1319)	(−5.3638)
dependency	−0.0182***	0.0072	−0.0009	0.0055	−0.0358***	−0.0386***	−0.0056
	(−3.2987)	(1.4773)	(−0.4355)	(1.1576)	(−5.4609)	(−5.9762)	(−1.2730)
value	−0.0001	−0.0002*	−0.0001**	−0.0001	−0.0001	−0.0001	−0.0001
	(−0.8045)	(−1.8596)	(−2.0219)	(−1.6104)	(−0.9787)	(−1.0385)	(−1.4744)
income	0.0184***	0.0047***	−0.0000	0.0915***	0.0006	−0.0590***	0.0615***
	(51.9869)	(16.1580)	(−0.2290)	(5.9116)	(1.1518)	(−12.8057)	(27.1961)
re_support	−0.0017	−0.0024	−0.0001	−0.0030	−0.0011	−0.0014	−0.0003
	(−0.7990)	(−1.0838)	(−0.1488)	(−1.3481)	(−0.5751)	(−0.7102)	(−0.1942)
e_support	0.0022**	−0.0031***	−0.0005	−0.0031***	0.0031***	0.0007	0.0014***
	(2.3847)	(−2.9727)	(−0.9577)	(−3.0309)	(3.5039)	(0.9102)	(2.8201)
D2	−0.0046	0.0115	0.0027	0.0101	−0.0191**	−0.0356***	0.0176***
	(−0.6003)	(1.5792)	(0.9828)	(1.4179)	(−2.5376)	(−5.0997)	(3.3011)

续 表

VARIABLES	(1) TLP	(2) LPf	(3) LPf1	(4) LPf2	(5) LPn	(6) LPn1	(7) LPn2
D3	0.0297***	0.0700***	0.0038	0.0641***	-0.0408***	-0.0589***	0.0181***
	(3.2599)	(8.6554)	(1.2730)	(8.1573)	(-4.5802)	(-7.0329)	(2.9492)
Pseudo R²	0.2909	0.1038	1.0000	0.1156	0.3795	0.4295	0.2238
Observations	15058	15058	15058	15058	15058	15058	15058

注：(1)采用 Probit 模型估计；(2)估计结果汇报边际效应；(3)括号中为 t 值；(4) *** $p<0.01$，** $p<0.05$，* $p<0.1$。

从表 6.15 可以看出,在总体劳动参与模型(TLP)、农业劳动参与模型(LPf)和自家农业劳动参与模型(LPf2)中,城镇居民养老保险参与变量与上述类型劳动参与率均呈显著负相关,这说明,在保持个人特征、家庭特征以及所处区域等因素不变的情况下,参加城镇居民养老保险将倾向于降低总体劳动参与率、农业劳动参与率和自家农业劳动参与率。从边际效应来看,参加城镇居民养老保险将使总体劳动参与率降低 3.61%,农业劳动参与率降低 13.36%,自家农业劳动参与率降低 13.71%。在非农业劳动参与模型(LPn)和个体私营经济劳动参与模型(LPn2)中,该养老保险覆盖变量在 1% 的水平上通过显著性检验,估计得到的系数均为正。从边际效应来看,参加城镇居民养老保险将使非农业劳动参与率提高 5.73%,个体私营经济劳动参与率提高 3.62%。该项养老保险变量在农业打工劳动参与模型(LPf1)和受雇劳动参与模型(LPn1)中均不显著,说明参加城镇居民养老保险并不影响中老年人对这两种类型劳动的参与决策。

同时,在表 6.15 Probit 模型中考察了年份虚拟变量对于全国中老年人劳动参与率的影响。通过分析总劳动参与率模型(TLP)发现,2018 年和 2013 年年份虚拟变量都显著为正,且 2018 年的系数小于 2013 年的系数,其系数之差为 -0.0078。该结果表明,城镇居民养老保险在长期(2011—2018)的劳动参与率效果小于短期(2011—2013)的劳动参与率效果,并且 2013—2018 年的劳动参与率小于 2011—2013 年的劳动参与率,即劳动参与率效果在后期大幅减弱。

其次,分别考察城镇居民养老保险对农村和城镇中老年人劳动参与率的影响。从表 6.16 来看,城镇居民养老保险覆盖显著降低农村中老年人的总体劳动参与率。细分来看,城镇居民养老保险覆盖显著提高非农业劳动参与率,但也显著降低农业劳动参与率。进一步分别观察不同类型劳动参与模型可以发现,城镇居民养老保险对农村中老年人的农业打工劳动参与率和自家农业劳动参与率有显著负向影响,对个体私营经济劳动参与率有正向影响,对受雇劳动参与率没有明显影响。这可能与该项养老保险制度的设计有关,该项养老保险制度的参保范围是城镇非从业居民,因而不会影响农村中老年人的受雇劳动参与。在总体劳动参与模型(TLP)、农业打工劳动参与模型(LPf1)和自家农业劳动参与模型(LPf2)中,城镇居民养老保险参与变量有显著的负效应。从Probit 边际效应来看,参加城镇居民养老保险将使总体劳动参与率降低 15.46%、农业打工劳动参与率降低 4.94%,自家农业劳动参与率降低 32.25%。在非农业劳动参与模型(LPn)和个体私营经济劳动参与模型(LPn2)中,城镇居民养老保障覆盖变量有显著正向效应。从 Probit 边际效应来看,参加城镇居民养老保险将使非农业劳动参与率提高 6.28%,个体私营经济劳动参与率提高2.23%。而受雇劳动参与模型(LPn1)中该项养老保险参与变量没有通过显著性检验,说明参加城镇居民养老保险并不影响农村中老年人的这一项劳动决策行为。

同时,在表 6.16 Probit 模型中考察了年份虚拟变量对于农村中老年人劳动参与率的影响。通过分析总劳动参与率模型(TLP)发现,2013 年年份虚拟变量显著为正,2018 年年份虚拟变量对劳动参与率影响不显著,说明与 2011 年基期相比,短期(2011—2013)的劳动参与率有明显提高,但在长期影响不明显。

表 6.17 考察了城镇居民养老保险对城镇中老年人劳动参与率的影响。从表中可以看出,城镇居民养老保险覆盖对城镇中老年人的总体劳动参与率有明显的负向影响。细分来看,城镇居民

养老保险覆盖显著降低农业劳动参与率,但也显著提高非农业劳动参与率,对前者的影响强度更大,从而对总体劳动参与率影响效应为负。进一步分别观察不同类型劳动参与模型可以发现,城镇居民养老保险覆盖显著地降低城镇中老年人自家农业劳动参与率,提高个体私营经济劳动参与率,但对农业打工劳动参与率和受雇劳动参与率影响不明显。在总体劳动参与模型(TLP)、农业劳动参与模型(LPf)和自家农业劳动参与模型(LPf2)中,城镇居民养老保险参与变量的影响效应均为负。从 Probit 边际效应来看,参加城镇居民养老保险将使总体劳动参与率降低 3.54%,农业劳动参与率降低 9.83%,自家农业劳动参与率降低 10.29%。在非农业劳动参与模型(LPn)和个体私营经济劳动参与模型(LPn2)中,城镇居民养老保险参与变量的影响效应均为正。从 Probit 边际效应来看,参加城镇居民养老保险将使非农业劳动参与率提高 4.07%,个体私营经济劳动参与率提高 4.72%。在农业打工劳动参与模型(LPf1)和受雇劳动参与模型(LPn1)中,城镇居民养老保障覆盖变量没有通过显著性检验,说明参加城镇居民养老保险并不影响城镇中老年人的这些劳动类型决策行为。

同时,在表 6.17 Probit 模型中考察了年份虚拟变量对于城镇中老年人劳动参与率的影响。通过分析总劳动参与率模型(TLP)发现,2018 年和 2013 年年份虚拟变量都显著为正,且 2018 年的系数大于 2013 年的系数,其系数之差为 0.0814,大于 2013 年系数的绝对值 0.0664。该结果表明,城镇居民养老保险在长期(2011—2018)的劳动参与率效果大于短期(2011—2013)的劳动参与率效果,并且 2013—2018 年的劳动参与率大于 2011—2013 年的劳动参与率,即劳动参与率效果在后期有所增强。

6.4.2 城镇居民养老保险的劳动供给模型估计

首先，从全国中老年人样本来看，城镇居民养老保险覆盖对中老年人的总体劳动供给时间有显著的正向影响。细分来看，城镇居民养老保险覆盖在显著减少农业劳动供给时间的同时也显著增加非农业劳动供给时间，对后者的影响强度更大，从而对总体劳动供给时间上有正向影响。进一步分别观察不同类型劳动供给模型可以发现，城镇居民养老保险覆盖显著地减少中老年人自家农业劳动供给时间，显著提高受雇劳动供给时间和个体私营经济劳动供给时间，对农业打工劳动供给时间没有显著性影响。从表6.18可以看出，在农业劳动供给模型（LSf）和自家农业劳动供给模型（LSf2）中，城镇居民养老保险参与变量的系数为负，这说明保持个人特征、家庭特征以及所处区域等因素不变的情况下，参加城镇居民养老保险将倾向于降低农业劳动供给时间和自家农业劳动供给时间。从边际效应来看，参加城镇居民养老保险将使农业劳动供给时间减少189.24小时/年，自家农业劳动供给时间减少178.86小时/年。在总体劳动供给模型（TLS）、非农业劳动供给模型（LSn）、受雇劳动供给模型（LSn1）和个体私营经济劳动供给模型（LSn2）中，养老保障覆盖变量均通过显著性检验，估计得到的系数均为正数，这意味着，参加城镇居民养老保险将激励中老年人增加总体劳动供给时间、非农业劳动供给时间、受雇劳动供给时间和个体私营经济劳动供给时间，其中对个体私营经济劳动供给时间的影响尤为明显。从边际效应来看，参加城镇居民养老保险将使总体劳动供给时间增加80.16小时/年，非农业劳动供给时间增加247.34小时/年，受雇劳动供给时间增加54.37小时/年，个体私营经济劳动供给时间增加277.29小时/年。该项养老保险在农业打工劳动供给模型(LSf1)中不显著,说明该项养老保险并不影响中老年人的农业打工劳动供给时间。

同时,在表 6.18 Tobit 模型中考察了年份虚拟变量对于全国中老年人劳动供给时间的影响。通过分析总劳动供给时间模型(TLS)发现,2013 年和 2018 年年份虚拟变量都显著为正,且 2018 年的系数(90.38)大于 2013 年的系数(56.70),其系数之差为 33.68,小于 2013 年系数的绝对值 56.70。该结果表明,城镇居民养老保险在长期(2011—2018)的劳动供给效果大于短期(2011—2013)的劳动供给效果,并且 2013—2018 年的劳动供给效果小于 2011—2013 年的劳动供给效果,即劳动供给效果在后期有所减弱。

其次,分别考察城镇居民养老保险对农村和城镇中老年人劳动供给时间的影响。从表 6.19 可以看出,对农村中老年人样本来说,城镇居民养老保险覆盖对中老年人的总体劳动供给时间有显著的负向影响。细分来看,城镇居民养老保险覆盖在显著减少农业劳动供给时间的同时也显著增加非农业劳动供给时间,对前者的影响强度更大,从而对总体劳动供给时间上有负向影响。进一步观察不同类型劳动供给模型可以发现,城镇居民养老保险覆盖显著减少中老年人农业打工劳动供给时间和自家农业劳动供给时间,显著提高个体私营经济劳动供给时间,对受雇劳动供给时间没有显著性影响。从表 6.19 可以看出,在总体劳动供给模型(TLS)、农业劳动供给模型(LSf)、农业打工劳动供给模型(LSf1)和自家农业劳动供给模型(LSf2)中,城镇居民养老保险参与变量的系数均为负,这说明保持个人特征、家庭特征以及所处区域等因素不变的情况下,参加城镇居民养老保险将倾向于降低总体劳动供给时间、农业劳动供给时间、农业打工劳动供给时间和自家农业劳动供给时间。从边际效应来看,参加城镇居民养老保险将使总体劳动供给时间减少 136.24 小时/年,农业劳动供给时间减少 451.43 小时/年,农业打工劳动供给时间减少 120.46 小时/年,自家农业劳动供给时间减少 411.41 小时/年。在非农业劳动供给模型(LSn)和个体私营经济劳动供给模型(LSn2)中,城镇居民养老保险覆盖变量均通过显著性检验,估计得到的系数均为正数,这意味着参加城镇居民养老保险将激励中老年人增加非农业劳动供给时间和个体私营经济劳动供给时间。从边际效应来看,参加城镇居民养老保险将使个体私营经济劳动供给时间增加 154.89 小时/年,非农业劳动供给时间增加 195.02 小时/年。该项养老保险在受雇劳动供给模型(LSn1)中不显著,说明该项养老保险并不影响中老年人的受雇劳动供给时间。

同时,在表 6.19 Tobit 模型中考察了年份虚拟变量对于农村中老年人劳动供给的影响。通过分析总劳动供给时间模型(TLS)发现,2018 年年份虚拟变量显著为正,2013 年年份虚拟变量对劳动供给时间影响不显著,说明与 2011 年基期相比,长期(2011—2018)的劳动供给时间有明显提高,但在短期影响不明显。

而城镇居民养老保险覆盖对城镇中老年人的劳动供给时间的影响可从表 6.20 看出,城镇居民养老保险覆盖对城镇中老年人的总体劳动供给时间的影响不明显。细分来看,城镇居民养老保险覆盖在显著减少农业劳动供给时间的同时也显著增加非农业劳动供给时间。进一步观察不同类型劳动供给模型可以发现,城镇居民养老保险覆盖显著增加个体私营经济劳动供给时间,显著减少自家农业劳动供给时间,对农业打工劳动供给时间和受雇劳动供给时间没有影响。在农业劳动供给模型(LSf)和自家农业劳动供给模型(LSf2)中,城镇居民养老保险参与变量的系数均显著为负,这说明保持个人特征、家庭特征以及所处区域等因素不变的情况下,参加城镇居民养老保险将倾向于降低农业劳动供给时间和自家农业劳动供给时间。从边际效应来看,参加城镇居民养老保险将使农业劳动供给时间减少 128.43 小时/年,自家农业劳动供给时间减少 125.45 小时/年。在非农业劳动供给模型(LSn)和个体私营经济劳动供给模型(LSn2)中,城镇居民养老保障覆盖变量均通过显著性检验,估计得到的均为正数,这意味着参加城镇居民养老保险将激励中老年人增加非农业劳动供给时间和个体私营经济劳动供给时间,其中对个体私营经济劳动供给时间的影响尤为明显。从边际效应来看,参加城镇居民养老保险将使个体私营经济劳动供给时间增加 294.91 小时/年,非农业劳动供给时间增加 196.08 小时/年。该项养老保险在总体劳动供给模型(TLS)、农业打工劳动供给模型(LSf1)和受雇劳动供给模型(LSn1)中均不显著,说明该项养老保险并不影响中老年人的总体劳动供给时间、农业打工劳动供给时间和受雇劳动供给时间。

同时,在表 6.20 Tobit 模型中考察了年份虚拟变量对于城镇中老年人劳动供给时间的影响。通过分析总劳动供给时间模型(TLS)发现,2013 年和 2018 年年份虚拟变量都显著为正,且 2018 年的系数(308.67)大于 2013 年的系数(226.22),其系数之差为 82.45,小于 2013 年系数的绝对值 226.22。该结果表明,城镇居民养老保险在长期(2011—2018)的劳动供给效果大于短期(2011—2013)的劳动供给效果,并且 2013—2018 年的劳动供给效果小于 2011—2013 年的劳动供给效果,即劳动供给效果在后期有所减弱。

表 6.18 城镇居民养老保险对全国中老年人劳动供给的影响估计

VARIABLES	(1) TLS	(2) LSf	(3) LSf1	(4) LSf2	(5) LSn	(6) LSn1	(7) LSn2
urpcov	80.16**	−189.24***	−27.54	−178.86***	247.34***	54.37**	277.29***
	(2.5654)	(−6.5906)	(−1.0219)	(−6.7879)	(7.6337)	(1.9640)	(6.1372)
2013	56.70***	−64.33***	15.47**	13.93*	241.59***	41.68***	343.98***
	(5.4573)	(−8.8718)	(2.5035)	(2.1183)	(17.4269)	(3.5577)	(16.6161)
2018	90.38***	−81.17***	58.27***	−25.22***	412.46***	406.50***	353.35***
	(8.0809)	(−10.4838)	(8.8015)	(−3.5893)	(26.8446)	(31.9628)	(15.3208)
sex	269.76***	113.65***	9.92*	90.95***	262.93***	270.24***	200.09***
	(29.9032)	(18.1019)	(1.9211)	(16.0287)	(22.5007)	(27.2383)	(11.7918)
age	−31.85***	−9.89***	−4.76***	−7.98***	−34.62***	−29.64***	−26.80***
	(−56.0572)	(−25.8373)	(−13.4609)	(−23.1137)	(−42.3966)	(−41.0248)	(−23.3035)
edu	−9.62***	−15.62***	−3.75***	−14.86***	7.55***	12.30***	2.07
	(−8.8166)	(−20.2391)	(−5.9250)	(−21.2458)	(5.5486)	(10.8242)	(1.0444)
married	190.07***	202.05***	19.92**	193.77***	1.16	−18.09	52.22*
	(13.5604)	(20.7119)	(2.2652)	(21.9227)	(0.0587)	(−1.0614)	(1.7769)

续　表

VARIABLES	(1) TLS	(2) LSf	(3) LSf1	(4) LSf2	(5) LSn	(6) LSn1	(7) LSn2
hukou	383.25***	661.60***	147.20***	595.56***	−198.67***	−216.97***	−142.95***
	(31.2090)	(63.0898)	(12.9944)	(62.3912)	(−14.2580)	(−19.0068)	(−7.0631)
adl_iadl	−273.33***	−144.55***	−45.42***	−128.65***	−286.10***	−245.35***	−212.41***
	(−24.4365)	(−19.0885)	(−6.6302)	(−18.7905)	(−16.7339)	(−15.7313)	(−8.7822)
dependency	−1.34	6.34	−5.07	11.58**	−20.36**	−34.24***	−7.23
	(−0.1822)	(1.2492)	(−1.1070)	(2.5296)	(−1.9784)	(−3.8948)	(−0.4813)
value	−1.06***	−4.34***	−0.74***	−4.51***	0.26	0.50**	−0.17
	(−3.7689)	(−13.9379)	(−2.9438)	(−15.5414)	(0.9811)	(2.4260)	(−0.4624)
income	52.81***	49.01***	24.81***	64.15***	143.46***	−67.71***	280.48***
	(28.4120)	(24.2174)	(15.5400)	(4.1671)	(45.8728)	(−8.6333)	(34.4214)
re_support	−18.21***	−12.03***	−9.47***	−9.79***	−10.64***	−1.61	−11.57*
	(−5.5046)	(−4.4964)	(−3.0415)	(−4.1142)	(−2.7931)	(−0.5845)	(−1.7940)
e_support	7.18***	−1.19	−2.05	−0.22	−2.68	2.05	8.00***
	(3.5323)	(−0.7353)	(−1.1905)	(−0.1519)	(−1.1474)	(1.1955)	(2.6826)

续表

VARIABLES	(1) TLS	(2) LSf	(3) LSf1	(4) LSf2	(5) LSn	(6) LSn1	(7) LSn2
D2	-11.54	51.35***	-14.77**	63.69***	-106.21***	-167.49***	38.33**
	(-1.1479)	(7.2493)	(-2.5443)	(9.9077)	(-8.4848)	(-16.1695)	(2.0592)
D3	98.34***	175.80***	-8.28	187.31***	-187.44***	-249.91***	-5.22
	(9.1260)	(23.5998)	(-1.3631)	(27.7112)	(-13.0797)	(-20.3262)	(-0.2512)
Pseudo R^2	0.02	0.03	0.18	0.03	0.06	0.08	0.04
Observations	46761	46761	46761	46761	46761	46761	46761

注:(1)采用Tobit模型估计;(2)估计结果汇报边际效应;(3)括号中为t值;(4) *** $p<0.01$, ** $p<0.05$, * $p<0.1$。

表6.19 城镇居民养老保险对农村中老年人劳动供给的影响估计

VARIABLES	(1) TLS	(2) LSf	(3) LSf1	(4) LSf2	(5) LSn	(6) LSn1	(7) LSn2
urpcov	-136.24***	-451.43***	-120.46***	-411.41***	195.02***	57.97	154.89**
	(-2.8124)	(-10.8053)	(-3.0009)	(-10.7870)	(4.0920)	(1.4039)	(2.4860)
2013	15.53	-99.12***	4.99	-5.27	280.76***	50.88***	366.75***
	(1.3166)	(-11.6986)	(0.7035)	(-0.6851)	(17.3588)	(3.4742)	(16.6213)

续　表

VARIABLES	(1) TLS	(2) LSf	(3) LSf1	(4) LSf2	(5) LSn	(6) LSn1	(7) LSn2
2018	57.29***	−182.64***	44.40***	−103.79***	537.39***	503.31***	372.54***
	(5.0178)	(−22.0080)	(6.6459)	(−13.7699)	(33.9484)	(36.6342)	(17.0062)
sex	263.42***	115.66***	17.88***	88.44***	265.80***	252.84***	177.89***
	(27.5982)	(16.7298)	(3.2225)	(14.0975)	(22.5098)	(24.5521)	(11.1734)
age	−28.48***	−10.02***	−4.93***	−7.80***	−29.70***	−24.85***	−20.82***
	(−49.8303)	(−24.6372)	(−13.8457)	(−21.1743)	(−38.3474)	(−36.1201)	(−20.3439)
edu	−7.01***	−18.72***	−5.05***	−18.15***	13.42*	12.94	10.26
	(−6.0797)	(−22.0592)	(−7.5126)	(−23.5128)	(9.9071)	(11.2644)	(5.5547)
married	238.02***	225.40***	26.99***	213.12***	34.74*	1.04	89.99***
	(15.9539)	(20.8561)	(2.7947)	(21.7100)	(1.6829)	(0.0576)	(3.0989)
adl_iadl	−305.34***	−150.68***	−50.49***	−132.29***	−301.51***	−258.66***	−202.95***
	(−26.1409)	(−18.0476)	(−6.8099)	(−17.4705)	(−17.8298)	(−16.6181)	(−9.0232)
dependency	6.60	−3.34		4.52	−4.49	−17.67**	4.08
	(0.8628)	(−0.6029)		(0.9007)	(−0.4440)	(−1.9905)	(0.2951)

续　表

VARIABLES	(1) TLS	(2) LSf	(3) LSf1	(4) LSf2	(5) LSn	(6) LSn1	(7) LSn2
value	−0.47**	−1.25***	9.564	−1.23***	−0.06	−0.05	0.02
	(−2.0142)	(−7.0235)	(1.581)	(−7.5575)	(−0.5222)	(−0.5689)	(0.1392)
income	22.22***	13.19***	8.29***	63.65***	91.83***	77.31***	240.05***
	(18.6493)	(12.6279)	(9.4417)	(4.3847)	(38.0156)	(−9.7648)	(33.5912)
re_support	−23.29***	−11.49***	−7.381***	−8.33***	−10.37***	−6.13*	−13.21**
	(−6.3959)	(−4.0903)	(−3.205)	(−3.3633)	(−2.6523)	(−1.9064)	(−2.1453)
e_support	5.28***	−9.09***	−71.29***	−7.52***	−0.86	2.35	8.36***
	(2.6597)	(−4.7326)	(−2.034)	(−4.3598)	(−0.4218)	(1.4953)	(3.6017)
D2	−53.49***	58.90***	−15.47***	75.11***	−160.8***	−207.6***	5.22
	(−4.9984)	(7.5283)	(−2.4704)	(10.5497)	(−12.6271)	(−18.8567)	(0.3018)
D3	67.55***	198.38***	−8.06	213.24***	−247.15***	−263.60***	−68.24***
	(6.0126)	(24.2585)	(−1.2322)	(28.6411)	(−17.4376)	(−21.3276)	(−3.5595)
Pseudo R^2	0.02	0.01	0.17	0.01	0.06	0.08	0.04
Observations	41649	41649	41649	41649	41649	41649	41649

注：(1)采用 Tobit 模型估计；(2)估计结果汇报边际效应；(3)括号中为 t 值；(4) *** $p<0.01$, ** $p<0.05$, * $p<0.1$。

表 6.20 城镇居民养老保险对城镇中老年人劳动供给的影响估计

VARIABLES	(1) TLS	(2) LSf	(3) LSf1	(4) LSf2	(5) LSn	(6) LSn1	(7) LSn2
urpcov	58.44	−128.43***	−20.33	−125.45***	196.08***	−35.16	294.91***
	(1.6158)	(−6.1123)	(−0.8629)	(−6.5139)	(5.1801)	(−1.0734)	(5.9880)
2013	226.22***	38.30***	63.92***	72.30***	213.69***	39.25*	230.06***
	(8.8041)	(2.6816)	(2.6451)	(5.5094)	(7.7823)	(1.7655)	(5.7803)
2018	308.67***	202.41***	157.12***	213.63***	141.99***	205.41***	83.55**
	(13.0806)	(16.0665)	(7.0531)	(18.2572)	(5.4953)	(10.0130)	(2.2233)
sex	430.83***	124.90***	3.18	103.38***	362.74***	317.65***	205.17***
	(24.1992)	(14.2831)	(0.3530)	(13.1907)	(18.7967)	(20.5602)	(7.4780)
age	−54.62***	−10.01***	−3.63***	−8.42***	−52.83***	−42.23***	−30.59***
	(−49.6504)	(−20.7732)	(−6.5612)	(−19.5855)	(−40.5701)	(−38.7855)	(−17.5153)
edu	−21.16***	−25.44***	−10.39***	−22.77***	1.25	22.84***	−21.88***
	(−10.9546)	(−26.1443)	(−9.6557)	(−26.1092)	(0.5805)	(13.1276)	(−7.1946)
married	91.91***	113.85***	12.57	112.21***	−5.38	9.66	36.25
	(2.9566)	(7.2049)	(0.7414)	(7.8445)	(−0.1545)	(0.3321)	(0.7334)

续 表

VARIABLES	(1) TLS	(2) LSf	(3) LSf1	(4) LSf2	(5) LSn	(6) LSn1	(7) LSn2
adl_iadl	−278.02***	−22.43*	−33.94**	−15.11	−394.97***	−304.18***	−265.88***
	(−10.1422)	(−1.8579)	(−2.5366)	(−1.4034)	(−11.6686)	(−10.4034)	(−5.7586)
dependency	−89.16***	2.88	−3.83	4.38	−111.88***	−102.42***	−56.52**
	(−5.7752)	(0.4324)	(−0.4574)	(0.7406)	(−5.8884)	(−6.5553)	(−2.1224)
value	−0.25	−0.08	−0.37	−0.06	−1.31***	−0.29	−0.69
	(−1.0698)	(−0.7016)	(−1.1632)	(−0.6212)	(−3.4347)	(−1.1386)	(−1.4761)
income	16.73***	3.10***	100.33***	53.24***	72.84***	100.97***	290.98***
	(11.6920)	(4.7454)	(18.0137)	(4.3575)	(24.2596)	(−9.8576)	(24.3995)
re_support	−7.00	−0.87	−1.20	−0.82	−8.19	−6.06	−8.07
	(−1.3008)	(−0.2949)	(−0.3733)	(−0.3098)	(−1.4426)	(−1.3361)	(−0.9604)
e_support	4.98**	−3.32**	−1.22	−3.02**	−0.12	1.62	8.00***
	(2.3596)	(−2.4275)	(−0.7043)	(−2.4394)	(−0.0511)	(0.9520)	(2.7061)
D2	−34.75*	5.40	12.94	6.79	−35.81*	−107.64***	106.52***
	(−1.7781)	(0.5521)	(1.2420)	(0.7724)	(−1.7047)	(−6.5196)	(3.4254)

续 表

VARIABLES	(1) TLS	(2) LSf	(3) LSf1	(4) LSf2	(5) LSn	(6) LSn1	(7) LSn2
D3	9.37	84.83***	11.11	77.94***	−91.06***	−167.24***	106.47***
	(0.4126)	(7.8904)	(0.9952)	(8.0891)	(−3.6427)	(−8.3545)	(2.9657)
Pseudo R²	0.05	0.03	0.27	0.03	0.06	0.09	0.11
Observations	15058	15058	15058	15058	15058	15058	15058

注：(1)采用Tobit模型估计；(2)估计结果汇报边际效应；(3)括号中为t值；(4) *** $p<0.01$，** $p<0.05$，* $p<0.1$。

6.5 城乡居民养老保险的劳动供给效应

本节重点关注城乡居民养老保险变量,具体从城乡居民养老保险覆盖分析城乡居民养老保险制度对中老年人劳动参与率和劳动供给时间的影响。

6.5.1 城乡居民养老保险的劳动参与模型估计

表 6.21、表 6.22 和表 6.23 分别是城乡居民养老保险覆盖对全国中老年人、农村中老年人和城镇中老年人的劳动参与模型估计结果,其中表 6.22 和表 6.23 重点考察了该项养老保险覆盖对农村和城镇中老年人的影响及差异。

首先,从全国中老年人样本来看(见表 6.21),城乡居民养老保险覆盖显著影响中老年人的劳动参与率。细分来看,城乡居民养老保险覆盖显著提高农业劳动参与率与非农业劳动参与率。进一步观察不同类型劳动参与模型可以发现,城乡居民养老保险覆盖显著地提高中老年人自家农业劳动参与率和受雇劳动参与率,但对农业打工劳动参与率和个体私营经济劳动参与率没有显著影响。在总体劳动参与模型(TLP)中,城乡居民养老保险覆盖变量在1%的显著性上通过检验。从 Probit 估计的边际效应来看,参加城乡居民养老保险将使中老年人劳动参与率平均提高2.40%。在农业劳动参与模型(LPf)、非农业劳动参与模型(LPn)和受雇劳动参与模型(LPn1)中,城乡居民养老保险覆盖变量在1%的显著性上通过检验。从 Probit 估计的边际效应来看,参加城乡居民养老保险将使农业劳动参与率提高2.73%,非农业劳动参与率提高3.39%,受雇劳动参与率提高2.58%。在自家农业劳动参与模型

第 6 章 "碎片化"养老保障项目的劳动供给效应

表 6.21 城乡居民养老保险对全国中老年人劳动参与的影响估计

VARIABLES	(1) TLP	(2) LPf	(3) LPf1	(4) LPf2	(5) LPn	(6) LPn1	(7) LPn2
repcov	0.0240***	0.0273***	0.0026	0.0210**	0.0339***	0.0258***	0.0057
	(2.7411)	(2.9256)	(0.6702)	(2.2010)	(4.4609)	(3.9699)	(1.1048)
2013	0.0286***	0.0111**	0.0088***	0.0458***	0.1418***	0.0906***	0.0499***
	(6.1598)	(2.2034)	(3.9774)	(9.0000)	(33.7787)	(24.1435)	(17.4786)
2018	0.0183***	−0.0114**	0.0196***	0.0494***	0.1835***	0.1446***	0.0388***
	(3.7024)	(−2.1052)	(8.0320)	(8.9472)	(39.1147)	(34.5321)	(11.9523)
sex	0.1298***	0.0763***	0.0073***	0.0737***	0.1346***	0.1098***	0.0271***
	(33.5572)	(17.8832)	(3.9044)	(16.9790)	(38.8905)	(35.6730)	(11.5460)
age	−0.0138***	−0.0072***	−0.0020***	−0.0065***	−0.0137***	−0.0105***	−0.0033***
	(−64.4758)	(−29.0337)	(−15.8556)	(−25.4476)	(−61.2087)	(−50.0675)	(−21.3696)
edu	−0.0059***	−0.0112***	−0.0016***	−0.0102***	0.0046***	0.0044***	0.0002
	(−12.1206)	(−21.4770)	(−6.9042)	(−19.1244)	(11.0768)	(11.9121)	(0.6823)
married	0.0789***	0.1318***	0.0075**	0.1328***	−0.0118*	−0.0092*	0.0047
	(14.5338)	(21.2663)	(2.3575)	(20.7837)	(−1.9414)	(−1.6857)	(1.1853)

续 表

VARIABLES	(1) TLP	(2) LPf	(3) LPf1	(4) LPf2	(5) LPn	(6) LPn1	(7) LPn2
hukou	0.2680***	0.4436***	0.0581***	0.4331***	−0.0774***	−0.0558***	−0.0192***
	(59.5175)	(87.1719)	(14.3337)	(78.5792)	(−17.9421)	(−14.9529)	(−6.8806)
adl_iadl	−0.1438***	−0.1272***	−0.0158***	−0.1213***	−0.0948***	−0.0825***	−0.0231***
	(−33.4456)	(−25.7077)	(−6.4845)	(−23.8815)	(−18.9245)	(−17.3211)	(−7.1334)
dependency	0.0018	0.0094***	−0.0020	0.0098***	−0.0121***	−0.0137***	−0.0008
	(0.5792)	(2.7221)	(−1.2085)	(2.7875)	(−3.7446)	(−4.6850)	(−0.3653)
value	−0.0009***	−0.0027***	−0.0004***	−0.0029***	0.0003***	0.0001*	−0.0000
	(−7.1195)	(−14.4507)	(−4.1492)	(−14.3456)	(3.6288)	(1.9556)	(−0.6856)
income	0.0307***	−0.0015***	0.0083***	0.1179***	0.0163***	−0.0337***	0.0464***
	(27.5754)	(−4.0692)	(13.9737)	(7.6375)	(11.7502)	(−12.1114)	(36.6956)
re_support	−0.0070***	−0.0082***	−0.0028***	−0.0079***	−0.0003	−0.0006	0.0002
	(−5.7937)	(−4.7464)	(−2.6807)	(−4.4337)	(−0.3472)	(−0.6804)	(0.2892)
e_support	0.0007	−0.0021*	−0.0005	−0.0019*	0.0023***	0.0006	0.0009**
	(0.7280)	(−1.9212)	(−0.9123)	(−1.7048)	(3.1803)	(0.9143)	(2.0046)

续 表

VARIABLES	(1) TLP	(2) LPf	(3) LPf1	(4) LPf2	(5) LPn	(6) LPn1	(7) LPn2
D2	0.0100**	0.0505***	−0.0023	0.0485***	−0.0526***	−0.0562***	0.0055**
	(2.2879)	(10.5914)	(−1.1059)	(9.9462)	(−13.5203)	(−16.7695)	(2.1262)
D3	0.0642***	0.1182***	−0.0012	0.1075***	−0.0841***	−0.0864***	0.0022
	(13.4029)	(23.2424)	(−0.5342)	(20.8104)	(−19.2033)	(−22.2892)	(0.7791)
Pseudo R²	0.2476	0.2224	0.0773	0.2007	0.2786	0.3349	0.1210
Observations	46605	46605	46605	46602	46607	46607	46607

注:(1)采用 Probit 模型估计;(2)估计结果汇报边际效应;(3)括号内为 t 值;(4) *** $p<0.01$, ** $p<0.05$, * $p<0.1$。

表 6.22 城乡居民养老保险对农村中老年人的劳动参与的影响估计

VARIABLES	(1) TLP	(2) LPf	(3) LPf1	(4) LPf2	(5) LPn	(6) LPn1	(7) LPn2
repcov	0.0192**	0.0365***	0.0019	0.0304***	0.0165**	0.0157**	−0.0003
	(2.2598)	(3.6771)	(0.4268)	(2.9703)	(2.2613)	(2.5361)	(−0.0589)
2013	0.0184***	−0.0026	0.0092***	0.0397***	0.1770***	0.1203***	0.0609***
	(3.5353)	(−0.4268)	(3.3116)	(6.4221)	(35.4286)	(25.8399)	(17.9130)

续 表

VARIABLES		(1) TLP	(2) LPf	(3) LPf1	(4) LPf2	(5) LPn	(6) LPn1	(7) LPn2
2018		−0.0104**	−0.0866***	0.0175***	−0.0121**	0.2356***	0.1897***	0.0479***
		(−2.0611)	(−14.6743)	(6.2787)	(−1.9839)	(48.5219)	(42.0951)	(13.9598)
sex		0.1238***	0.0756***	0.0108***	0.0740***	0.1341***	0.1095***	0.0279***
		(30.3879)	(15.6339)	(4.9185)	(14.9531)	(36.4502)	(33.1575)	(11.2081)
age		−0.0123***	−0.0071***	−0.0023***	−0.0066***	−0.0122***	−0.0094***	−0.0029***
		(−56.8367)	(−26.0902)	(−16.2101)	(−23.4197)	(−53.7623)	(−44.3345)	(−18.3496)
edu		−0.0062***	−0.0148***	−0.0022***	−0.0138***	0.0065***	0.0046***	0.0015***
		(−12.1710)	(−25.3719)	(−8.2116)	(−23.0884)	(14.8082)	(11.9588)	(5.2165)
married		0.0919***	0.1504***	0.0125***	0.1507***	−0.0008	−0.0016	0.0086**
		(16.5165)	(21.5386)	(3.2705)	(20.7644)	(−0.1283)	(−0.2680)	(1.9605)
adl_iadl		−0.1502***	−0.1372***	−0.0201***	−0.1299***	−0.1044***	−0.0890***	−0.0247***
		(−34.8426)	(−24.6365)	(−6.9312)	(−22.5129)	(−20.1990)	(−18.1845)	(−7.2722)
dependency		0.0021	0.0020	−0.0037*	0.0037	−0.0027	−0.0065**	0.0013
		(0.6776)	(0.5264)	(−1.8453)	(0.9385)	(−0.8286)	(−2.1280)	(0.6100)

续　表

VARIABLES		(1) TLP	(2) LPf	(3) LPf1	(4) LPf2	(5) LPn	(6) LPn1	(7) LPn2
value		−0.0005***	−0.0009***	−0.0006***	−0.0009***	−0.0000	−0.0000	0.0000
		(−5.6620)	(−8.4159)	(−4.7674)	(−8.0993)	(−0.1328)	(−0.6544)	(0.1231)
income		0.0053***	0.0008**	0.0043***	0.1275***	0.0094***	−0.0361***	0.0455***
		(10.3806)	(2.3773)	(5.9166)	(8.6451)	(44.3345)	(−12.8734)	(36.2824)
re_support		−0.0082***	−0.0073***	−0.0028**	−0.0072***	−0.0020*	−0.0021*	−0.0001
		(−6.5369)	(−3.9851)	(−2.4829)	(−3.7654)	(−1.8062)	(−1.9333)	(−0.1216)
e_support		−0.0010	−0.0103***	−0.0017**	−0.0099***	0.0033***	0.0009	0.0012***
		(−1.2148)	(−7.6169)	(−2.0835)	(−7.0694)	(4.7260)	(1.5621)	(3.3436)
D2		0.0023	0.0593***	−0.0023	0.0597***	−0.0691***	−0.0698***	0.0027
		(0.4945)	(11.0123)	(−0.9356)	(10.7793)	(−16.6570)	(−19.2302)	(0.9732)
D3		0.0605***	0.1372***	−0.0020	0.1294***	−0.1009***	−0.0929***	−0.0061**
		(12.2744)	(24.1062)	(−0.7493)	(22.2084)	(−22.3275)	(−23.1242)	(−2.0268)
Pseudo R²		0.1914	0.1112	0.0418	0.0960	0.2570	0.3061	0.1145
Observations		41708	41708	41708	41705	41710	41710	41710

注：(1)采用 Probit 模型估计；(2)估计结果汇报边际效应；(3)括号内为 t 值；(4) *** $p<0.01$, ** $p<0.05$, * $p<0.1$。

表 6.23 城乡居民养老保险对城镇中老年人的劳动参与的影响估计

VARIABLES	(1) TLP	(2) LPf	(3) LPf1	(4) LPf2	(5) LPn	(6) LPn1	(7) LPn2
repcov	0.0749***	0.0668***	0.0010	0.0619***	0.0456***	0.0121	0.0253***
	(4.8599)	(5.5052)	(0.2444)	(5.2986)	(3.2329)	(0.9161)	(2.7836)
2013	0.0610***	0.0497***	0.0069	0.0606***	0.0758***	0.0457***	0.0275***
	(6.2911)	(4.7624)	(1.3582)	(5.7555)	(7.6862)	(4.8715)	(4.0124)
2018	0.1396***	0.1621***	0.0255***	0.1821***	0.0882***	0.0883***	0.0007
	(15.7517)	(17.8919)	(5.7407)	(20.0164)	(9.5910)	(10.1132)	(0.1078)
sex	0.2040***	0.1007***	0.0098***	0.0946***	0.1747***	0.1448***	0.0335***
	(31.0643)	(15.6391)	(4.0657)	(15.0599)	(27.0721)	(23.6948)	(7.0782)
age	−0.0226***	−0.0079***	−0.0014***	−0.0072***	−0.0216***	−0.0185***	−0.0046***
	(−78.9087)	(−23.0336)	(−8.9388)	(−21.5938)	(−65.6191)	(−51.8208)	(−15.9045)
edu	−0.0094***	−0.0189***	−0.0026***	−0.0180***	0.0075***	0.0119***	−0.0037***
	(−12.3721)	(−28.0636)	(−9.1223)	(−27.2566)	(9.9730)	(16.4790)	(−7.0466)
married	0.0227**	0.0783***	0.0097*	0.0847***	−0.0201*	−0.0126	0.0054
	(1.9848)	(6.8072)	(1.9424)	(7.4383)	(−1.6528)	(−1.0452)	(0.6335)

续 表

VARIABLES	(1) TLP	(2) LPf	(3) LPf1	(4) LPf2	(5) LPn	(6) LPn1	(7) LPn2
adl_iadl	−0.0929***	−0.0186**	−0.0061*	−0.0156*	−0.1361***	−0.1168***	−0.0420***
	(−9.3422)	(−2.0220)	(−1.7071)	(−1.7432)	(−11.9940)	(−9.9515)	(−5.3323)
dependency	−0.0184***	0.0082*	−0.0009	0.0066	−0.0372***	−0.0406***	−0.0059
	(−3.3137)	(1.6605)	(−0.4245)	(1.3850)	(−5.6354)	(−6.2029)	(−1.3162)
value	−0.0001	−0.0002*	−0.0001**	−0.0001	−0.0001	−0.0001	−0.0001
	(−0.7963)	(−1.7675)	(−2.0197)	(−1.5370)	(−1.0176)	(−1.0642)	(−1.5012)
income	0.012***	0.7961	−0.0000	0.0933***	0.0006	−0.0595***	0.0618***
	(2.521)	(1.520)	(−0.2338)	(5.9653)	(1.1169)	(−12.8559)	(26.9226)
re_support	−0.0022	−0.0035	−0.0001	−0.0037*	−0.0012	−0.0016	−0.0002
	(−1.0905)	(−1.5103)	(−0.1844)	(−1.6588)	(−0.6028)	(−0.8330)	(−0.1393)
e_support	0.0023**	−0.0031***	−0.0005	−0.0031***	0.0031***	0.0007	0.0014**
	(2.4652)	(−2.9511)	(−0.9558)	(−3.0212)	(3.5186)	(0.9589)	(2.7611)
D2	−0.0059	0.0104	0.0027	0.0091	−0.0188**	−0.0373***	0.0194***
	(−0.7644)	(1.4098)	(0.9738)	(1.2659)	(−2.4694)	(−5.3093)	(3.5851)

续　表

VARIABLES	(1) TLP	(2) LPf	(3) LPf1	(4) LPf2	(5) LPn	(6) LPn1	(7) LPn2
D3	0.0301***	0.0697***	0.0038	0.0642***	−0.0394***	−0.0603***	0.0202***
	(3.2860)	(8.5255)	(1.2658)	(8.0766)	(−4.3981)	(−7.1558)	(3.2560)
Pseudo R^2	0.2915	0.0965	0.1087	0.3784	0.4293	0.1766	0.1165
Observations	14843	14843	14843	14843	14843	14843	14843

注：(1)采用 Probit 模型估计；(2)估计结果汇报边际效应；(3)括号内为 t 值；(4) *** $p<0.01$，** $p<0.05$，* $p<0.1$。

(LPf2)中,养老保障覆盖变量在5%的显著性上通过检验。从Probit估计的边际效应来看,参加城乡居民养老保险将使自家农业劳动参与率提高2.10%。在农业打工劳动参与模型(LPf1)和个体私营经济劳动参与模型(LPn2)中,城乡居民养老保险覆盖变量均没有通过显著性检验,说明城乡居民养老保险并不影响中老年人的农业打工劳动决策行为和个体私营经济劳动决策行为。

同时,在表6.21 Probit模型中考察了年份虚拟变量对于全国中老年人劳动参与率的影响。通过分析总劳动参与率模型(TLP)发现,2018年和2013年年份虚拟变量都显著为正,且2018年的系数小于2013年的系数,其系数之差为-0.0103,小于2013年系数的绝对值0.0286。该结果表明,养老保险在长期(2011—2018)的劳动参与率效果小于短期(2011—2013)的劳动参与率效果,并且2013—2018年的劳动参与率小于2011—2013年的劳动参与率,即劳动参与率效果在后期大幅减弱。

其次,分别考察城乡居民养老保险对农村和城镇中老年人劳动参与率的影响。从农村中老年人样本来看(见表6.22),城乡居民养老保险覆盖显著影响中老年人的劳动参与率。细分来看,城乡居民养老保险覆盖显著提高农业劳动参与率与非农业劳动参与率。进一步分别观察不同类型劳动参与模型可以发现,城乡居民养老保险覆盖显著提高中老年人自家农业劳动参与率和受雇劳动参与率,但对农业打工劳动参与率和个体私营经济劳动参与率没有显著性影响。在总体劳动参与模型(TLP)中,城乡居民养老保险覆盖变量在5%的显著性上通过检验。从Probit估计的边际效应来看,参加城乡居民养老保险将使中老年人劳动参与率平均提高1.92%。在农业劳动参与模型(LPf)和自家农业劳动参与模型(LPf2)中,城乡居民养老保险覆盖变量在1%的显著性上通过检验。从 Probit 估计的边际效应来看,参加城乡居民养老保险将使农业劳动参与率提高 3.65%,自家农业劳动参与率提高 3.04%。在非农业劳动参与模型(LPn)和受雇劳动参与模型(LPn1)中,城乡居民养老保险覆盖变量均在 5% 的显著性上通过检验。从 Probit 估计的边际效应来看,参加城乡居民养老保险将使非农业劳动参与率提高 1.65%,受雇劳动参与率提高 1.57%。在农业打工劳动参与模型和个体私营经济劳动参与模型中,城乡居民养老保险覆盖变量均没有通过显著性检验,说明参加城乡居民养老保险并不影响中老年人的农业打工劳动决策行为和个体私营经济劳动决策行为。

同时,在表 6.22 Probit 模型中考察了年份虚拟变量对于农村中老年人劳动参与率的影响。通过分析总劳动参与率模型(TLP)发现,2013 年年份虚拟变量显著为正,2018 年年份虚拟变量显著为负。该结果表明,城乡居民养老保险在长期(2011—2018)的劳动参与率效果明显小于短期(2011—2013)的劳动参与率效果,并且劳动参与率效果在后期大幅减弱,产生相反的效果。

而城乡居民养老保险对城镇中老年人的劳动参与率的影响可从表 6.23 看出,城乡居民养老保险覆盖显著影响中老年人的劳动参与率。细分来看,城乡居民养老保险覆盖显著提高农业劳动参与率与非农业劳动参与率。进一步观察不同类型劳动参与模型可以发现,城乡居民养老保险覆盖显著地提高中老年人自家农业劳动参与率和个体私营经济劳动参与率,但对农业打工劳动参与率和受雇劳动参与率没有显著性影响。在总体劳动参与模型(TLP)中,城乡居民养老保险覆盖变量在 1% 的显著性上通过检验。从 Probit 估计的边际效应来看,参加城乡居民养老保险将使中老年人劳动参与率平均提高 7.49%。在农业劳动参与模型

(LPf)、自家农业劳动参与模型(LPf2)、非农业劳动参与模型(LPn)以及个体私营经济劳动参与模型(LPn2)中,城乡居民养老保险覆盖变量在1%的显著性上通过检验。从 Probit 估计的边际效应来看,参加城乡居民养老保险将使农业劳动参与率提高6.68%,自家农业劳动参与率提高6.19%,非农业劳动参与率提高4.56%,个体私营经济劳动参与率提高2.53%。在农业打工劳动参与模型(LPf1)和受雇劳动参与模型(LPn1)中,城乡居民养老保险覆盖变量均没有通过显著性检验,说明参加城乡居民养老保险并不影响中老年人的农业打工劳动决策行为和受雇劳动决策行为。

同时,在表 6.23 Probit 模型中考察了年份虚拟变量对于城镇中老年人劳动参与率的影响。通过分析总劳动参与率模型(TLP)发现,2018 年和 2013 年年份虚拟变量都显著为正,且2018 年的系数大于 2013 年的系数,其系数之差为 0.0786,大于2013 年系数的绝对值 0.0610。该结果表明,城乡居民养老保险在长期(2011—2018)的劳动参与率效果大于短期(2011—2013)的劳动参与率效果,并且 2013—2018 年的劳动参与率大于 2011—2013 年的劳动参与率,即劳动参与率效果在后期大幅增加。

6.5.2 城乡居民养老保险的劳动供给模型估计

首先,从全国中老年人样本来看(见表 6.24),城乡居民养老保险覆盖显著影响中老年人的劳动供给时间。细分来看,城乡居民养老保险覆盖显著增加非农业劳动供给时间,但对农业劳动供给时间没有显著影响。进一步观察不同类型劳动供给模型可以发现,城乡居民养老保险覆盖显著地增加中老年人受雇劳动供给时间和个体私营经济劳动供给时间,但对农业打工劳动供给时间和自家农业劳动供给时间没有显著性影响。在总体劳动供给模型(TLS)中,城乡居民养老保险变量在5%的显著性上通过检验,估计得到的边际效应为44.75,说明在控制个人特征、家庭特征以及所处区域等变量的情况下,参加城乡居民养老保险将倾向于增加总体劳动供给时间。从Tobit边际效应来看,参加城乡居民养老保险将使总体劳动供给时间增加44.75小时/年。在非农业劳动供给模型(LSn)和受雇劳动供给模型(LSn1)中,城乡居民养老保险覆盖变量均在1%的显著性上通过检验,估计得到的边际效应均为正数,说明在控制个人特征、家庭特征以及所处区域等变量的情况下,参加城乡居民养老保险将倾向于增加非农业劳动供给时间和受雇劳动供给时间。从Tobit边际效应来看,参加城乡居民养老保险将使非农业劳动供给时间增加106.80小时/年,而受雇劳动供给时间增加53.81小时/年。在个体私营经济劳动供给模型(LSn2)中,该养老保险覆盖变量在10%的显著性上通过检验,估计得到的边际效应为正数,说明在控制其他因素的情况下,参加城乡居民养老保险将倾向于增加个体私营经济劳动供给时间。从Tobit边际效应来看,参加城乡居民养老保险将使个体私营经济劳动供给时间增加60.67小时/年。在农业劳动供给模型(LSf)、农业打工劳动供给模型(LSf1)和自家农业劳动供给模型(LSf2)中,该养老保险覆盖变量均没有通过显著性检验,说明参加城乡居民养老保险并不影响中老年人的农业劳动供给时间、农业打工劳动供给时间和自家农业劳动供给时间。

同时,在表6.24 Tobit模型中考察了年份虚拟变量对于全国中老年人劳动供给时间的影响。通过分析总劳动供给模型(TLS)发现,2018年和2013年年份虚拟变量都显著为正,且2018年的系数大于2013年的系数,其系数之差为28.86,小于

2013年系数的绝对值53.55。该结果表明，城乡居民养老保险在长期(2011—2018)的劳动供给效果大于短期(2011—2013)的劳动供给效果，并且2013—2018年的劳动供给效果小于2011—2013年的劳动供给效果，即劳动供给效果在后期有所减弱。

其次，分别考察城乡居民养老保险对农村和城镇中老年人劳动供给时间的影响。从农村中老年人样本来看(见表6.25)，城乡居民养老保险覆盖并不显著影响中老年人的劳动供给时间。细分来看，城乡居民养老保险覆盖显著增加非农业劳动供给时间，但对农业劳动供给时间没有显著影响。进一步观察不同类型劳动供给模型可以发现，城乡居民养老保险覆盖并不显著影响中老年人受雇劳动供给时间和个体私营经济劳动供给时间，同时对农业打工劳动供给时间和自家农业劳动供给时间也没有显著影响。在非农业劳动供给模型(LSn)中，城乡居民养老保险供给变量在5%的显著性上通过检验，估计得到的边际效应为46.91，说明在控制个人特征、家庭特征以及所处区域等变量的情况下，参加城乡居民养老保险将倾向于增加非农业劳动供给时间。从Tobit边际效应来看，参加城乡居民养老保险将使非农业劳动供给时间增加46.91小时/年。在其他模型中，城乡居民养老保险覆盖变量均没有通过显著性检验，说明参加城乡居民养老保险只影响非农业劳动供给时间。

同时，在表6.25 Tobit模型中考察了年份虚拟变量对于农村中老年人劳动供给时间的影响。通过分析总劳动供给时间模型(TLS)发现，2018年年份虚拟变量显著为正，2013年年份虚拟变量对劳动供给时间影响不显著，说明与2011年基期相比，长期(2011—2018)的劳动供给时间有明显提高，但短期影响不明显。

表 6.24　城乡居民养老保险对全国中老年人劳动供给的影响估计

VARIABLES	(1) TLS	(2) LSf	(3) LSf1	(4) LSf2	(5) LSn	(6) LSn1	(7) LSn2
repcov	44.75**	17.26	4.65	17.50	106.80***	53.81***	60.67*
	(2.2515)	(1.2620)	(0.4344)	(1.4160)	(4.4820)	(2.8040)	(1.7022)
2013	53.55***	−65.41***	15.00**	13.03**	242.47***	44.00***	340.01***
	(5.1376)	(−8.9863)	(2.4255)	(1.9751)	(17.4032)	(3.7417)	(16.3753)
2018	82.41***	−84.93***	57.38***	−28.83***	402.83***	402.82***	343.66***
	(7.2068)	(−10.6945)	(8.4794)	(−4.0034)	(25.7232)	(31.1282)	(14.6660)
sex	268.29***	113.90***	10.33***	91.24***	260.80***	270.33***	196.62***
	(29.6812)	(18.0777)	(1.9976)	(16.0287)	(22.2713)	(27.2246)	(11.5689)
age	−31.79***	−9.88***	−4.76***	−7.98***	−34.71***	−29.62***	−26.91***
	(−55.8574)	(−25.7240)	(−13.4609)	(−23.0396)	(−42.3652)	(−40.9258)	(−23.3355)
edu	−9.31***	−15.58***	−3.77***	−14.86***	7.74***	12.48***	2.10
	(−8.5123)	(−20.1118)	(−5.9550)	(−21.1844)	(5.6800)	(10.9802)	(1.0537)
married	193.88***	203.64***	20.12**	194.48***	4.87	−20.34	62.90**
	(13.7951)	(20.7987)	(2.2840)	(21.9388)	(0.2440)	(−1.1916)	(2.1209)

第6章 "碎片化"养老保障项目的劳动供给效应

续 表

VARIABLES	(1) TLS	(2) LSf	(3) LSf1	(4) LSf2	(5) LSn	(6) LSn1	(7) LSn2
hukou	373.46***	671.03***	148.22***	603.92***	−215.85***	−219.20***	−167.80***
	(30.7668)	(64.1709)	(13.1747)	(63.4868)	(−15.6799)	(−19.4104)	(−8.4372)
adl_iadl	−272.87***	−144.06***	−45.59***	−128.18***	−285.71***	−244.20***	−213.32***
	(−24.3549)	(−18.9602)	(−6.6452)	(−18.6679)	(−16.6735)	(−15.6453)	(−8.7952)
dependency	−0.93	7.03	−5.20	12.36**	−20.31**	−35.19***	−5.78
	(−0.1265)	(1.3810)	(−1.1351)	(2.6921)	(−1.9701)	(−3.9945)	(−0.3848)
value	−1.07***	−4.47***	−0.75**	−4.62***	0.27	0.49**	−0.17
	(−3.7898)	(−14.2108)	(−2.9650)	(−15.7791)	(1.0369)	(2.3641)	(−0.4450)
income	52.45***	48.89***	24.87***	64.16***	143.03***	−66.86***	281.09***
	(28.1970)	(24.0615)	(15.5508)	(4.1555)	(45.6850)	(−8.5709)	(34.3767)
re_support	−18.47***	−12.32***	−9.56***	−10.07***	−10.46***	−1.70	−11.18*
	(−5.5754)	(−4.5711)	(−3.0629)	(−4.1975)	(−2.7533)	(−0.6177)	(−1.7441)
e_support	7.21***	−1.19	−2.05	−0.21	−2.69	2.13	7.79***
	(3.5391)	(−0.7340)	(−1.1921)	(−0.1443)	(−1.1511)	(1.2472)	(2.6086)

续 表

VARIABLES	(1) TLS	(2) LSf	(3) LSf1	(4) LSf2	(5) LSn	(6) LSn1	(7) LSn2
D2	−12.93 (−1.2821)	51.85*** (7.2865)	−14.57** (−2.5040)	64.74*** (10.0274)	−107.19*** (−8.5352)	−167.52*** (−16.1496)	35.57* (1.9066)
D3	98.44*** (9.1189)	176.80*** (23.6532)	−7.79 (−1.2818)	188.83*** (27.8498)	−187.04*** (−13.0229)	−249.76*** (−20.2991)	−6.71 (−0.3224)
Pseudo R²	0.02	0.03	0.18	0.03	0.06	0.08	0.04
Observations	46607	46607	46607	46607	46607	46607	46607

注:(1)采用 Tobit 模型估计;(2)估计结果汇报边际效应;(3)括号中为 t 值;(4) *** $p<0.01$,** $p<0.05$,* $p<0.1$。

表 6.25 城乡居民养老保险对农村中老年人劳动供给的影响估计

VARIABLES	(1) TLS	(2) LSf	(3) LSf1	(4) LSf2	(5) LSn	(6) LSn1	(7) LSn2
repcov	18.53 (0.9518)	19.94 (1.3967)	1.93 (0.1789)	20.87 (1.6122)	46.91** (2.1927)	20.04 (1.1487)	10.76 (0.3565)
2013	15.08 (1.2800)	−99.13*** (−11.6977)	9.46 (1.3560)	−5.36 (−0.6967)	278.95*** (17.2821)	51.59*** (3.5275)	362.41*** (16.5043)

续表

VARIABLES	(1) TLS	(2) LSf	(3) LSf1	(4) LSf2	(5) LSn	(6) LSn1	(7) LSn2
2018	53.66***	−187.45***	49.81***	−108.57***	532.01***	501.89***	368.30***
	(4.6227)	(−22.1558)	(7.2391)	(−14.1395)	(33.2827)	(36.1976)	(16.7138)
sex	263.65***	116.91***	14.56***	89.60***	264.27***	252.23***	176.45***
	(27.6391)	(16.9038)	(2.6739)	(14.2840)	(22.3964)	(24.5222)	(11.0973)
age	−28.44***	−10.01***	−4.71***	−7.79***	−29.72***	−24.84***	−20.84***
	(−49.7925)	(−24.6070)	(−13.4107)	(−21.1622)	(−38.3711)	(−36.1208)	(−20.3795)
edu	−6.99***	−18.97***	−4.92***	−18.42***	13.73***	13.09***	10.50***
	(−6.0663)	(−22.3404)	(−7.4272)	(−23.8619)	(10.1470)	(11.4040)	(5.6954)
married	239.87***	226.46***	27.82***	213.71***	35.51*	0.99	91.24***
	(16.0869)	(20.9422)	(2.9348)	(21.7699)	(1.7205)	(0.0551)	(3.1425)
adl_iadl	−304.55***	−148.69***	−49.90***	−130.46***	−303.52***	−259.80***	−204.30***
	(−26.0911)	(−17.8016)	(−6.8588)	(−17.2322)	(−17.9396)	(−16.6841)	(−9.0855)
dependency	7.10	−3.20	−8.33*	4.78	−3.95	−17.37*	4.94
	(0.9291)	(−0.5763)	(−1.6997)	(0.9541)	(−0.3904)	(−1.9589)	(0.3578)

续表

VARIABLES	(1) TLS	(2) LSf	(3) LSf1	(4) LSf2	(5) LSn	(6) LSn1	(7) LSn2
value	−0.49**	−1.31***	16.79***	−1.27***	−0.05	−0.05	0.02
	(−2.0906)	(−7.3252)	(12.3617)	(−7.7948)	(−0.4750)	(−0.5661)	(0.1761)
income	22.22***	13.17***	16.79***	64.51***	91.96***	−76.30***	241.46***
	(18.6530)	(12.5933)	(12.3617)	(4.4426)	(38.0525)	(−9.7040)	(33.8497)
re_support	−23.49***	−11.81***	−9.26***	−8.63***	−10.16***	−6.00*	−13.07**
	(−6.4464)	(−4.1790)	(−3.0696)	(−3.4601)	(−2.6063)	(−1.8740)	(−2.1279)
e_support	5.22***	−9.24***	−4.86**	−7.63***	−0.85	2.36	8.30***
	(2.6298)	(−4.7856)	(−2.3493)	(−4.4053)	(−0.4192)	(1.5007)	(3.5752)
D2	−53.39***	61.01***	−13.89**	77.26***	−161.67***	−207.23***	2.60
	(−4.9862)	(7.7854)	(−2.2601)	(10.8403)	(−12.6771)	(−18.8120)	(0.1502)
D3	67.71***	199.97***	−8.10	215.07***	−246.94***	−262.90***	−69.70***
	(6.0284)	(24.4336)	(−1.2639)	(28.8773)	(−17.4186)	(−21.2738)	(−3.6375)
Pseudo R^2	0.02	0.01	0.17	0.01	0.06	0.08	0.04
Observations	41710	41710	41710	41710	41710	41710	41710

注:(1)采用 Tobit 模型估计;(2)估计结果汇报边际效应;(3)括号中为 t 值;(4)*** $p<0.01$,** $p<0.05$,* $p<0.1$。

再来观察城乡居民养老保险覆盖对城镇中老年人的劳动供给时间的影响。从表6.26可以看出,与全国样本类似,城乡居民养老保险覆盖显著影响中老年人的劳动供给时间。细分来看,城乡居民养老保险覆盖显著增加农业劳动供给时间和非农业劳动供给时间。进一步分别观察不同类型劳动供给模型可以发现,城乡居民养老保险覆盖显著增加中老年人自家农业劳动供给时间和个体私营经济劳动供给时间,但对农业打工劳动供给时间和受雇劳动供给时间没有显著性影响。在总体劳动供给模型(TLS)中,城乡居民养老保险供给变量在5%的显著性上通过检验,估计得到的边际效应为80.58,说明在控制个人特征、家庭特征以及所处区域等变量的情况下,参加城乡居民养老保险将倾向于增加总体劳动供给时间。从Tobit边际效应来看,参加城乡居民养老保险将使总体劳动供给时间增加80.58小时/年。在农业劳动供给模型(LSf)和自家农业劳动供给模型(LSf2)中,城乡居民养老保险供给变量均在1%的显著性上通过检验,估计得到的边际效应均为正数,说明在控制个人特征、家庭特征以及所处区域等变量的情况下,参加城乡居民养老保险将倾向于增加农业劳动供给时间和自家农业劳动供给时间。从Tobit边际效应来看,参加城乡居民养老保险将农业劳动供给时间增加55.38小时/年,而自家农业劳动供给时间增加55.97小时/年。在非农业劳动供给模型(LSn)和个体私营经济劳动供给模型(LSn2)中,城乡居民养老保险覆盖变量在5%的显著性上通过检验,估计得到的边际效应均为正数,说明在控制其他因素的情况下,参加城乡居民养老保险将倾向于增加非农业劳动供给时间和个体私营经济劳动供给时间。从Tobit边际效应来看,参加城乡居民养老保险将使非农业劳动供给时间增加85.90小时/年,个体私营经济劳动供给时间增加105.43小时/年。

表 6.26 城乡居民养老保险对城镇中老年人劳动供给的影响估计

VARIABLES	(1) TLS	(2) LSf	(3) LSf1	(4) LSf2	(5) LSn	(6) LSn1	(7) LSn2
repcov	80.58**	55.38***	5.92	55.97***	85.90**	−15.15	105.43**
	(2.2811)	(3.5769)	(0.4106)	(4.0508)	(2.2308)	(−0.4841)	(2.0033)
2013	218.63***	35.51**	56.87**	68.44***	211.47***	40.75*	219.33***
	(8.3440)	(2.4393)	(2.3519)	(5.1153)	(7.5474)	(1.8027)	(5.3977)
2018	294.72***	201.72***	151.63***	211.80***	128.79***	211.37***	53.52
	(12.2184)	(15.6682)	(6.8315)	(17.7150)	(4.8702)	(10.0855)	(1.3931)
sex	428.09***	126.44***	3.72	105.23***	356.91***	320.62***	192.59***
	(23.8940)	(14.3503)	(0.4124)	(13.3042)	(18.3861)	(20.6588)	(6.9762)
age	−54.73***	−10.01***	−3.66***	−8.46***	−52.91***	−42.48***	−30.45***
	(−49.3606)	(−20.5802)	(−6.5936)	(−19.4504)	(−40.3009)	(−38.7155)	(−17.2838)
edu	−20.33***	−25.39***	−10.47***	−22.72***	2.28	23.28***	−21.22***
	(−10.4166)	(−25.8328)	(−9.6948)	(−25.7377)	(1.0489)	(13.2734)	(−6.8964)
married	96.17***	113.32***	12.34	109.71***	0.03	3.13	57.03
	(3.0564)	(7.1073)	(0.7241)	(7.6100)	(0.0010)	(0.1067)	(1.1282)

续表

VARIABLES	(1) TLS	(2) LSf	(3) LSf1	(4) LSf2	(5) LSn	(6) LSn1	(7) LSn2
adl_iadl	−273.00***	−21.47*	−34.26**	−14.34	−390.87***	−298.42***	−267.44***
	(−9.8795)	(−1.7638)	(−2.5481)	(−1.3185)	(−11.4531)	(−10.1603)	(−5.7286)
dependency	−89.93***	4.37	−3.60	5.80	−115.86***	−107.01***	−57.75**
	(−5.7848)	(0.6539)	(−0.4290)	(0.9756)	(−6.6359)	(−6.7880)	(−2.1437)
value	−0.25	−0.07	−0.37	−0.05	−1.34***	−0.31	−0.72
	(−1.0928)	(−0.6407)	(−1.1905)	(−0.5782)	(−3.4827)	(−1.1900)	(−1.5261)
income	16.57***	3.07***	101.63***	54.68***	72.37***	−100.82***	291.63***
	(11.5461)	(4.6657)	(18.0551)	(4.4374)	(24.0216)	(−9.8333)	(24.1504)
re_support	−7.39	−1.74	−1.16	−1.57	−7.97	−6.65	−7.13
	(−1.3716)	(−0.5784)	(−0.3610)	(−0.5839)	(−1.4033)	(−1.4659)	(−0.8502)
e_support	5.07**	−3.32**	−1.24	−3.02**	−0.07	1.66	7.89***
	(2.3931)	(−2.4162)	(−0.7127)	(−2.4246)	(−0.0313)	(0.9768)	(2.6497)
D2	−35.99*	2.75	13.27	5.45	−32.52	−111.16***	115.61***
	(−1.8265)	(0.2785)	(1.2682)	(0.6137)	(−1.5357)	(−6.6990)	(3.6787)

续　表

VARIABLES	(1) TLS	(2) LSf	(3) LSf1	(4) LSf2	(5) LSn	(6) LSn1	(7) LSn2
D3	11.31	84.46***	11.40	78.32***	−87.08***	−172.39***	117.39***
	(0.4945)	(7.8053)	(1.0161)	(8.0603)	(−3.4584)	(−8.5701)	(3.2381)
Pseudo R²	0.05	0.03	0.03	0.06	0.09	0.05	0.08
Observations	14843	14843	14843	14843	14843	14843	14843

注:(1)采用 Tobit 模型估计;(2)估计结果汇报边际效应;(3)括号中为 t 值;(4) *** $p<0.01$, ** $p<0.05$, * $p<0.1$。

在农业打工劳动供给模型(LSf1)和受雇劳动供给模型(LSn1)中,城乡居民养老保险覆盖变量均没有通过显著性检验,说明参加该保险并不影响中老年人的农业打工劳动供给时间和受雇劳动供给时间。

同时,表 6.26 Tobit 模型中考察了年份虚拟变量对于城镇中老年人劳动供给时间的影响。通过分析总劳动供给时间模型发现,2018 年和 2013 年年份虚拟变量都显著为正,且 2018 年的系数大于 2013 年的系数,其系数之差为 76.09,小于 2013 年系数的绝对值 218.63。该结果表明,城乡居民养老保险在长期(2011—2018)的劳动供给效果大于短期(2011—2013)的劳动供给效果,并且 2013—2018 年的劳动供给效果小于 2011—2013 年的劳动供给效果,即劳动供给效果在后期大幅减弱。

6.6 其他养老保障项目的劳动供给效应

6.6.1 政府机关和事业单位养老保险的劳动供给效应

本节重点关注政府机关和事业单位养老保险变量,具体从政府机关和事业单位养老保险覆盖分析政府机关和事业单位养老保险制度对中老年人劳动参与率和劳动供给时间的影响。

(1) 政府机关和事业单位养老保险的劳动参与模型估计

首先,从全国中老年人样本来看(见表 6.27),政府机关和事业单位养老保险覆盖显著降低中老年人的劳动参与率。细分来看,政府机关和事业单位养老保险覆盖并不显著影响农业劳动参与率与非农业劳动参与率。进一步观察不同类型劳动参与模型可以发现,政府机关和事业单位养老保险覆盖显著提高中老年人受雇劳动参与率,显著降低中老年人个体私营经济劳动参与率,但对农业打工劳动参与率和自家农业劳动参与率没有显著影响。在总体劳动参与模型(TLP)中,政府机关和事业单位养老保险覆盖变量在1%的显著性上通过检验。从 Probit 估计的边际效应来看,参加政府机关和事业单位养老保险将使中老年人劳动参与率平均降低4.24%。在受雇劳动参与模型(LPn1)和个体私营经济劳动参与模型(LPn2)中,政府机关和事业单位养老保险覆盖变量在1%的显著性上通过检验。从 Probit 估计的边际效应来看,参加政府机关和事业单位养老保险将使受雇劳动参与率提高2.98%,使个体私营经济劳动参与率降低4.66%。在农业打工劳动参与模型(LPf1)和自家农业劳动参与模型(LPf2)中,政府机关和事业单位养老保险覆盖变量均没有通过显著性检验,说明参加政府机关和事业单位养老保险并不影响中老年人的农业打工劳动决策和自家农业劳动决策行为。

同时,在表6.27的 Probit 模型中考察了年份虚拟变量对于全国中老年人劳动参与率的影响。通过分析总劳动参与率模型(TLP)发现,2018年和2013年年份虚拟变量都显著为正,且2018年的系数小于2013年的系数,其系数之差为-0.0088,小于2013年系数的绝对值0.0336。该结果表明,政府机关和事业单位养老保险在长期(2011—2018)的劳动参与率效果小于短期(2011—2013)的劳动参与率效果,并且2013—2018年的劳动参与率小于2011—2013年的劳动参与率,即劳动参与率效果在后期大幅减弱。

其次,分别考察政府机关和事业单位养老保险对农村和城镇中老年人劳动参与率的影响。从农村中老年人样本来看(见表6.28),政府机关和事业单位养老保险覆盖显著降低中老年人的劳动

表6.27 政府机关和事业单位养老保险对全国中老年人劳动参与的影响估计

VARIABLES	(1) TLP	(2) LPf	(3) LPf1	(4) LPf2	(5) LPn	(6) LPn1	(7) LPn2
gicov	−0.0424***	−0.0108	−0.0041	−0.0114	−0.0092	0.0298***	−0.0466***
	(−5.1957)	(−1.0477)	(−0.6510)	(−1.0508)	(−1.2688)	(4.9409)	(−8.3623)
2013	0.0336***	0.0175***	0.0082***	0.0499***	0.1365***	0.0881***	0.0472***
	(7.5474)	(3.6361)	(3.8935)	(10.2397)	(34.3140)	(24.8017)	(17.6558)
2018	0.0248***	−0.0017	0.0189***	0.0560***	0.1806***	0.1441***	0.0361***
	(5.3142)	(−0.3326)	(8.2915)	(10.7672)	(41.0588)	(36.7713)	(11.9548)
sex	0.1319***	0.0786***	0.0073***	0.0766***	0.1308***	0.1059***	0.0272***
	(34.9765)	(18.9249)	(4.0664)	(18.1684)	(38.9095)	(35.4456)	(12.0036)
age	−0.0138***	−0.0074***	−0.0020***	−0.0066***	−0.0134***	−0.0105***	−0.0031***
	(−65.2398)	(−30.2300)	(−16.0990)	(−26.5322)	(−61.0776)	(−50.7964)	(−20.6132)
edu	−0.0057***	−0.0111***	−0.0016***	−0.0101***	0.0045***	0.0040***	0.0004
	(−11.8250)	(−21.7626)	(−7.1359)	(−19.3924)	(10.9293)	(11.1179)	(1.5749)
married	0.0788***	0.1298***	0.0074**	0.1303***	−0.0105*	−0.0085	0.0053
	(14.8645)	(21.4856)	(2.4015)	(20.9463)	(−1.7884)	(−1.6079)	(1.3875)

续 表

VARIABLES	(1) TLP	(2) LPf	(3) LPf1	(4) LPf2	(5) LPn	(6) LPn1	(7) LPn2
hukou	0.2651***	0.4426***	0.0566***	0.4313***	−0.0788***	−0.0512***	−0.0247***
	(57.7918)	(84.2958)	(14.1312)	(76.1472)	(−18.2529)	(−13.6648)	(−8.9818)
adl_iadl	−0.1446***	−0.1278***	−0.0165***	−0.1217***	−0.0940***	−0.0808***	−0.0231***
	(−34.3332)	(−26.4199)	(−6.9101)	(−24.5366)	(−19.2235)	(−17.4374)	(−7.3744)
dependency	0.0026	0.0096***	−0.0017	0.0101***	−0.0117***	−0.0126***	−0.0012
	(0.8622)	(2.8356)	(−1.0272)	(2.9457)	(−3.7280)	(−4.4563)	(−0.6075)
value	−0.0008***	−0.0027***	−0.0004***	−0.0029***	0.0003	0.0001**	−0.0000
	(−7.0133)	(−14.9134)	(−4.3704)	(−14.7474)	(4.0609)	(2.1354)	(−0.5591)
income	0.0314***	−0.0016***	0.0085***	0.1198***	0.0168***	−0.0318***	0.0456***
	(28.5793)	(−4.3041)	(14.5996)	(7.9047)	(12.2369)	(−11.8902)	(37.7443)
re_support	−0.0073***	−0.0084***	−0.0020**	−0.0079***	−0.0004	−0.0009	0.0003
	(−6.1357)	(−4.9925)	(−2.2001)	(−4.6022)	(−0.4388)	(−0.9448)	(0.4303)
e_support	0.0006	−0.0022**	−0.0006	−0.0020*	0.0023***	0.0004	0.0010**
	(0.6381)	(−2.1224)	(−1.0673)	(−1.8360)	(3.2685)	(0.7292)	(2.4038)

续　表

VARIABLES	(1) TLP	(2) LPf	(3) LPf1	(4) LPf2	(5) LPn	(6) LPn1	(7) LPn2
D2	0.0101**	0.0523***	−0.0022	0.0504***	−0.0547***	−0.0562***	0.0039
	(2.3769)	(11.2882)	(−1.0829)	(10.6552)	(−14.5161)	(−17.3182)	(1.5574)
D3	0.0634***	0.1201***	−0.0014	0.1099***	−0.0861***	−0.0870***	0.0011
	(13.5959)	(24.3028)	(−0.6469)	(21.9264)	(−20.2813)	(−23.1192)	(0.3849)
Pseudo R^2	0.2480	0.2226	0.0679	0.2009	0.2805	0.3355	0.1233
Observations	49092	49092	49091	49089	49094	49094	49094

注:(1)采用 Probit 模型估计;(2)估计结果汇报边际效应;(3)括号内为 t 值;(4) *** $p<0.01$, ** $p<0.05$, * $p<0.1$。

参与率。细分来看,政府机关和事业单位养老保险覆盖显著降低农业劳动参与率,显著提高非农业劳动参与率。进一步观察不同类型劳动参与模型可以发现,政府机关和事业单位养老保险覆盖显著地提高中老年人受雇劳动参与率,显著降低中老年人农业打工劳动参与率、自家劳动参与率以及个体私营经济劳动参与率。在总体劳动参与模型(TLP)中,政府机关和事业单位养老保险覆盖变量在1%的显著性上通过检验。从 Probit 估计的边际效应来看,参加政府机关和事业单位养老保险将使中老年人劳动参与率平均降低 10.25%。在农业劳动参与模型(LPf)、非农业劳动参与模型(LPn)、自家农业劳动参与模型(LPf2)、受雇劳动参与模型(LPn1)和个体私营经济劳动参与模型(LPn2)中,政府机关和事业单位养老保险覆盖变量在1%的显著性上通过检验。从 Probit 估计的边际效应来看,参加政府机关和事业单位养老保险将使农业劳动参与率降低 18.90%,使自家农业劳动参与率降低 18.76%,使非农业劳动参与率提高 4.46%,使受雇劳动参与率提高 6.46%,使个体私营劳动参与率降低 3.23%。在农业打工劳动参与模型(LPf1)中,政府机关和事业单位养老保险覆盖变量在 10%的显著性上通过检验。从 Probit 估计的边际效应来看,参加政府机关和事业单位养老保险将使农业打工劳动参与率降低 1.63%。

同时,在表 6.28 Probit 模型中考察了年份虚拟变量对于农村中老年人劳动参与率的影响。通过分析总劳动参与率模型(TLP)发现,2013 年年份虚拟变量显著为正,2018 年年份虚拟变量显著为负,且 2018 年的系数的绝对值小于 2013 年的系数,其系数绝对值之差小于 2013 年系数的绝对值 0.0223。该结果表明,政府机关和事业单位养老保险在长期(2011—2018)的劳动参与率效果明显小于短期(2011—2013)的劳动参与率效果,并且 2013—

2018年的劳动参与率小于2011—2013年的劳动参与率,即劳动参与率效果在后期大幅减弱,产生相反的效果。

再来考察政府机关和事业单位养老保险对城镇中老年人的劳动参与率的影响情况。从城镇中老年人样本来看(见表6.29),政府机关和事业单位养老保险覆盖并不显著影响中老年人的总体劳动参与率。细分来看,政府机关和事业单位养老保险覆盖显著提高农业劳动参与率,并显著降低非农业劳动参与率。进一步观察不同类型劳动参与模型可以发现,政府机关和事业单位养老保险覆盖显著提高中老年人自家农业劳动参与率和受雇劳动参与率,显著降低中老年人个体私营经济劳动参与率,但对农业打工劳动参与率没有显著性影响。在总体劳动参与模型(TLP)中,政府机关和事业单位养老保险覆盖变量并未通过检验。在受雇劳动参与模型(LPn1)和个体私营经济劳动参与模型(LPn2)中,政府机关和事业单位养老保险覆盖变量在1%的显著性上通过检验。从Probit估计的边际效应来看,参加政府机关和事业单位养老保险将使受雇农业劳动参与率提高3.22%,使个体私营经济劳动参与率降低6.70%。在农业劳动参与模型(LPf)、自家农业劳动参与模型(LPf2)和非农业劳动参与模型(LPn)中,政府机关和事业单位养老保险覆盖变量在5%的显著性上通过检验。从Probit估计的边际效应来看,参加政府机关和事业单位养老保险将使农业劳动参与率提高2.40%,使自家农业劳动参与率提高2.16%,使非农业劳动参与率降低1.91%。在总体劳动参与模型(TLP)与农业打工劳动参与模型(LPf1)中,政府机关和事业单位养老保险覆盖变量均没有通过显著性检验,说明参加政府机关和事业单位养老保险并不影响中老年人的总体劳动决策行为和自家农业劳动决策行为。

表 6.28　政府机关和事业单位养老保险对农村中老年人劳动参与的影响估计

VARIABLES	(1) TLP	(2) LPf	(3) LPf1	(4) LPf2	(5) LPn	(6) LPn1	(7) LPn2
gicov	−0.1025***	−0.1890***	−0.0163*	−0.1876***	0.0446***	0.0646***	−0.0323***
	(−7.4862)	(−11.0344)	(−1.7430)	(−10.4883)	(3.5551)	(6.2007)	(−3.3317)
2013	0.0223***	0.0040	0.0085***	0.0432***	0.1696***	0.1154***	0.0578***
	(4.4645)	(0.6766)	(3.1988)	(7.2794)	(35.9736)	(26.3959)	(18.1851)
2018	−0.0044***	−0.0760***	0.0167***	−0.0051	0.2292***	0.1851***	0.0453***
	(−2.9281)	(−13.6870)	(6.4134)	(−0.8955)	(51.0704)	(44.5913)	(14.2808)
sex	0.1255***	0.0779***	0.0109***	0.0774***	0.1302***	0.1056***	0.0278***
	(31.4293)	(16.4787)	(5.0706)	(15.5998)	(36.2609)	(32.8000)	(11.5095)
age	−0.0123***	−0.0071***	−0.0023***	−0.0066***	−0.0120***	−0.0092***	−0.0028***
	(−57.9265)	(−26.6542)	(−16.4882)	(−23.9927)	(−53.9949)	(−44.7170)	(−18.3346)
edu	−0.0057***	−0.0139***	−0.0021***	−0.0130***	0.0060***	0.0042***	0.0015***
	(−11.4172)	(−24.0401)	(−8.0783)	(−21.8863)	(14.0619)	(11.0331)	(5.4068)
married	0.0921***	0.1497***	0.0121***	0.1488***	−0.0004	−0.0020	0.0095**
	(16.8984)	(21.9372)	(3.2514)	(20.9817)	(−0.0560)	(−0.3403)	(2.2214)

续表

VARIABLES	(1) TLP	(2) LPf	(3) LPf1	(4) LPf2	(5) LPn	(6) LPn1	(7) LPn2
adl_iadl	−0.1511***	−0.1390***	−0.0208***	−0.1317***	−0.1023***	−0.0861***	−0.0246***
	(−35.6823)	(−25.4913)	(−7.2987)	(−23.3156)	(−20.2538)	(−18.0846)	(−7.4369)
dependency	0.0026	0.0024	−0.0033*	0.0043	−0.0030	−0.0063**	0.0010
	(0.8351)	(0.6262)	(−1.6812)	(1.1098)	(−0.9222)	(−2.1258)	(0.4733)
value	−0.0005***	−0.0009***	−0.0006***	−0.0009***	−0.0000	−0.0000	0.0000
	(−5.5871)	(−8.5502)	(−4.8716)	(−8.2143)	(−0.0488)	(−0.6462)	(0.1872)
income	0.0055***	0.1277***	0.0008**	0.0044***	0.0675***	−0.0344***	0.0449***
	(10.7127)	(8.7481)	(2.4040)	(6.1540)	(2.726)	(−12.7006)	(37.0065)
re_support	−0.0086***	−0.0077***	−0.0020**	−0.0073***	−0.0020*	−0.0023**	0.0001
	(−6.9347)	(−4.2417)	(−2.0190)	(−3.8833)	(−1.8959)	(−2.2005)	(0.0968)
e_support	−0.0010	−0.0104***	−0.0017**	−0.0099***	0.0033***	0.0007	0.0013***
	(−1.2306)	(−7.7444)	(−2.1870)	(−7.1428)	(4.6954)	(1.2843)	(3.6350)
D2	0.0021	0.0613***	−0.0023	0.0616***	−0.0722***	−0.0714***	0.0014
	(0.4679)	(11.6867)	(−0.9348)	(11.4083)	(−17.9124)	(−20.2361)	(0.5273)

续　表

VARIABLES		(1) TLP	(2) LPf	(3) LPf1	(4) LPf2	(5) LPn	(6) LPn1	(7) LPn2
D3		0.0610***	0.1401***	−0.0023	0.1328***	−0.1040***	−0.0945***	−0.0074**
		(12.6509)	(25.2523)	(−0.9057)	(23.4097)	(−23.6552)	(−24.1789)	(−2.5385)
Pseudo R^2		0.1913	0.1110	0.0398	0.0959	0.2570	0.3062	0.1147
Observations		43530	43530	43529	43527	43532	43532	43532

注：(1)采用 Probit 模型估计；(2)估计结果汇报边际效应；(3)括号内为 t 值；(4) *** $p<0.01$, ** $p<0.05$, * $p<0.1$。

表 6.29　政府机关和事业单位养老保险对城镇中老年人劳动参与的影响估计

VARIABLES		(1) TLP	(2) LPf	(3) LPf1	(4) LPf2	(5) LPn	(6) LPn1	(7) LPn2
gicov		−0.0001	0.0240**	−0.0080	0.0216**	−0.0191**	0.0322***	−0.0670***
		(−0.0148)	(2.5314)	(−1.5360)	(2.3100)	(−1.9706)	(3.5811)	(−8.3176)
2013		0.0695***	0.0511***	0.0053	0.0620***	0.0800***	0.0503***	0.0267***
		(7.5254)	(5.2248)	(1.1461)	(6.3227)	(8.5656)	(5.6690)	(4.1217)
2018		0.1518***	0.1675***	0.0231***	0.1868***	0.0934***	0.0939***	−0.0008
		(18.1099)	(19.9594)	(5.7633)	(22.2959)	(10.7835)	(11.4422)	(−0.1300)

续 表

VARIABLES	(1) TLP	(2) LPf	(3) LPf1	(4) LPf2	(5) LPn	(6) LPn1	(7) LPn2
sex	0.2069***	0.1019***	0.0098***	0.0950***	0.1738***	0.1437***	0.0340***
	(32.1972)	(16.3000)	(4.2557)	(15.5930)	(27.6201)	(24.1615)	(7.4357)
age	−0.0227***	−0.0080***	−0.0013***	−0.0073***	−0.0214***	−0.0186***	−0.0041***
	(−76.5765)	(−23.5591)	(−8.7018)	(−21.9310)	(−63.7486)	(−52.2372)	(−14.4516)
edu	−0.0098***	−0.0193***	−0.0025***	−0.0182***	0.0074***	0.0109***	−0.0028***
	(−12.8015)	(−28.8641)	(−9.0503)	(−27.8774)	(9.7964)	(15.0696)	(−5.3133)
married	0.0206*	0.0726***	0.0098**	0.0819***	−0.0182	−0.0099	0.0049
	(1.8367)	(6.5205)	(2.0438)	(7.4116)	(−1.5298)	(−0.8473)	(0.5990)
adl_iadl	−0.0952***	−0.0184**	−0.0064*	−0.0151*	−0.1382***	−0.1197***	−0.0411***
	(−9.7218)	(−2.0603)	(−1.8585)	(−1.7452)	(−12.4368)	(−10.4150)	(−5.4152)
dependency	−0.0162***	0.0093*	−0.0009	0.0074	−0.0356***	−0.0375***	−0.0065
	(−2.9606)	(1.9469)	(−0.4089)	(1.6065)	(−5.5187)	(−5.9132)	(−1.4982)
value	−0.0001	−0.0002**	−0.0001**	−0.0001*	−0.0001	−0.0001	−0.0001
	(−0.8057)	(−1.9646)	(−2.0066)	(−1.7261)	(−0.9155)	(−0.9558)	(−1.6380)

续 表

VARIABLES	(1) TLP	(2) LPf	(3) LPf1	(4) LPf2	(5) LPn	(6) LPn1	(7) LPn2
income	−0.0486	−0.1285**	−0.0000	0.0931***	0.0006	−0.0575***	0.0609***
	(−0.967)	(−2.191)	(−0.2067)	(6.1190)	(1.2065)	(−12.7404)	(27.5387)
re_support	−0.0020	−0.0027	−0.0002	−0.0033	−0.0012	−0.0016	−0.0003
	(−0.9542)	(−1.2139)	(−0.1953)	(−1.4923)	(−0.6305)	(−0.8643)	(−0.2472)
e_support	0.0023**	−0.0030***	−0.0004	−0.0029***	0.0031***	0.0006	0.0016***
	(2.5131)	(−2.9002)	(−0.9120)	(−2.9354)	(3.6027)	(0.8058)	(3.1649)
D2	−0.0045	0.0094	0.0030	0.0085	−0.0177**	−0.0345***	0.0178***
	(−0.5933)	(1.3178)	(1.1145)	(1.2232)	(−2.3917)	(−5.0477)	(3.4156)
D3	0.0279***	0.0664***	0.0041	0.0604***	−0.0392***	−0.0595***	0.0199***
	(3.1209)	(8.3775)	(1.4286)	(7.8464)	(−4.4998)	(−7.2669)	(3.3344)
Pseudo R^2	0.2912	0.1001	0.3029	0.1132	0.3799	0.4294	0.1789
Observations	15514	15514	15514	15514	15514	15514	15514

注:(1)采用 Probit 模型估计;(2)估计结果汇报边际效应;(3)括号内为 t 值;(4) *** $p<0.01$, ** $p<0.05$, * $p<0.1$。

同时,在表 6.29 Probit 模型中考察了年份虚拟变量对于城镇中老年人劳动参与率的影响。通过分析总劳动参与率模型(TLP)发现,2018 年和 2013 年年份虚拟变量都显著为正,且 2018 年的系数大于 2013 年的系数,其系数之差为 0.0823,大于 2013 年系数的绝对值 0.0695。该结果表明,该养老保险在长期(2011—2018)的劳动参与率效果大于短期(2011—2013)的劳动参与率效果,并且 2013—2018 年的劳动参与率大于 2011—2013 年的劳动参与率,即劳动参与率效果在后期大幅增强。

(2) 政府机关和事业单位养老保险的劳动供给模型估计

首先,从全国中老年人样本来看,政府机关和事业单位养老保险的劳动供给模型估计与劳动参与模型估计结论相似,政府机关和事业单位养老保险覆盖明显激励中老年人减少总体劳动供给时间。细分来看,政府机关和事业单位养老保险覆盖显著减少农业劳动供给时间和非农业劳动供给时间,因而在总体劳动供给时间上表现为负向影响。进一步观察不同类型劳动供给模型可以发现,政府机关和事业单位养老保险覆盖显著减少中老年人自家农业劳动供给时间,同时也减少个体私营经济劳动供给时间,但对农业打工劳动供给时间和受雇劳动供给时间没有显著性影响。从表 6.30 可以看出,在总体劳动供给模型(TLS)、自家农业劳动供给模型(LSf2)、非农业劳动供给模型(LSn)和个体私营经济劳动供给模型(LSn2)中,政府机关和事业单位养老保险覆盖变量均在 1% 的显著性上通过检验,估计得到的边际效应均为负数,说明在控制个人特征、家庭特征以及所处区域等变量的情况下,参加政府机关和事业单位养老保险将倾向于减少总体劳动供给时间、自家农业劳动供给时间、非农业劳动供给时间和个体私营经济劳动供给时间。从 Tobit 的边际效应来看,参加政府机关和事业单位养老保险将使总体劳动供给时间减少225.47小时/年,自家农业劳动供给时间减少40.42小时/年,非农业劳动供给时间减少219.37小时/年,个体私营经济劳动供给时间减少319.30小时/年。在农业劳动供给模型(LSf)中,该养老保险覆盖变量在5%的显著性上通过检验,估计得到的边际效应为负数,说明在控制个人特征、家庭特征以及所处区域等变量的情况下,参加政府机关和事业单位养老保险将倾向于减少农业劳动供给时间。从边际效应来看,参加政府机关和事业单位养老保险将使农业劳动供给时间减少37.64小时/年。在农业打工劳动供给模型(LSf1)和受雇劳动供给模型(LSn1)中,政府机关和事业单位养老保险覆盖变量没有通过显著性检验,说明该保险对中老年人农业打工劳动供给时间和受雇劳动供给时间影响不明显。

同时,在表6.30 Tobit模型中考察了年份虚拟变量对于全国中老年人劳动供给时间的影响。通过分析总劳动供给模型(TLS)发现,2018年和2013年年份虚拟变量都显著为正,且2018年的系数大于2013年的系数,其系数之差为30.17,小于2013年系数的绝对值51.36。该结果表明,政府机关和事业单位养老保险在长期(2011—2018)的劳动供给效果大于短期(2011—2013)的劳动供给效果,并且2013—2018年的劳动供给效果小于2011—2013年的劳动供给效果,即劳动供给效果在后期大幅减弱。

其次,分别考察政府机关和事业单位养老保险对农村和城镇中老年人劳动供给时间的影响。从农村中老年人样本来看,政府机关和事业单位养老保险的劳动供给模型估计与劳动参与模型估计结论相似,政府机关和事业单位养老保险覆盖明显激励中老年人减少总体劳动供给时间。细分来看,政府机关和事业单位养老保险覆盖显著减少农业劳动供给时间,但对非农业劳动供给时间

表6.30 政府机关和事业单位养老保险对全国中老年人劳动供给的影响估计

VARIABLES	(1) TLS	(2) LSf	(3) LSf1	(4) LSf2	(5) LSn	(6) LSn1	(7) LSn2
gicov	−225.47***	−37.64**	1.03	−40.42***	−219.37***	19.28	−319.30***
	(−10.9343)	(−2.2045)	(0.0616)	(−2.6082)	(−9.2790)	(1.0722)	(−8.0781)
2013	51.36***	−60.23***	15.21**	18.50***	221.90***	37.81***	318.36***
	(5.1342)	(−8.4820)	(2.5597)	(2.9091)	(16.8042)	(3.3377)	(16.3007)
2018	81.53***	−76.14***	57.68***	−21.16***	382.92***	401.19***	323.41***
	(7.5436)	(−10.0155)	(9.0555)	(−3.1028)	(26.0786)	(32.6686)	(14.7703)
sex	274.81***	121.18***	10.49**	96.01***	252.40***	265.34***	195.52***
	(31.2401)	(19.4555)	(2.0809)	(17.2466)	(22.2571)	(27.3195)	(11.8832)
age	−31.44***	−10.35***	−4.71***	−8.15***	−33.20***	−29.50***	−25.39***
	(−56.4438)	(−27.1388)	(−13.6813)	(−23.9751)	(−41.6976)	(−41.5179)	(−22.6343)
edu	−8.29***	−15.61***	−3.98***	−14.74***	8.78***	12.10***	3.66*
	(−7.7266)	(−20.3000)	(−6.4239)	(−21.3840)	(6.5720)	(10.7428)	(1.8814)
married	196.44***	202.62***	21.96***	192.51***	12.71	−14.71	65.32**
	(14.3564)	(20.9442)	(2.5442)	(22.2172)	(0.6568)	(−0.8772)	(2.2755)

续表

VARIABLES	(1) TLS	(2) LSf	(3) LSf1	(4) LSf2	(5) LSn	(6) LSn1	(7) LSn2
hukou	346.25***	672.63***	144.12***	598.75***	−244.11***	−216.08***	−207.46***
	(28.2742)	(62.6010)	(12.9319)	(61.9810)	(17.8219)	(18.9364)	(10.5307)
adl_iadl	−276.40***	−147.61***	−47.24***	−131.10***	−283.76***	−243.17***	−213.83***
	(−25.2444)	(−19.5813)	(−7.0054)	(−19.4510)	(−17.0023)	(−15.8373)	(−9.0591)
dependency	1.57	8.34*	−4.68	13.35***	−19.00*	−31.70***	−10.87
	(0.2178)	(1.6521)	(−1.0473)	(2.9644)	(−1.9002)	(−3.6821)	(−0.7410)
value	−0.90***	−4.50***	−0.77***	−4.67***	0.43*	0.55***	−0.09
	(−3.3173)	(−14.5002)	(−3.1098)	(−16.2916)	(1.7150)	(2.7291)	(−0.2591)
income	53.88***	52.82***	25.61***	69.14***	147.83***	−64.07***	279.47***
	(29.5333)	(25.9178)	(16.2287)	(4.5458)	(47.7838)	(−8.4475)	(35.2984)
re_support	−18.13***	−11.71***	−9.56***	−10.17***	−10.75***	−2.24	−10.00
	(−5.5966)	(−4.4619)	(−3.1212)	(−4.3376)	(−2.8735)	(−0.8131)	(−1.6209)
e_support	7.38***	−1.63	−2.22	−0.33	−2.01	2.12	8.67***
	(3.6711)	(−0.9962)	(−1.2884)	(−0.2263)	(−0.8781)	(1.2459)	(2.9684)

续 表

VARIABLES	(1) TLS	(2) LSf	(3) LSf1	(4) LSf2	(5) LSn	(6) LSn1	(7) LSn2
D2	−16.44*	53.51***	−13.74**	66.84***	−116.34***	−171.16***	21.74
	(−1.6788)	(7.6301)	(−2.4280)	(10.6173)	(−9.5631)	(−16.8336)	(1.2058)
D3	96.20***	179.60***	−7.58	192.83***	−194.34***	−255.61***	−16.34
	(9.1790)	(24.3781)	(−1.2815)	(29.1593)	(−13.9612)	(−21.1565)	(−0.8121)
Pseudo R²	0.02	0.03	0.18	0.03	0.06	0.08	0.04
Observations	49094	49094	49094	49094	49094	49094	49094

注:(1)采用 Tobit 模型估计;(2)估计结果汇报边际效应;(3)括号中为 t 值;(4) *** $p<0.01$, ** $p<0.05$, * $p<0.1$。

没有显著影响。进一步分别观察不同类型劳动供给模型可以发现,政府机关和事业单位养老保险覆盖显著减少中老年人自家农业劳动供给时间与个体私营经济劳动供给时间,同时增加受雇劳动供给时间,但对农业打工劳动供给时间没有显著性影响。从表6.31可以看出,在总体劳动供给模型(TLS)、农业劳动供给模型(LSf)、自家农业劳动供给模型(LSf2)、受雇劳动供给模型(LSn1)和个体私营经济劳动供给模型(LSn2)中,政府机关和事业单位养老保险覆盖变量均在1%的显著性上通过检验,除受雇劳动供给模型(LSn1)外,其余估计得到的边际效应均为负数,说明在控制个人特征、家庭特征以及所处区域等变量的情况下,参加政府机关和事业单位养老保将倾向于减少总体劳动供给时间、农业劳动供给时间、自家农业劳动供给时间和个体私营经济劳动供给时间,增加受雇劳动供给时间。从Tobit的边际效应来看,参加政府机关和事业单位养老保险将使总体劳动供给时间减少218.6小时/年,农业劳动供给时间减少254.4小时/年,自家农业劳动供给时间减少250.1小时/年,受雇劳动供给时间增加133.74小时/年,个体私营经济劳动供给时间减少175.1小时/年。在农业打工劳动供给模型(LSf1)和非农业劳动供给模型(LSn)中,政府机关和事业单位养老保险覆盖变量没有通过显著性检验,对农业打工劳动供给时间和非农业劳动供给时间影响不明显。

同时,在表6.31 Tobit模型中考察了年份虚拟变量对于农村中老年人劳动供给时间的影响。通过分析总劳动供给模型(TLS)发现,2018年年份虚拟变量显著为正,2013年年份虚拟变量对劳动供给时间影响不显著,说明与2011年基期相比,长期(2011—2018)的劳动供给时间有明显提高,但短期影响不明显。

表 6.31 政府机关和事业单位养老保险对农村中老年人劳动供给的影响估计

VARIABLES	(1) TLS	(2) LSf	(3) LSf1	(4) LSf2	(5) LSn	(6) LSn1	(7) LSn2
gicov	−218.6***	−254.4***	−229.71	−250.1***	−59.59	133.74***	−175.1***
	(−6.4058)	(−9.4374)	(−1.2880)	(−10.1809)	(−1.5411)	(−4.4626)	(−2.9123)
2013	13.34	−95.39***	85.37	−0.23	260.50***	43.42***	344.67***
	(1.1758)	(−11.5111)	(1.6222)	(−0.0307)	(16.9965)	(3.0934)	(16.6070)
2018	54.13***	−181.2***	386.15***	−101.2***	514.99***	494.10***	353.21***
	(4.9487)	(−22.3917)	(7.5875)	(−13.9334)	(34.5476)	(37.9692)	(17.1952)
sex	269.9***	124.72***	112.11***	94.39***	258.98***	247.64***	177.32***
	(28.8833)	(18.1517)	(2.6873)	(15.3098)	(22.4336)	(24.4769)	(11.3732)
age	−28.64***	−10.46***	−36.96***	−7.90***	−29.17***	−24.70***	−20.51***
	(−51.0672)	(−25.8226)	(−13.5382)	(−21.7851)	(−38.4576)	(−36.5193)	(−20.4011)
edu	−6.61***	−18.15***	−37.09***	−17.58***	13.32***	12.15***	10.47***
	(−5.8175)	(−21.4015)	(−7.2475)	(−23.0468)	(9.9742)	(10.6447)	(5.7486)
married	240.75***	226.51***	229.86***	212.41***	39.49*	3.81	95.52***
	(16.4990)	(21.1142)	(3.1557)	(22.0484)	(1.9545)	(0.2148)	(3.3465)

续 表

VARIABLES	(1) TLS	(2) LSf	(3) LSf1	(4) LSf2	(5) LSn	(6) LSn1	(7) LSn2
adl_iadl	−307.2***	−153.82***	−406.92***	−135.30***	−299.41***	−255.40***	−204.32***
	(−26.8063)	(−18.4903)	(−7.2300)	(−18.1350)	(−18.0448)	(−16.6584)	(−9.2348)
dependency	9.10	−1.76	−60.16	6.31	−3.78	−16.10*	2.31
	(1.2119)	(−0.3182)	(−1.6019)	(1.2750)	(−0.3813)	(−1.8549)	(0.1689)
value	−0.43*	−1.33***	−6.65***	−1.30***	−0.04	−0.05	0.03
	(−1.8674)	(−7.3862)	(−2.9803)	(−8.0252)	(−0.3775)	(−0.5420)	(0.2557)
income	22.73***	14.08***	133.71***	65.48***	94.01***	−73.11***	241.34***
	(19.1957)	(13.3107)	(12.6506)	(4.5275)	(39.1041)	(−9.5170)	(34.4754)
re_support	−22.82***	−11.13***	−70.19***	−8.67***	−10.02***	−6.61**	−11.22*
	(−6.4073)	(−4.0076)	(−3.0329)	(−3.5187)	(−2.6199)	(−2.0813)	(−1.8994)
e_support	5.30***	−9.73***	−34.22**	−7.66***	−0.72	1.90	8.80***
	(2.6854)	(−4.9423)	(−2.1559)	(−4.3917)	(−0.3578)	(1.2025)	(3.8256)
D2	−55.35***	62.75***	−112.61**	79.75***	−171.52***	−213.87***	−6.45
	(−5.2960)	(8.0907)	(−2.3949)	(11.4252)	(−13.7620)	(−19.7125)	(−0.3821)

续 表

VARIABLES	(1) TLS	(2) LSf	(3) LSf1	(4) LSf2	(5) LSn	(6) LSn1	(7) LSn2
D3	69.31***	204.74***	−75.98	221.15***	−256.84***	−270.31***	−78.75***
	(6.3188)	(25.2636)	(−1.5460)	(30.3022)	(−18.5042)	(−22.1722)	(−4.1984)
Pseudo R^2	0.02	0.01	0.17	0.01	0.06	0.08	0.04
Observations	43532	43532	43532	43532	43532	43532	43532

注:(1)采用 Tobit 模型估计;(2)估计结果汇报边际效应;(3)括号中为 t 值;(4) *** $p<0.01$, ** $p<0.05$, * $p<0.1$。

再来观察政府机关和事业单位养老保险覆盖对城镇中老年人的劳动供给时间的影响。从表 6.32 可以看出,与全国样本类似,政府机关和事业单位养老保险的劳动供给模型估计与劳动参与模型估计结论相似,政府机关和事业单位养老保险覆盖明显激励中老年人减少总体劳动供给时间。细分来看,政府机关和事业单位养老保险覆盖显著减少非农业劳动供给时间,但对农业劳动供给时间没有显著性影响。进一步观察不同类型劳动供给模型可以发现,政府机关和事业单位养老保险覆盖显著减少中老年人农业打工劳动供给时间、受雇劳动供给时间和个体私营经济劳动供给时间,但对自家农业劳动供给时间没有显著性影响。从表 6.32 可以看出,在总体劳动供给模型(TLS)、农业打工劳动供给模型(LSf1)、非农业劳动供给模型(LSn)和个体私营经济劳动供给模型(LSn2)中,政府机关和事业单位养老保险覆盖变量均在 1% 的显著性上通过检验,说明在控制个人特征、家庭特征以及所处区域等变量的情况下,参加政府机关和事业单位养老保险将倾向于减少总体劳动供给时间、农业打工劳动供给时间、非农业劳动供给时间和个体私营经济劳动供给时间。从 Tobit 的边际效应来看,参加政府机关和事业单位养老保险将使总体劳动供给时间减少 188.90 小时/年,农业打工劳动供给时间减少 85.38 小时/年,非农业劳动供给时间减少 274.86 小时/年,个体私营经济劳动供给时间减少 400.12 小时/年。在受雇劳动供给模型(LSn1)中,政府机关和事业单位养老保险覆盖变量在 10% 的显著性上通过检验,说明在控制个人特征、家庭特征以及所处区域等变量的情况下,参加政府机关和事业单位养老保险将倾向于减少受雇劳动供给时间。从 Tobit 的边际效应来看,参加政府机关和事业单位养老保险将使受雇劳动供给时间减少 35.69 小时/年。在农业劳动供给模

表 6.32 政府机关和事业单位养老保险对城镇中老年人劳动供给的影响估计

VARIABLES	(1) TLS	(2) LSf	(3) LSf1	(4) LSf2	(5) LSn	(6) LSn1	(7) LSn2
gicov	−188.90***	16.61	−85.38***	12.41	−274.86***	−35.69*	−400.12***
	(−7.4404)	(1.2456)	(−3.3805)	(1.0297)	(−9.7737)	(−1.6542)	(−8.5061)
2013	215.64***	36.03***	35.86*	67.13***	199.27***	42.68**	203.33***
	(8.7086)	(2.6008)	(1.7240)	(5.3144)	(7.5136)	(1.9766)	(5.3122)
2018	284.39***	207.35***	122.78***	214.71***	106.90***	208.01***	31.10
	(12.5468)	(17.0112)	(6.5864)	(19.1201)	(4.2872)	(10.4736)	(0.8633)
sex	430.52***	131.01***	5.11	108.44***	351.99***	318.63***	190.33***
	(24.7104)	(15.0260)	(0.5774)	(13.9035)	(18.6850)	(20.9855)	(7.1361)
age	−52.81***	−10.15***	−3.37***	−8.51***	−50.39***	−42.14***	−27.25***
	(−48.1821)	(−20.6304)	(−6.1593)	(−19.4243)	(−39.0458)	(−38.7180)	(−15.8359)
edu	−16.92***	−25.80***	−10.02***	−22.96***	6.77**	23.90***	−15.22***
	(−8.6887)	(−25.9542)	(−9.3837)	(−25.8029)	(3.1267)	(13.4948)	(−5.0119)
married	101.34***	111.82***	14.35	109.19***	10.94	12.89	55.33
	(3.3133)	(7.1045)	(0.8567)	(7.6872)	(0.3193)	(0.4472)	(1.1428)

续表

VARIABLES	(1) TLS	(2) LSf	(3) LSf1	(4) LSf2	(5) LSn	(6) LSn1	(7) LSn2
adl_iadl	−277.62***	−22.56*	−35.39***	−14.68	−391.22***	−305.04***	−265.03***
	(−10.3087)	(−1.8742)	(−2.6691)	(−1.3703)	(−11.7662)	(−10.5316)	(−5.8740)
dependency	−85.48***	5.19	−3.89	6.50	−111.73***	−100.54***	−63.91**
	(−5.6436)	(0.7854)	(−0.4701)	(1.1094)	(−5.9908)	(−6.5323)	(−2.4331)
value	−0.23	−0.09	−0.38	−0.07	−1.15***	−0.22	−0.74
	(−1.0193)	(−0.8145)	(−1.2360)	(−0.7228)	(−3.1532)	(−0.9270)	(−1.5998)
income	17.28***	3.19***	103.09***	57.96***	74.65***	−99.56***	289.25***
	(12.1842)	(4.8372)	(18.3175)	(4.7688)	(25.1189)	(−9.8854)	(24.6926)
re_support	−7.48	−1.34	−1.46	−1.27	−8.22	−6.54	−8.21
	(−1.4105)	(−0.4512)	(−0.4558)	(−0.4756)	(−1.4724)	(−1.4578)	(−0.9910)
e_support	5.67***	−3.20**	−1.03	−2.87**	0.66	1.85	8.80***
	(2.7207)	(−2.3536)	(−0.6054)	(−2.3346)	(0.2968)	(1.0986)	(3.0094)
D2	−31.44	3.33	14.96	5.31	−29.49	−104.82***	105.64***
	(−1.6409)	(0.3418)	(1.4522)	(0.6079)	(−1.4336)	(−6.4575)	(3.4745)

续 表

VARIABLES	(1) TLS	(2) LSf	(3) LSf1	(4) LSf2	(5) LSn	(6) LSn1	(7) LSn2
D3	10.87	81.88***	14.17	75.76***	−84.52***	−169.06***	114.11***
	(0.4901)	(7.6687)	(1.2872)	(7.9302)	(−3.4634)	(−8.5967)	(3.2676)
Pseudo R^2	0.05	0.03	0.09	0.03	0.06	0.09	0.05
Observations	15514	15514	15514	15514	15514	15514	15514

注：(1)采用 Tobit 模型估计；(2)估计结果汇报边际效应；(3)括号中为 t 值；(4) *** $p<0.01$，** $p<0.05$，* $p<0.1$。

型(LSf)和自家农业劳动供给模型(LSf2)中,政府机关和事业单位养老保险覆盖变量没有通过显著性检验,对农业打工劳动供给时间和自家农业劳动供给时间影响不明显。

同时,在表 6.32 Tobit 模型中考察了年份虚拟变量对于城镇中老年人劳动供给时间的影响。通过分析总劳动供给模型(TLS)发现,2018 年和 2013 年年份虚拟变量都显著为正,且 2018 年的系数大于 2013 年的系数,其系数之差为 68.75,小于 2013 年系数的绝对值 215.64。该结果表明,该养老保险在长期(2011—2018)的劳动供给效果大于短期(2011—2013)的劳动供给效果,并且 2013—2018 年的劳动供给时间小于 2011—2013 年的劳动供给时间,即劳动供给效果在后期大幅减弱。

6.6.2 农村养老保险(老农保)的劳动供给效应

(1) 农村养老保险(老农保)的劳动参与模型估计

首先,从全国中老年人样本来看,老农保覆盖对中老年人的总体劳动参与率没有显著影响。细分来看,老农保覆盖显著降低农业劳动参与率并且显著提高非农业劳动参与率。进一步观察不同类型劳动参与模型可以发现,老农保覆盖显著降低中老年人自家农业劳动参与率,也显著提高其个体私营经济劳动参与率,但对农业打工劳动参与率和受雇劳动参与率没有显著影响。从表 6.33 可以看出,在自家农业劳动参与模型(LPf2)中,老农保覆盖变量在 10% 的显著性上通过检验,估计得到的边际效应为负数,说明在控制个人特征、家庭特征以及所处区域等变量的情况下,参加老农保将倾向于降低自家农业劳动参与率。从 Probit 估计的边际效应来看,参加老农保将使自家农业劳动参与率降低 1.47%。在非农业劳动参与模型(LPn)和个体私营经济劳动参与模型(LPn2)中,该养老保险覆盖变量均通过显著性检验,估计得到的边际效应均为正数,说明在控制个人特征、家庭特征以及所处区域等变量的情况下,参加老农保将倾向于提高非农业劳动参与率和个体私营经济劳动参与率。从 Probit 估计的边际效应来看,参加老农保将使非农业劳动参与率提高 3.04%,个体私营经济劳动参与率提高 1.98%。在农业打工劳动参与模型(LPf1)和受雇劳动参与模型(LPn1)中,老农保覆盖变量没有通过显著性检验,说明参加老农保并不影响中老年人参加农业打工劳动和受雇劳动决策行为。同时,老农保对总体劳动参与决策也没有明显影响。

同时,在表 6.33 Probit 模型中考察了年份虚拟变量对于全国中老年人劳动参与率的影响。通过分析总劳动参与率模型(TLP)发现,2018 年和 2013 年年份虚拟变量都显著为正,且 2018 年的系数小于 2013 年的系数,其系数之差为 -0.0077,小于 2013 年系数的绝对值 0.0299。该结果表明,该养老保险在长期(2011—2018)的劳动参与率效果小于短期(2011—2013)的劳动参与率效果,并且 2013—2018 年的劳动参与率小于 2011—2013 年的劳动参与率,即劳动参与率效果在后期大幅减弱。

其次,分别考察老农保对农村和城镇中老年人劳动参与率的影响。从农村中老年人样本来看(见表 6.34),老农保覆盖并非显著影响中老年人的劳动参与率。细分来看,老农保覆盖显著降低农业劳动参与率,同时显著提高非农业劳动参与率。进一步观察不同类型劳动参与模型可以发现,老农保覆盖显著降低中老年人自家农业劳动参与率,并且显著提高受雇劳动参与率与个体私营经济劳动参与率,但对农业打工劳动参与率没有显著性影响。在

表 6.33 老农保对全国中老年人劳动参与的影响估计

VARIABLES		(1) TLP	(2) LPf	(3) LPf1	(4) LPf2	(5) LPn	(6) LPn1	(7) LPn2
oprcov		-0.0094	-0.0214**	0.0019	-0.0147*	0.0304***	0.0078	0.0198***
		(-1.1528)	(-2.5058)	(0.5089)	(-1.6857)	(4.0066)	(1.1457)	(4.1890)
2013		0.0299***	0.0115**	0.0085***	0.0448***	0.1431***	0.0910***	0.0509***
		(6.5678)	(2.3301)	(3.9303)	(8.9406)	(34.9791)	(24.8634)	(18.3039)
2018		0.0222***	-0.0072	0.0197***	0.0514***	0.1874***	0.1464***	0.0405***
		(4.6655)	(-1.3826)	(8.3442)	(9.6283)	(41.6452)	(36.4341)	(12.9874)
sex		0.1295***	0.0765***	0.0071***	0.0745***	0.1320***	0.1074***	0.0270***
		(33.8806)	(18.1317)	(3.8707)	(17.3563)	(38.7329)	(35.4182)	(11.7090)
age		-0.0138***	-0.0074***	-0.0020***	-0.0066***	-0.0135***	-0.0104***	-0.0033***
		(-65.4002)	(-29.8872)	(-16.0079)	(-26.2021)	(-61.2916)	(-50.0699)	(-21.5474)
edu		-0.0058***	-0.0111***	-0.0016***	-0.0101***	0.0045***	0.0042***	0.0002
		(-12.1326)	(-21.4950)	(-6.9638)	(-19.0917)	(10.9976)	(11.7614)	(0.8799)
married		0.0785***	0.1312***	0.0072**	0.1312***	-0.0117**	-0.0092*	0.0045
		(14.6522)	(21.4042)	(2.3053)	(20.7495)	(-1.9624)	(-1.7000)	(1.1674)

续 表

VARIABLES	(1) TLP	(2) LPf	(3) LPf1	(4) LPf2	(5) LPn	(6) LPn1	(7) LPn2
hukou	0.2690***	0.4460***	0.0575***	0.4360***	−0.0773***	−0.0551***	−0.0193***
	(59.4870)	(86.7837)	(14.2767)	(78.4162)	(−18.0048)	(−14.8572)	(−6.9809)
adl_iadl	−0.1447***	−0.1293***	−0.0164***	−0.1230***	−0.0928***	−0.0806***	−0.0224***
	(−34.0957)	(−26.3932)	(−6.7315)	(−24.4484)	(−18.8249)	(−17.2426)	(−7.0412)
dependency	0.0015	0.0082**	−0.0019	0.0086**	−0.0111***	−0.0126***	−0.0008
	(0.4819)	(2.3767)	(−1.1291)	(2.4595)	(−3.5215)	(−4.3983)	(−0.3734)
value	−0.0009***	−0.0027***	−0.0004***	−0.0029***	0.0003***	0.0001**	−0.0000
	(−7.1518)	(−14.6375)	(−4.2722)	(−14.5592)	(3.7886)	(2.0109)	(−0.5659)
income	0.0308***	−0.0016***	0.0085***	0.1206***	0.0168***	−0.0324***	0.0457***
	(27.7496)	(−4.2483)	(14.3290)	(7.8648)	(12.0946)	(−11.9021)	(36.9709)
re_support	−0.0072***	−0.0086***	−0.0028***	−0.0081**	−0.0003	−0.0007	0.0003
	(−6.0405)	(−5.0372)	(−2.7290)	(−4.6147)	(−0.2889)	(−0.7704)	(0.4561)
e_support	0.0006	−0.0022**	−0.0006	−0.0020*	0.0023***	0.0006	0.0009**
	(0.6886)	(−2.0648)	(−0.9693)	(−1.8064)	(3.2853)	(1.0065)	(2.0149)

续 表

VARIABLES	(1) TLP	(2) LPf	(3) LPf1	(4) LPf2	(5) LPn	(6) LPn1	(7) LPn2
D2	0.0086**	0.0496***	−0.0026	0.0477***	−0.0534***	−0.0565***	0.0053**
	(1.9984)	(10.5398)	(−1.2611)	(9.9103)	(−13.9500)	(−17.1685)	(2.0897)
D3	0.0620***	0.1173***	−0.0019	0.1077***	−0.0853***	−0.0872***	0.0019
	(13.1071)	(23.3061)	(−0.8590)	(21.0701)	(−19.8141)	(−22.8571)	(−0.6776)
Pseudo R^2	0.2476	0.2223	0.0767	0.2008	0.2787	0.3349	0.1209
Observations	47761	47761	47760	47758	47763	47763	47763

注:(1)采用 Probit 模型估计;(2)估计结果汇报边际效应;(3)括号内为 t 值;(4) *** $p<0.01$, ** $p<0.05$, * $p<0.1$。

农业劳动参与模型(LPf)、非农业劳动模型(LPn)以及个体私营经济劳动模型(LPn2)中,老农保覆盖变量在1%的显著性上通过检验。从Probit估计的边际效应来看,参加老农保将使农业劳动参与率降低3.00%,使非农业劳动参与率提高3.53%,使个体私营劳动参与率提高1.87%。在自家农业劳动参与模型(LPf2)和受雇劳动参与模型(LPn1)中,老农保覆盖变量在5%的显著性上通过检验。从Probit估计的边际效应来看,参加老农保将使自家农业劳动参与率降低2.25%,使受雇劳动参与率提高1.41%。在农业打工劳动参与模型(LPf1)中,老农保覆盖变量没有通过显著性检验,说明参加老农保并不影响中老年人的农业打工劳动决策行为。

同时,在表6.34 Probit模型中考察了年份虚拟变量对于农村中老年人劳动参与率的影响。通过分析总劳动参与率模型(TLP)发现,2013年年份虚拟变量显著为正,2018年年份虚拟变量对劳动参与率影响不显著。说明与2011年基期相比,短期(2011—2013)的劳动参与率有明显提高,但长期影响不明显。

考察老农保对城镇中老年人的劳动参与率的影响。从城镇中老年人样本来看(见表6.35),老农保覆盖显著影响中老年人的劳动参与率。细分来看,老农保覆盖显著提高农业劳动参与率与非农业劳动参与率。进一步观察不同类型劳动参与模型可以发现,老农保覆盖显著提高中老年人农业打工劳动参与率和自家农业劳动参与率,但对受雇劳动参与率和个体私营经济劳动参与率没有显著影响。在总体劳动参与模型(TLP)和农业劳动参与模型(LPf)中,老农保覆盖变量在1%的显著性上通过检验。从Probit

表 6.34 老农保对农村中老年人的劳动参与的影响估计

VARIABLES	(1) TLP	(2) LPf	(3) LPf1	(4) LPf2	(5) LPn	(6) LPn1	(7) LPn2
oprcov	−0.0108	−0.0300***	0.0001	−0.0225**	0.0353***	0.0141**	0.0187***
	(−1.3707)	(−3.2034)	(0.0324)	(−2.3433)	(4.7311)	(2.1094)	(4.0290)
2013	0.0205***	−0.0006	0.0089***	0.0389***	0.1757***	0.1184***	0.0609***
	(4.0406)	(−0.1004)	(3.2882)	(6.4477)	(36.5152)	(26.4738)	(18.6323)
2018	−0.0063	−0.0808***	0.0173***	−0.0096	0.2356***	0.1885***	0.0482***
	(−1.3028)	(−14.2604)	(6.4802)	(−1.6371)	(51.2623)	(44.2325)	(14.7879)
sex	0.1239***	0.0761***	0.0106***	0.0752***	0.1313***	0.1068***	0.0277***
	(30.8405)	(15.9793)	(4.9164)	(15.4205)	(36.3024)	(32.9132)	(11.3530)
age	−0.0123***	−0.0072***	−0.0023***	−0.0067***	−0.0120***	−0.0093***	−0.0029***
	(−57.9714)	(−26.8631)	(−16.3717)	(−24.1212)	(−53.9826)	(−44.4161)	(−18.5673)
edu	−0.0061***	−0.0145***	−0.0021***	−0.0136***	0.0062***	0.0044***	0.0015***
	(−12.0935)	(−25.1573)	(−8.1178)	(−22.8853)	(14.5502)	(11.7435)	(5.2104)
married	0.0909***	0.1491***	0.0120***	0.1482***	−0.0012	−0.0021	0.0086**
	(16.5496)	(21.6540)	(3.2028)	(20.7150)	(−0.1818)	(−0.3533)	(2.0036)

续表

VARIABLES	(1) TLP	(2) LPf	(3) LPf1	(4) LPf2	(5) LPn	(6) LPn1	(7) LPn2
adl_iadl	−0.1508***	−0.1388***	−0.0205***	−0.1312***	−0.1023***	−0.0871***	−0.0240***
	(−35.4535)	(−25.2883)	(−7.1447)	(−23.0583)	(−20.1375)	(−18.1429)	(−7.2057)
dependency	0.0017	0.0009	−0.0035*	0.0025	−0.0022	−0.0057*	0.0012
	(0.5510)	(0.2303)	(−1.7619)	(0.6478)	(−0.6683)	(−1.9051)	(0.5577)
value	−0.0005***	−0.0009***	−0.0006***	−0.0009***	−0.0000	−0.0000	0.0000
	(−5.7237)	(−8.6174)	(−4.8576)	(−8.3099)	(−0.0765)	(−0.6418)	(0.1701)
income	0.0054***	0.012***	0.0008**	0.1280***	0.0044***	−0.0349***	0.0450***
	(10.5297)	(2.521)	(2.3310)	(8.7147)	(6.1782)	(−12.7340)	(36.5791)
re_support	−0.0085***	−0.0078***	−0.0028**	−0.0075***	−0.0019*	−0.0022**	0.0000
	(−6.8370)	(−4.2690)	(−2.5241)	(−3.9415)	(−1.7646)	(−2.0502)	(0.0513)
e_support	−0.0012	−0.0106***	−0.0017**	−0.0101***	0.0034***	0.0009	0.0012***
	(−1.3639)	(−7.8354)	(−2.1396)	(−7.2273)	(4.7976)	(1.6313)	(3.3317)
D2	0.0009	0.0578***	−0.0027	0.0582***	−0.0694***	−0.0696***	0.0022
	(0.2034)	(10.9200)	(−1.1134)	(10.6722)	(−17.0746)	(−19.5464)	(0.8137)

续 表

VARIABLES	(1) TLP	(2) LPf	(3) LPf1	(4) LPf2	(5) LPn	(6) LPn1	(7) LPn2
D3	0.0587***	0.1360***	−0.0028	0.1293***	−0.1020***	−0.0935***	−0.0066**
	(12.0821)	(24.2485)	(−1.0943)	(22.5357)	(−22.9928)	(−23.6924)	(−2.2530)
Observations	42915	42915	42914	42912	42917	42917	42917

注:(1)采用 Probit 模型估计;(2)估计结果汇报边际效应;(3)括号内为 t 值;(4) *** $p<0.01$, ** $p<0.05$, * $p<0.1$。

估计的边际效应来看,参加老农保将使总体劳动参与率提高7.18%,使农业劳动参与率提高5.69%。在自家农业劳动参与模型(LPf2)和非农业劳动参与模型(LPn)中,老农保覆盖变量在5%的显著性上通过检验。从 Probit 估计的边际效应来看,参加老农保将使自家农业劳动参与率提高4.44%,使非农业劳动参与率提高5.09%。在农业打工劳动参与模型(LPf1)中,老农保覆盖变量在10%的显著性上通过检验,从 Pobit 估计的边际效应来看,参加老农保将使农业打工劳动参与率提高1.04%。在受雇劳动参与模型(LPn1)和个体私营经济劳动模型(LPn2)中,老农保变量均没有通过显著性检验,说明参加老农保并不影响中老年人的受雇劳动决策和个体私营经济劳动决策行为。

同时,在表6.35 Probit 模型中考察了年份虚拟变量对于城镇中老年人劳动参与率的影响。通过总劳动参与率模型(TLP)发现,2018年和2013年年份虚拟变量都显著为正,且2018年的系数大于2013年的系数,其系数之差为0.1262,大于2013年系数的绝对值0.0618。该结果表明,该养老保险在长期(2011—2018)的劳动参与率效果大于短期(2011—2013)的劳动参与率效果,并且2013—2018年的劳动参与率大于2011—2013年的劳动参与率,即劳动参与率效果在后期大幅增强。

(2) 农村养老保险(老农保)的劳动供给模型估计

首先,从全国中老年人样本来看,老农保覆盖激励中老年人提高总体劳动供给时间。细分来看,老农保覆盖显著增加非农业劳动供给时间,但对农业劳动供给时间没有显著影响。进一步分别观察不同类型劳动供给模型可以发现,老农保覆盖显著增加中老年人个体私营经济劳动供给时间,但对农业打工劳动供给时间、自家农业劳动供给时间和受雇劳动供给时间没有显著影响。从

表 6.35 老农保对城镇中老年人的劳动参与的影响估计

VARIABLES	(1) TLP	(2) LPf	(3) LPf1	(4) LPf2	(5) LPn	(6) LPn1	(7) LPn2
oprcov	0.0718***	0.0569***	0.0104*	0.0444**	0.0509**	0.0202	0.0128
	(2.6454)	(2.7309)	(1.6900)	(2.2036)	(2.0504)	(0.8856)	(0.8018)
2013	0.0618***	0.0493***	0.0053	0.0608***	0.0781***	0.0468***	0.0293***
	(6.3385)	(4.6871)	(1.0590)	(5.7307)	(7.8767)	(4.9653)	(4.2444)
2018	0.1430***	0.1648***	0.0238***	0.1855***	0.0921***	0.0896***	0.0042
	(16.0735)	(18.0771)	(5.4865)	(20.2571)	(9.9794)	(10.2220)	(0.6473)
sex	0.2036***	0.1002***	0.0097***	0.0943***	0.1748***	0.1449***	0.0338***
	(30.9338)	(15.5163)	(4.0237)	(14.9659)	(27.0444)	(23.6833)	(7.1367)
age	−0.0226***	−0.0080***	−0.0014***	−0.0073***	−0.0217***	−0.0185***	−0.0047***
	(−79.2592)	(−23.2936)	(−8.9628)	(−21.8588)	(−65.7430)	(−51.8306)	(−15.9474)
edu	−0.0097***	−0.0194***	−0.0026***	−0.0184***	0.0075***	0.0119***	−0.0037***
	(−12.8111)	(−28.7965)	(−9.3008)	(−27.9131)	(9.9576)	(16.5624)	(−7.0539)
married	0.0244**	0.0801***	0.0100**	0.0865***	−0.0192	−0.0112	0.0050
	(2.1278)	(6.9253)	(2.0004)	(7.5548)	(−1.5743)	(−0.9312)	(0.5816)

续 表

VARIABLES	(1) TLP	(2) LPf	(3) LPf1	(4) LPf2	(5) LPn	(6) LPn1	(7) LPn2
adl_iadl	−0.0933***	−0.0193**	−0.0064*	−0.0161*	−0.1357***	−0.1162***	−0.0417***
	(−9.3692)	(−2.0907)	(−1.7863)	(−1.7899)	(−11.9539)	(−9.9029)	(−5.2984)
dependency	−0.0187***	0.0073	−0.0011	0.0058	−0.0363***	−0.0398***	−0.0057
	(−3.3648)	(1.4712)	(−0.4756)	(1.2072)	(−5.4919)	(−6.0882)	(−1.2796)
value	−0.0001	−0.0002*	−0.0001**	−0.0001	−0.0001	−0.0001	−0.0001
	(−0.7970)	(−1.7842)	(−2.0001)	(−1.5574)	(−1.0068)	(−1.0628)	(−1.4803)
income	−0.0121	−0.0000	0.0006	0.0938***	−0.072***	−0.0593***	0.0615***
	(−0.562)	(−0.2276)	(1.1291)	(6.0241)	(−3.099)	(−12.8329)	(26.9515)
re_support	−0.0020	−0.0033	−0.0001	−0.0036	−0.0010	−0.0015	−0.0001
	(−0.9627)	(−1.4469)	(−0.1830)	(−1.5995)	(−0.5062)	(−0.7837)	(−0.0739)
e_support	0.0023**	−0.0031***	−0.0005	−0.0031***	0.0031***	0.0007	0.0014***
	(2.4976)	(−2.9158)	(−0.9560)	(−2.9953)	(3.5488)	(0.9665)	(2.7999)
D2	−0.0067	0.0093	0.0030	0.0081	−0.0192**	−0.0382***	0.0198***
	(−0.8659)	(1.2596)	(1.0753)	(1.1242)	(−2.5290)	(−5.4335)	(3.6534)

续 表

VARIABLES	(1) TLP	(2) LPf	(3) LPf1	(4) LPf2	(5) LPn	(6) LPn1	(7) LPn2
D3	0.0275***	0.0667***	0.0040	0.0613***	−0.0401***	−0.0613***	0.0208***
	(2.9967)	(8.1318)	(1.3096)	(7.6849)	(−4.4708)	(−7.2705)	(3.3391)
Pseudo R^2	0.2912	0.0966		0.1091	0.3780	0.4286	0.1752
Observations	14796	14796	14796	14796	14796	14796	14796

注：(1)采用 Probit 模型估计；(2)估计结果汇报边际效应；(3)括号内为 t 值；(4) *** $p < 0.01$，** $p < 0.05$，* $p < 0.1$。

表6.36可以看出,在非农业劳动供给模型(LSn)和个体私营经济劳动供给模型(LSn2)中,老农保覆盖变量均在1%的显著性上通过检验,估计得到的边际效应均为正数,说明了在控制了个人特征、家庭特征以及所处区域等变量的情况下,参加老农保将倾向于增加非农业劳动供给时间和个体私营经济劳动供给时间。从Tobit的边际效应来看,参加老农保将使非农业劳动供给时间增加75.80小时/年,个体私营经济劳动供给时间增加127.19小时/年。在总体劳动供给模型(TLS)中,养老保障覆盖变量在5%的显著性上通过检验,估计得到的边际效应均为正数,说明了在控制了个人特征、家庭特征以及所处区域等变量的情况下,参加老农保将倾向于增加总体劳动供给时间。从边际效应来看,参加老农保将使总体劳动供给时间增加42.17小时/年。在农业劳动供给模型(LSf)、农业打工劳动供给模型(LSf1)、自家农业劳动供给模型(LSf2)和受雇劳动供给模型(LSn1)中,老农保覆盖变量没有通过显著性检验,对这些劳动供给时间影响不明显。

同时,在表6.36 Tobit模型中考察了年份虚拟变量对于全国中老年人劳动供给时间的影响。通过总劳动供给模型(TLS)发现,2018年和2013年年份虚拟变量都显著为正,且2018年的系数大于2013年的系数,其系数之差为34.47,小于2013年系数的绝对值52.11。该结果表明,养老保险在长期(2011—2018)的劳动供给效果大于短期(2011—2013)的劳动供给效果,并且2013—2018年的劳动供给效果小于2011—2013年的劳动供给效果,即劳动供给效果在后期有所减弱。

其次,分别考察老农保对农村和城镇中老年人劳动供给时间的影响。从农村中老年人样本来看,老农保覆盖激励中老年人提高总体劳动供给时间。观察不同类型劳动供给模型可以发现,老农保覆盖显著减少中老年人自家农业劳动供给时间和增加个体私营经济劳动供给时间。从表 6.37 可以看出,在自家农业劳动供给模型(LSf2)和个体私营经济劳动供给模型(LSn2)中,老农保覆盖变量均在 10% 的显著性上通过检验,说明了在控制了个人特征、家庭特征以及所处区域等变量的情况下,参加老农保将倾向于减少自家农业劳动供给时间和增加个体私营经济劳动供给时间。从 Tobit 的边际效应来看,参加老农保将使个体私营经济劳动供给时间增加 89.28 小时/年,自家农业劳动供给时间减少 20.35 小时/年。在总体劳动供给模型(TLS)中,养老保障覆盖变量在 5% 的显著性上通过检验,估计得到的边际效应均为正数,说明了在控制了个人特征、家庭特征以及所处区域等变量的情况下,参加老农保将倾向于增加总体劳动供给时间。从边际效应来看,参加老农保将使总体劳动供给时间增加 46.01 小时/年。

同时,在表 6.37 Tobit 模型中考察了年份虚拟变量对于农村中老年人劳动供给时间的影响。通过总劳动供给模型(TLS)发现,2018 年年份虚拟变量都显著为正,2013 年年份虚拟变量对劳动参与供给时间影响不显著。结果表明,该养老保险在长期(2011—2018)的劳动供给时间效果有所增强,但短期影响不明显。

再来观察老农保覆盖对城镇中老年人的劳动供给时间的影响。从表 6.38 可以看出,老农保覆盖激励中老年人提高总体劳动供给时间。细分来看,老农保覆盖显著增加农业劳动供给时间和非农业劳动供给时间。进一步观察不同类型劳动供给模型可以发现,老农保覆盖显著增加中老年人自家农业劳动供给时间,但对农业打工劳动供给时间、受雇劳动供给时间和个体私营经济劳动供给时间没有显著影响。从表 6.38 可以看出,在总体劳动供给模型

表 6.36 老农保对全国中老年人劳动供给的影响估计

VARIABLES	(1) TLS	(2) LSf	(3) LSf1	(4) LSf2	(5) LSn	(6) LSn1	(7) LSn2
oprcov	42.17**	5.83	0.57	-7.56	75.80***	25.82	127.19***
	(2.2839)	(0.4634)	(0.0555)	(-0.6687)	(3.0759)	(1.2168)	(3.6385)
2013	52.11***	-66.57***	14.48**	13.42**	245.04***	44.38***	346.68***
	(5.0825)	(-9.1892)	(2.3892)	(2.0642)	(17.9183)	(3.8224)	(17.0004)
2018	86.58***	-81.79***	57.28***	-25.65***	413.40***	406.59***	356.48***
	(7.8381)	(-10.5526)	(8.8161)	(-3.6839)	(27.2983)	(32.3385)	(15.6814)
sex	270.49***	117.57***	9.47*	93.03***	256.50***	266.49***	196.49***
	(30.2636)	(18.6499)	(1.8550)	(16.4874)	(22.1663)	(27.0564)	(11.6779)
age	-32.05***	-10.38***	-4.73***	-8.23***	-34.38***	-29.37***	-26.86***
	(-56.8899)	(-26.9523)	(-13.5555)	(-23.9371)	(-42.5112)	(-41.0016)	(-23.5148)
edu	-9.48***	-15.64***	-3.86***	-14.78***	7.42***	12.16***	2.33
	(-8.7592)	(-20.1695)	(-6.1711)	(-21.2299)	(5.5074)	(10.7687)	(1.1848)
married	193.98***	203.44***	21.52**	192.59***	6.23	-17.90	61.31**
	(13.9672)	(20.7784)	(2.4652)	(21.9330)	(0.3163)	(-1.0573)	(2.0901)

续 表

VARIABLES	(1) TLS	(2) LSf	(3) LSf1	(4) LSf2	(5) LSn	(6) LSn1	(7) LSn2
hukou	371.79***	676.86***	142.74***	606.36***	−216.14***	−221.14***	−168.10***
	(30.5499)	(63.7945)	(12.9572)	(63.3984)	(−15.6977)	(−19.5116)	(−8.4375)
adl_iadl	−275.29***	−148.06***	−46.65***	−131.43***	−280.40***	−240.81***	−208.67***
	(−24.8356)	(−19.4466)	(−6.8570)	(−19.2776)	(−16.5823)	(−15.5911)	(−8.7008)
dependency	−0.31	6.38	−5.02	11.61**	−18.23*	−32.36**	−6.24
	(−0.0424)	(1.2472)	(−1.1062)	(2.5410)	(−1.7910)	(−3.7167)	(−0.4188)
value	−1.03***	−4.51***	−0.77**	−4.68***	0.31	0.50**	−0.11
	(−3.7056)	(−14.3575)	(−3.0720)	(−16.1191)	(1.1986)	(2.4372)	(−0.2939)
income	52.49***	51.46***	25.44***	68.07***	144.37***	−64.35***	280.39***
	(28.4740)	(25.1113)	(15.9819)	(4.4379)	(46.3199)	(−8.3480)	(34.6406)
re_support	−18.43***	−12.58***	−9.51***	−10.23***	−10.20***	−1.90	−9.79
	(−5.6120)	(−4.6608)	(−3.0726)	(−4.2924)	(−2.7148)	(−0.6881)	(−1.5748)
e_support	7.23***	−1.47	−2.18	−0.33	−2.68	2.27	7.83***
	(3.5511)	(−0.8918)	(−1.2554)	(−0.2231)	(−1.1514)	(1.3273)	(2.6323)

续 表

VARIABLES	(1) TLS	(2) LSf	(3) LSf1	(4) LSf2	(5) LSn	(6) LSn1	(7) LSn2
D2	−17.71*	49.82***	−15.12***	63.39***	−112.36***	−171.12***	32.57*
	(−1.7790)	(7.0129)	(−2.6365)	(9.9263)	(−9.0584)	(−16.6116)	(1.7660)
D3	96.39***	177.55***	−8.63	190.84***	−193.66***	−254.96***	−10.44
	(9.0424)	(23.7740)	(−1.4375)	(28.4289)	(−13.6372)	(−20.8363)	(−0.5071)
Pseudo R²	0.02	0.03	0.18	0.03	0.06	0.08	0.04
Observations	47763	47763	47763	47763	47763	47763	47763

注:(1)采用Tobit模型估计;(2)估计结果汇报边际效应;(3)括号中为t值;(4) *** $p<0.01$, ** $p<0.05$, * $p<0.1$。

表 6.37　老农保对农村中老年人劳动供给的影响估计

VARIABLES	(1) TLS	(2) LSf	(3) LSf1	(4) LSf2	(5) LSn	(6) LSn1	(7) LSn2
oprcov	46.01**	−7.14	0.93	−20.35*	52.40	17.01	89.28***
	(2.4895)	(−0.5267)	(0.111)	(−1.6623)	(1.538)	(0.530)	(3.9278)
2013	16.26	−99.00***	−8.87**	−3.88	237.11***	165.82***	278.13***
	(1.4117)	(−11.8129)	(−2.275)	(−0.5157)	(14.353)	(10.724)	(17.7499)

续　表

VARIABLES	(1) TLS	(2) LSf	(3) LSf1	(4) LSf2	(5) LSn	(6) LSn1	(7) LSn2
2018	57.57***	−184.62***	7.18**	−104.79***	0.84	40.98***	534.13***
	(5.1649)	(−22.4821)	(2.290)	(−14.1889)	(0.069)	(3.051)	(34.8883)
sex	266.68***	121.29***	−0.07	91.78***	−0.21**	−0.50***	260.41***
	(28.3316)	(17.5891)	(−2.689)	(14.8104)	(−1.989)	(−4.282)	(22.3730)
age	−28.83***	−10.50***	−0.44	−8.02***	8.38***	1.03	−29.55***
	(−51.0457)	(−25.8401)	(−0.927)	(−22.0113)	(4.274)	(0.570)	(−38.6496)
edu	−7.14***	−18.76***	−0.30	−18.14***	−19.89	−37.20	13.19***
	(−6.2827)	(−22.1528)	(−0.044)	(−23.7835)	(−0.669)	(−1.333)	(9.8760)
married	238.45***	225.33***	−3.17	210.85***	12.28	51.22**	36.55*
	(16.2177)	(20.9154)	(−0.387)	(21.7611)	(0.427)	(2.010)	(1.7962)
adl_iadl	−305.48***	−152.18***	−12.96***	−133.53***	−213.52***	−148.66***	−297.51***
	(−26.4945)	(−18.2466)	(−2.727)	(−17.8243)	(−9.698)	(−7.027)	(−17.8360)
dependency	7.74	−3.79	1.08	4.19	−3.16	−1.36	−2.33
	(1.0233)	(−0.6823)	(1.055)	(0.8438)	(−0.727)	(−0.334)	(−0.2334)

续 表

VARIABLES	(1) TLS	(2) LSf	(3) LSf1	(4) LSf2	(5) LSn	(6) LSn1	(7) LSn2
value	−0.47**	−1.35***	−6.55***	−1.31***	−0.05	−0.06	−0.05
	(−2.0355)	(−7.4747)	(−2.9351)	(−8.0637)	(−0.4411)	(−0.6119)	(−0.4202)
income	22.45***	13.85***	8.69***	64.09***	92.86***	74.35***	92.90***
	(18.9207)	(13.1183)	(9.9213)	(4.4209)	(38.6481)	(−9.6744)	(38.6350)
re_support	−23.49***	−12.03***	−71.59***	−8.77***	−9.76**	−6.10*	−9.84**
	(−6.5271)	(−4.2641)	(−3.0822)	(−3.5464)	(−2.5626)	(−1.9250)	(−2.5627)
e_support	5.04**	−9.71***	−33.37**	−7.83***	−1.07	2.02	−0.92
	(2.5403)	(−4.9580)	(−2.1074)	(−4.5058)	(−0.5323)	(1.2888)	(−0.4511)
D2	−56.95***	58.18***	−124.94***	75.11***	−167.02***	−206.10***	−164.98***
	(−5.4020)	(7.4654)	(−2.6495)	(10.6919)	(−13.3507)	(−18.9733)	(−13.1264)
D3	67.28***	200.46***	−82.60*	216.88***	−254.10***	−263.98***	−252.23***
	(6.0778)	(24.6032)	(−1.6781)	(29.5169)	(−18.2859)	(−21.6793)	(−18.0161)
Pseudo R²	0.02	0.01	0.17	0.01	0.06	0.08	0.04
Observations	42917	42917	42917	42917	42917	42917	42917

注：(1)采用 Tobit 模型估计；(2)估计结果汇报边际效应；(3)括号中为 t 值；(4) *** $p<0.01$，** $p<0.05$，* $p<0.1$。

(TLS)、农业劳动供给模型(LSf)和非农业劳动供给模型(LSn)中,老农保覆盖变量均在1%的显著性上通过检验,估计得到的边际效应均为正数,说明了在控制了个人特征、家庭特征以及所处区域等变量的情况下,参加老农保将倾向于增加总体劳动供给时间、农业劳动供给时间和非农业劳动供给时间。从Tobit的边际效应来看,参加老农保将使总体劳动供给时间增加219.71小时/年,农业劳动供给时间增加72.69小时/年,非农业劳动供给时间增加168.18小时/年。在自家农业劳动供给模型(LSf2)中,老农保覆盖变量在10%的显著性上通过检验,估计得到的边际效应均为正数,说明了在控制了个人特征、家庭特征以及所处区域等变量的情况下,参加老农保将倾向于增加自家农业劳动供给时间。从边际效应来看,参加老农保将使自家农业劳动供给时间增加45.52小时/年。在农业打工劳动供给模型(LSf1)、受雇劳动供给模型(LSn1)和个体私营经济劳动供给模型(LSn2)中,老农保覆盖变量没有通过显著性检验,对农业打工劳动供给时间、受雇劳动供给时间和个体私营经济劳动供给时间影响不明显。

同时,在表6.38 Tobit模型中考察了年份虚拟变量对于城镇中老年人劳动供给时间的影响。通过总劳动供给模型(TLS)发现2018年和2013年年份虚拟变量都显著为正,且2018年的系数大于2013年的系数,其系数之差为76.5,小于2013年系数的绝对值217.42。该结果表明,老农保在长期(2011—2018)的劳动供给效果大于短期(2011—2013)的劳动供给效果,并且2013—2018年的劳动供给效果小于2011—2013年的劳动供给效果,即劳动供给效果在后期大幅减弱。

表 6.38 老农保对城镇中老年人劳动供给的影响估计

VARIABLES	(1) TLS	(2) LSf	(3) LSf1	(4) LSf2	(5) LSn	(6) LSn1	(7) LSn2
oprcov	219.71***	72.69***	34.07	45.52*	168.18***	82.59	86.18
	(3.6527)	(2.7505)	(1.4986)	(1.9067)	(2.5787)	(1.5815)	(0.9607)
2013	217.42***	32.84**	38.03*	67.64***	212.65***	38.21*	231.29***
	(8.2522)	(2.2381)	(1.6939)	(5.0125)	(7.5488)	(1.6826)	(5.6336)
2018	293.92***	201.63***	132.85***	214.06***	131.99***	205.85***	71.80*
	(12.1320)	(15.5456)	(6.6042)	(17.7552)	(4.9722)	(9.7907)	(1.8520)
sex	425.44***	126.24***	3.37	105.08***	355.03***	318.19***	193.46***
	(23.6995)	(14.2553)	(0.3693)	(13.2279)	(18.2538)	(20.4584)	(6.9826)
age	−54.70***	−10.12***	−3.70***	−8.56***	−52.84***	−42.36***	−30.51***
	(−49.2855)	(−20.6968)	(−6.5920)	(−19.6164)	(−40.2242)	(−38.5759)	(−17.2812)
edu	−20.65***	−25.89***	−10.80***	−23.11***	2.23	23.44***	−21.02***
	(−10.5826)	(−26.2047)	(−9.9048)	(−26.0792)	(1.0288)	(13.3661)	(−6.8216)
married	99.12***	116.11***	14.54	111.74***	0.52	4.09	54.01
	(3.1424)	(7.2253)	(0.8396)	(7.6985)	(0.0148)	(0.1394)	(1.0665)

续 表

VARIABLES	(1) TLS	(2) LSf	(3) LSf1	(4) LSf2	(5) LSn	(6) LSn1	(7) LSn2
adl_iadl	−276.70***	−23.31*	−36.17***	−15.53	−391.73***	−299.50***	−266.38***
	(−9.9925)	(−1.9047)	(−2.6537)	(−1.4212)	(−11.4657)	(−10.1787)	(−5.6938)
dependency	−91.34***	3.14	−3.84	4.78	−114.88***	−106.91***	−56.79**
	(−5.8597)	(0.4655)	(−0.4510)	(0.7988)	(−5.9792)	(−6.7671)	(−2.1058)
value	−0.25	−0.07	−0.38	−0.06	−1.32***	−0.30	−0.71
	(−1.0748)	(−0.6585)	(−1.2124)	(−0.5948)	(−3.4442)	(−1.1755)	(−1.4988)
income	16.51***	3.08***	102.73***	57.50***	72.22***	−101.29***	291.26***
	(11.4956)	(4.6590)	(18.1102)	(4.6972)	(23.9553)	(−9.8711)	(24.1108)
re_support	−7.01	−1.62	−1.23	−1.46	−7.66	−6.48	−6.77
	(−1.2931)	(−0.5361)	(−0.3723)	(−0.5399)	(−1.3426)	(−1.4226)	(−0.8058)
e_support	5.21**	−3.34**	−1.29	−3.05**	0.07	1.72	8.04***
	(2.4532)	(−2.4074)	(−0.7232)	(−2.4252)	(0.0289)	(1.0100)	(2.7047)
D2	−35.55*	2.34	15.09	4.77	−33.04	−112.56***	120.79***
	(−1.8008)	(0.2357)	(1.4231)	(0.5353)	(−1.5572)	(−6.7685)	(3.8265)

续　表

VARIABLES	(1) TLS	(2) LSf	(3) LSf1	(4) LSf2	(5) LSn	(6) LSn1	(7) LSn2
D3	9.02	82.24***	13.50	75.57***	−87.77***	−173.18***	122.66***
	(0.3935)	(7.5588)	(1.1908)	(7.7415)	(−3.4823)	(−8.6000)	(3.3721)
Pseudo R^2	0.05	0.03	0.07	0.03	0.06	0.09	0.05
Observations	14796	14796	14796	14796	14796	14796	14796

注：(1)采用 Tobit 模型估计；(2)估计结果汇报边际效应；(3)括号中为 t 值；(4) *** $p<0.01$，** $p<0.05$，* $p<0.1$。

6.6.3　征地养老保险(失地养老保险)的劳动供给效应

(1) 征地养老保险(失地养老保险)的劳动参与模型估计

首先,从全国中老年人样本来看(见表6.39),征地养老保险对中老年人的总体劳动参与率(TLP)没有显著影响。细分来看,征地养老保险显著地提高非农业劳动参与率(LPn),对农业劳动参与率(LPf)并没有显著影响。进一步考察不同类型的劳动参与模型可以发现,征地养老保险显著地提高中老年人受雇劳动参与率(LPn1)和个体私营经济劳动参与率(LPn2),同时也降低自家农业劳动参与率(LPf2),但对农业打工劳动参与率(LPf1)没有显著影响。在非农业劳动参与模型(LPn)、受雇劳动参与模型(LPn1)和个体私营经济劳动参与模型(LPn2)中,养老保险参与变量均在1%的显著性上通过检验。从Probit边际效应来看,参加养老保险将使非农业劳动参与率提高8.24%,受雇劳动参与率提高4.19%,个体私营经济劳动参与率提高3.96%。在自家农业劳动参与模型(LPf2)中,养老保险参与变量在10%的显著性上通过检验。从Probit边际效应来看,参加养老保险将使自家农业劳动参与率降低3.1%。在农业劳动参与模型(LPf)、农业打工劳动参与模型(LPf1)和总体劳动参与模型(TLP)中,征地养老保险变量没有通过显著性检验,说明参加养老保险并不影响中老年人的这些劳动类型决策行为,该结果说明征地养老保险能够明显促进中老年人非农业劳动参与率。

同时,在表6.39 Probit模型中考察了年份虚拟变量对于中老年人劳动参与率的影响。通过分析总劳动参与模型(TLP)发现,2018年年份虚拟变量显著为负,2013年年份虚拟变量对劳动参与影响不显著,说明与2011年基期相比,长期(2011—2018)的劳动参与率有明显降低,但短期影响不明显。

其次,分别考察征地养老保险对农村和城镇中老年人劳动参与率的影响。从农村中老年人样本来看(见表6.40),征地养老保险对农村中老年人的总体劳动参与率(TLP)没有显著影响。细分来看,征地养老保险显著降低农业劳动参与率(LPf),显著提高非农业劳动参与率(LPn)。进一步考察不同类型的劳动参与模型可以发现,征地养老保险显著提高中老年人受雇劳动参与率(LPn1)和个体私营经济劳动参与率(LPn2),同时也降低自家农业劳动参与率(LPf2),但对农业打工劳动参与率(LPf1)没有显著影响。在农业劳动参与模型(LPf)、自家农业劳动参与模型(LPf2)、非农业劳动参与模型(LPn)、受雇劳动参与模型(LPn1)和个体私营经济劳动参与模型(LPn2)中,养老保险参与变量均在1%的显著性上通过检验。从Probit边际效应来看,参加养老保险将使农业劳动参与率降低8.43%,自家农业劳动参与率降低9.30%,非农业劳动参与率提高7.62%,受雇劳动参与率提高4.73%,个体私营经济劳动参与率提高3.22%。在农业打工劳动参与模型(LPf1)和总体劳动参与模型(TLP)中,征地养老保险覆盖变量没有通过显著性检验,说明参加征地养老保险并不影响农村中老年人的这些劳动类型决策行为。该结果说明征地养老保险能够明显降低中老年人农业劳动参与率,提高中老年人非农业劳动参与率。

同时,在表6.40 Probit模型中考察了年份虚拟变量对于中老年人劳动参与率的影响。通过分析总劳动参与模型(TLP)发现,2013年年份虚拟变量显著为正,2018年年份虚拟变量对劳动参与率影响不显著。该结果说明与2011年基期相比,短期(2011—2013)的劳动参与率有明显提高,但长期影响不明显。

表 6.39 征地养老保险对全国中老年人劳动参与的影响估计

VARIABLES	(1) TLP	(2) LPf	(3) LPf1	(4) LPf2	(5) LPn	(6) LPn1	(7) LPn2
lfpcov	0.0113	−0.0255	−0.0141	−0.0310*	0.0824***	0.0419***	0.0396***
	(0.6868)	(−1.4326)	(−1.5147)	(−1.7130)	(5.3568)	(3.0620)	(4.0865)
2013	0.0068	0.0168***	−0.0113***	−0.0093*	−0.0460***	−0.0610***	0.0146***
	(1.4144)	(3.1765)	(−4.7107)	(−1.7348)	(−9.8231)	(−14.6923)	(−4.6469)
2018	−0.0347***	0.0078	−0.0203***	−0.0152***	−0.0838***	−0.0414***	0.0416***
	(−6.4318)	(1.5330)	(−8.8941)	(−12.5571)	(−41.7040)	(−35.9777)	(13.6706)
sex	0.1287***	0.0751***	0.0045**	0.0716***	0.1636***	0.1332***	0.0334***
	(27.0996)	(14.3937)	(1.9911)	(13.6031)	(38.1259)	(34.5419)	(11.0112)
age	−0.0136***	−0.0067***	−0.0020***	−0.0061***	−0.0156***	−0.0122***	−0.0037***
	(−52.1937)	(−22.1633)	(−12.8612)	(−19.9361)	(−57.4295)	(−46.8990)	(−18.8282)
edu	−0.0059***	−0.0109***	−0.0017***	−0.0097***	0.0049***	0.0044***	0.0003
	(−9.9532)	(−17.0327)	(−6.0754)	(−15.0407)	(9.1822)	(9.4947)	(0.9125)
married	0.0785***	0.1347***	0.0087**	0.1352***	−0.0161**	−0.0098	0.0026
	(11.9504)	(18.0322)	(2.2829)	(17.8116)	(−2.1620)	(−1.4234)	(0.5143)

续 表

VARIABLES	(1) TLP	(2) LPf	(3) LPf1	(4) LPf2	(5) LPn	(6) LPn1	(7) LPn2
hukou	0.2651***	0.4283***	0.0605***	0.4212***	−0.0393***	−0.0271***	−0.0093**
	(47.7092)	(68.2264)	(12.3230)	(64.1852)	(−7.0324)	(−5.5524)	(−2.5345)
adl_iadl	−0.1384***	−0.1183***	−0.0191***	−0.1131***	−0.1061***	−0.0932***	−0.0276***
	(−26.7792)	(−19.9941)	(−6.6214)	(−18.9082)	(−17.7977)	(−16.3240)	(−6.8744)
dependency	−0.0081**	−0.0024	−0.0015	−0.0001	−0.0058	−0.0105***	0.0030
	(−2.1498)	(−0.5469)	(−0.7228)	(−0.0161)	(−1.4565)	(−2.8346)	(1.1625)
value	−0.0009***	−0.0025***	−0.0003***	−0.0026***	0.0002**	0.0001	−0.0001
	(−6.3333)	(−11.7444)	(−3.3023)	(−11.7398)	(2.2769)	(1.3891)	(−1.3531)
income	0.0322***	−0.0011***	0.0069***	0.0960***	0.0148***	−0.0369***	0.0502***
	(25.0475)	(−2.7024)	(10.4927)	(5.7949)	(9.4858)	(−11.0383)	(32.2449)
re_support	−0.0064***	−0.0089***	−0.0033***	−0.0085***	0.0005	−0.0003	0.0007
	(−4.4784)	(−4.3916)	(−2.7848)	(−4.1266)	(0.4363)	(−0.2639)	(0.9505)
e_support	0.0011	−0.0015	−0.0005	−0.0015	0.0026***	0.0003	0.0014***
	(1.1088)	(−1.3385)	(−0.7290)	(−1.3128)	(3.1229)	(0.3966)	(2.7002)

续 表

VARIABLES	(1) TLP	(2) LPf	(3) LPf1	(4) LPf2	(5) LPn	(6) LPn1	(7) LPn2
D2	0.0154***	0.0500***	0.0010	0.0507***	-0.0524***	-0.0602***	0.0101***
	(2.8658)	(8.5432)	(0.4064)	(8.5866)	(-10.5668)	(-14.0465)	(2.9817)
D3	0.0708***	0.1182***	-0.0011	0.1184***	-0.0858***	-0.0936***	0.0077***
	(12.1274)	(19.0838)	(-0.4192)	(18.9981)	(-15.6436)	(-19.2207)	(2.0855)
Pseudo R²	0.2476	0.2222	0.0755	0.2007	0.2793	0.3350	0.1216
Observations	32144	32144	32144	32144	32144	32144	32144

注:(1)采用 Probit 模型估计;(2)估计结果汇报边际效应;(3)括号内为 t 值;(4) *** $p<0.01$, ** $p<0.05$, * $p<0.1$。

表 6.40　征地养老保险对农村中老年人的劳动参与的影响估计

VARIABLES	(1) TLP	(2) LPf	(3) LPf1	(4) LPf2	(5) LPn	(6) LPn1	(7) LPn2
lfpcov	-0.0240	-0.0843***	-0.0153	-0.0930***	0.0762***	0.0473***	0.0322***
	(-1.4291)	(-4.1363)	(-1.4302)	(-4.4711)	(4.6516)	(3.2306)	(3.0353)
2013	0.0237***	0.0781***	-0.0082***	0.0450***	-0.0681***	-0.0829***	0.0156***
	(4.8570)	(13.6796)	(-3.0169)	(7.7264)	(-14.0187)	(-18.7769)	(4.8876)

续 表

VARIABLES	(1) TLP	(2) LPf	(3) LPf1	(4) LPf2	(5) LPn	(6) LPn1	(7) LPn2
2018	0.0100	0.0229	−0.0037	0.0317*	0.0025	0.0203**	−0.0177*
	(0.726)	(1.452)	(−0.917)	(1.950)	(0.212)	(2.198)	(−1.825)
sex	0.1270***	0.0769***	0.0070***	0.0730***	0.1666***	0.1354***	0.0355***
	(26.0829)	(13.3724)	(2.6872)	(12.5431)	(37.0239)	(32.9154)	(11.2061)
age	−0.0123***	−0.0063***	−0.0021***	−0.0059***	−0.0146***	−0.0114***	−0.0034***
	(−48.9470)	(−19.7745)	(−12.6365)	(−18.1189)	(−54.1754)	(−44.1726)	(−17.4934)
edu	−0.0069***	−0.0161***	−0.0026***	−0.0149***	0.0072***	0.0054***	0.0013
	(−11.5491)	(−23.5099)	(−8.0809)	(−21.2986)	(13.2541)	(11.2592)	(3.5312)
married	0.0897***	0.1154***	0.0147***	0.1547***	−0.0033	−0.0004	0.0071
	(13.5065)	(18.7566)	(3.2686)	(18.2800)	(−0.4041)	(−0.0527)	(1.2974)
adl_iadl	−0.1449***	−0.1274***	−0.0236***	−0.1203***	−0.1178***	−0.1019***	−0.0309***
	(−28.2359)	(−19.3902)	(−7.0421)	(−18.0086)	(−19.0251)	(−17.0381)	(−7.3110)
dependency	−0.0071*	−0.0071	−0.0028	−0.0041	−0.0019	−0.0079**	0.0035
	(−1.8804)	(−1.5249)	(−1.1308)	(−0.8621)	(−0.4593)	(−1.9877)	(1.2737)

续 表

VARIABLES	(1) TLP	(2) LPf	(3) LPf1	(4) LPf2	(5) LPn	(6) LPn1	(7) LPn2
value	−0.0004***	−0.0008***	−0.0005***	−0.0008***	−0.0000	−0.0000	−0.0000
	(−4.7128)	(−6.6404)	(−3.9041)	(−6.5084)	(−0.5189)	(−0.6668)	(−0.0959)
income	0.0052***	−0.0024***	0.0049***	0.1089***	0.0035***	−0.0420***	0.0509***
	(9.6779)	(−4.7862)	(7.9663)	(7.0482)	(4.7465)	(−12.5064)	(33.0581)
re_support	−0.0082***	−0.0064***	−0.0031**	−0.0067*	−0.0025*	−0.0034**	0.0003
	(−5.4484)	(−3.0387)	(−2.4748)	(−3.0857)	(−1.7649)	(−2.2633)	(0.3167)
e_support	−0.0009	−0.0099***	−0.0018**	−0.0096***	0.0035***	0.0008	0.0015***
	(−0.9976)	(−6.8922)	(−2.0102)	(−6.5816)	(4.3065)	(1.2201)	(3.3676)
D2	0.0043	0.0540***	0.0012	0.0576***	−0.0698***	−0.0742***	0.0065*
	(0.7891)	(8.4070)	(0.3934)	(8.8460)	(−13.3536)	(−16.0230)	(1.8860)
D3	0.0627***	0.1319***	−0.0021	0.1355***	−0.1039***	−0.1001***	−0.0021
	(10.6503)	(19.4635)	(−0.6672)	(19.7942)	(−18.4319)	(−19.7343)	(−0.5607)
Pseudo R^2	0.1911	0.1113	0.0400	0.0964	0.2578	0.3062	0.1158
Observations	30270	30270	30270	30270	30270	30270	30270

注:(1)采用 Probit 模型估计;(2)估计结果汇报边际效应;(3)括号内为 t 值;(4) *** $p<0.01$,** $p<0.05$,* $p<0.1$。

从城镇中老年人样本来看(见表 6.41),征地养老保险显著提高城镇中老年人的总体劳动参与率(TLP)。细分来看,征地养老保险显著提高非农业劳动参与率(LPn),但对农业劳动参与率(LPf)没有显著影响。进一步考察不同类型的劳动参与模型可以发现,征地养老保险显著地提高中老年人受雇劳动参与率(LPn1),但对农业打工劳动参与率(LPf1)、自家农业劳动参与率(LPf2)和个体私营经济劳动参与率(LPn2)没有显著影响。在总体劳动参与模型(TLP)、非农业劳动参与模型(LPn)和受雇劳动参与模型(LPn1)中,养老保险参与变量均在1%的显著性上通过检验。从 Probit 边际效应来看,参加养老保险将使总体劳动参与率提高 7.57%,非农业劳动参与率提高 10.73%,受雇劳动参与率提高 9.28%。在农业劳动参与模型(LPf)、自家农业劳动参与模型(LPf2)、农业打工劳动参与模型(LPf1)和个体私营经济劳动参与模型(LPn2)中,养老保障覆盖变量没有通过显著性检验,说明参加养老保险并不影响城镇中老年人的这些劳动类型决策行为。该结果说明征地养老保险能够明显提高中老年人总体劳动参与率,促进中老年人非农业劳动参与率。

同时,在表 6.41 Probit 模型中考察了年份虚拟变量对于中老年人劳动参与率的影响。通过分析总劳动参与模型(TLP)发现,2013 年年份虚拟变量显著为负,2018 年年份虚拟变量对劳动参与影响不显著。该结果说明与 2011 年基期相比,短期(2011—2013)的劳动参与率有明显降低,但对长期影响不明显。

(2) 征地养老保险(失地养老保险)的劳动供给模型估计

首先,从全国中老年人样本来看(见表 6.42),征地养老保险对中老年人总体劳动供给时间(TLS)并没有显著影响。细分来看,征地养老保险显著地降低农业劳动供给时间(LSf),同时提高

表 6.41 征地养老保险对城镇中老年人的劳动参与的影响估计

VARIABLES	(1) TLP	(2) LPf	(3) LPf1	(4) LPf2	(5) LPn	(6) LPn1	(7) LPn2
lfpcov	0.0757***	−0.0009	0.0048	−0.0016	0.1073***	0.0928***	0.0238
	(2.7416)	(−0.0342)	(0.5429)	(−0.0616)	(3.8093)	(3.4852)	(1.2568)
2013	−0.0803***	−0.1269***	−0.0358***	−0.1383***	−0.0159*	−0.0424***	0.0245***
	(−9.8511)	(−14.8009)	(−6.9009)	(−16.2445)	(−1.8507)	(−5.1806)	(4.1079)
2018	0.0163	0.0287	−0.0036	0.0376**	−0.0283	−0.0081	−0.0193
	(0.701)	(1.577)	(−1.090)	(2.116)	(−1.284)	(−0.412)	(−1.173)
sex	0.1946***	0.1008***	0.0038	0.0980***	0.1850***	0.1517***	0.0370***
	(26.2379)	(13.3250)	(1.4120)	(13.1631)	(25.4837)	(21.9980)	(6.8225)
age	−0.0219***	−0.0089***	−0.0012***	−0.0084***	−0.0219***	−0.0189***	−0.0045***
	(−71.0686)	(−22.4856)	(−7.0797)	(−21.7065)	(−60.8279)	(−48.0773)	(−13.7867)
edu	−0.0103***	−0.0212***	−0.0030***	−0.0203***	0.0085***	0.0121***	−0.0030***
	(−12.1667)	(−26.9919)	(−9.0650)	(−26.2364)	(10.0480)	(15.0591)	(−5.0098)
married	0.0236*	0.0843***	0.0065	0.0900***	−0.0180	−0.0093	0.0065
	(1.8804)	(6.2953)	(1.2130)	(6.7456)	(−1.3146)	(−0.6831)	(0.6618)

续 表

VARIABLES	(1) TLP	(2) LPf	(3) LPf1	(4) LPf2	(5) LPn	(6) LPn1	(7) LPn2
adl_iadl	−0.0906***	−0.0207*	−0.0063	−0.0161	−0.1356***	−0.1170***	−0.0423***
	(−8.4015)	(−1.9282)	(−1.6364)	(−1.5315)	(−10.9461)	(−9.1216)	(−4.8063)
dependency	−0.0190***	0.0033	0.0005	0.0031	−0.0320***	−0.0368***	−0.0020
	(−3.2154)	(0.5854)	(0.2476)	(0.5534)	(−4.4991)	(−5.1800)	(−0.4249)
value	−0.0001	−0.0001	−0.0002**	−0.0001	−0.0002*	−0.0002	−0.0002**
	(−1.3599)	(−1.4859)	(−2.1380)	(−1.2320)	(−1.6681)	(−1.4930)	(−2.0051)
income	0.0053***	0.0341***	−0.0341***	0.0005	0.1015***	−0.0614***	0.0631***
	(9.2888)	(15.4852)	(−15.4320)	(0.9454)	(5.8472)	(−12.2878)	(25.5620)
re_support	−0.0021	−0.0042	0.0001	−0.0040	−0.0008	−0.0014	0.0002
	(−0.9818)	(−1.6414)	(0.0615)	(−1.5853)	(−0.3582)	(−0.7084)	(0.1437)
e_support	0.0024**	−0.0030***	−0.0005	−0.0032***	0.0034***	0.0005	0.0017***
	(2.3674)	(−2.6433)	(−0.8512)	(−2.8178)	(3.5196)	(0.6421)	(3.2283)
D2	−0.0061	0.0117	0.0062*	0.0097	−0.0241***	−0.0452***	0.0215***
	(−0.7027)	(1.3410)	(1.9463)	(1.1232)	(−2.7849)	(−5.6251)	(3.4489)

续 表

VARIABLES	(1) TLP	(2) LPf	(3) LPf1	(4) LPf2	(5) LPn	(6) LPn1	(7) LPn2
D3	0.0311***	0.0802***	0.0048	0.0764***	−0.0487***	−0.0682***	0.0193***
	(3.0651)	(8.3922)	(1.4013)	(8.1357)	(−4.8880)	(−7.2596)	(2.7311)
Pseudo R^2	0.2933	0.0994	0.3214	0.1115	0.3781	0.4291	0.1748
Observations	11800	11800	11800	11800	11800	11800	11800

注:(1)采用 Probit 模型估计;(2)估计结果汇报边际效应;(3)括号内为 t 值;(4) *** $p<0.01$, ** $p<0.05$, * $p<0.1$。

了非农业劳动供给时间(LSn)。进一步考察不同类型的劳动供给模型可以发现,征地养老保险显著地降低中老年人的自家农业劳动供给时间(LSf2),同时显著提高中老年人的受雇劳动供给时间(LSn1)和个体私营经济劳动供给时间(LSn2),但对农业打工劳动供给时间(LSf1)没有影响。在非农业劳动供给模型(LSn)、受雇劳动供给模型(LSn1)和个体私营经济劳动供给时间(LSn2)中,失地养老保险劳动供给变量均在1%的显著性上通过检验。从Tobit边际效应来看,参加征地养老保险将使非农业劳动供给时间提高187.43小时/年,受雇劳动供给时间提高104.63小时/年,个体私营劳动供给时间提高238.07小时/年。在农业劳动供给时间(LSf)和自家农业劳动供给时间(LSf2)中,失地养老保险劳动供给变量均在5%的显著性上通过检验。从Tobit边际效应来看,参加养老保险将使农业劳动供给时间减少57.39小时/年,自家农业劳动供给时间减少52.81小时/年,该结果说明征地养老保险能够明显降低中老年人农业劳动供给时间,促进中老年人非农业劳动供给时间。从劳动类型分析可以看出,征地养老保险显著激励中老年人降低自家农业劳动供给时间,提高受雇劳动供给时间和个体私营经济劳动供给时间。

同时,在表6.42 Tobit模型中考察了年份虚拟变量对于全国中老年人劳动供给时间的影响。通过分析总劳动供给时间模型(TLS)发现,2013年年份虚拟变量显著为负,2018年年份虚拟变量对劳动供给时间影响不显著。该结果说明与2011年基期相比,短期(2011—2013)的劳动供给时间有明显降低,但长期影响不明显。

其次,分别考察征地养老保险对农村和城镇中老年人劳动供给时间的影响。从农村中老年人样本来看(见表6.43),征地养老保险对中老年人总体劳动供给时间(TLS)并没有显著影响。细分来看,征地养老保险显著地提高了非农业劳动供给时间(LSn),同时显著降低农业劳动供给时间(LSf)。进一步考察不同类型的劳动供给模型可以发现,征地养老保险显著地提高中老年人的受雇劳动供给时间(LSn1)和个体私营经济劳动供给时间(LSn2),同时显著降低自家农业劳动供给时间(LSf2),但对农业打工劳动供给时间(LSf1)没有影响。在农业劳动供给模型(LSf)、自家农业打工劳动供给模型(LSf2)、非农业劳动供给模型(LSn)、受雇劳动供给模型(LSn1)和个体私营经济劳动供给模型(LSn2)中,失地养老保险劳动供给变量均在1%的显著性上通过检验。从Tobit边际效应来看,参加养老保险将使农业劳动供给时间减少130.14小时/年,自家农业打工劳动时间减少121.04小时/年,非农业劳动供给时间(LSn)增加191.44小时/年,受雇劳动供给时间(LSn1)增加128.63小时/年,个体私营经济劳动供给时间(LSn2)增加165.14小时/年。在总体劳动供给时间模型(TLS)和农业打工劳动供给模型(LSf1)中,失地养老保险变量没有通过显著性检验,说明失地养老保险并不影响农村中老年人的这些劳动类型决策行为。该结果说明征地养老保险能够明显降低中老年人农业劳动供给时间,增加中老年人非农业劳动供给时间。从劳动类型分析可以看出,征地养老保险显著激励中老年人减少自家农业劳动供给时间,提高受雇劳动供给时间和个体私营经济劳动供给时间。

同时,在表6.43 Tobit模型中考察了年份虚拟变量对于农村中老年人劳动供给时间的影响。通过分析总劳动供给时间模型(TLS)发现,2013年和2018年年份虚拟变量都显著为负,且2018年的系数绝对值(42.84)小于2013年的系数绝对值(49.98),其系数绝对值之差为−7.14,小于2013年系数绝对值。

该结果表明,征地养老保险无论是在长期还是在短期都减少劳动供给时间,且在长期(2011—2018)的劳动供给时间小于短期(2011—2013)的劳动供给时间,2013—2018年的劳动供给小于2011—2013年的劳动供给。

再来观察征地养老保险覆盖对城镇中老年人的劳动供给时间的影响。从城镇中老年人样本来看(见表6.44),征地养老保险显著增加中老年人总体劳动供给时间(TLS)。细分来看,征地养老保险显著提高非农业劳动供给时间(LSn),但对农业劳动供给时间(LSf)没有显著影响。进一步考察不同类型的劳动供给模型可以发现,征地养老保险显著地提高中老年人的受雇劳动供给时间(LSn1),但对农业打工劳动供给时间(LSf1)、自家农业劳动供给时间(LSf2)和个体私营经济劳动供给时间(LSn2)没有影响。在总体劳动供给时间模型(TLS)、非农业劳动供给模型(LSn)、受雇劳动供给模型(LSn1)中,失地养老保险劳动供给变量均在1%的显著性上通过检验。从Tobit边际效应来看,参加养老保险将使总体劳动供给时间提高269.44小时/年,非农业劳动供给时间提高323.09小时/年,受雇劳动供给时间提高272.74小时/年。在农业劳动供给模型(LSf)、农业打工劳动供给模型(LSf1)和自家农业打工劳动供给模型(LSf2)中,失地养老保险变量没有通过显著性检验,说明失地养老保险并不影响城镇中老年人的这些劳动类型决策行为。该结果说明征地养老保险能够明显提高中老年人总体劳动供给时间,促进中老年人非农业劳动供给时间。从劳动类型分析可以看出,征地养老保险显著激励中老年人提高受雇劳动供给时间。

同时,在表6.44 Tobit模型中考察了年份虚拟变量对于城镇中老年人劳动供给时间的影响。通过分析总劳动供给时间模型

表 6.42 征地养老保险对全国中老年人劳动供给的影响估计

VARIABLES	(1) TLS	(2) LSf	(3) LSf1	(4) LSf2	(5) LSn	(6) LSn1	(7) LSn2
lfpcov	29.36	−57.39**	−22.84	−52.81**	187.43***	104.63***	238.07***
	(0.7642)	(−2.4203)	(−0.9786)	(−2.2917)	(3.9582)	(2.8098)	(3.5736)
2013	−40.29***	20.81***	−41.57***	33.09***	−182.90***	−355.31***	5.01
	(−3.6082)	(3.0727)	(−6.5559)	(5.0182)	(−12.0913)	(−28.8584)	(0.2329)
2018	12.61	24.08	−2.50	26.97	−36.12	46.44**	−166.44***
	(0.570)	(1.432)	(−0.349)	(1.635)	(−1.621)	(2.414)	(−4.874)
sex	253.03***	86.32***	6.65	85.68***	299.17***	282.01***	222.61***
	(22.9680)	(12.8847)	(1.1018)	(13.1735)	(20.5736)	(24.4563)	(10.6536)
age	−31.29***	−7.55***	−4.36***	−7.08***	−38.07***	−30.27***	−28.77***
	(−45.6416)	(−18.7634)	(−10.7888)	(−18.1445)	(−37.9293)	(−36.4095)	(−20.6521)
edu	−9.14***	−14.38***	−4.31***	−13.23***	7.56***	11.23***	2.47
	(−6.8550)	(−17.4503)	(−5.8207)	(−16.5403)	(4.4776)	(8.5379)	(1.0090)
married	182.65***	182.42***	22.20**	178.61***	7.01	−17.45	66.70*
	(10.8855)	(17.8731)	(2.2068)	(17.9923)	(0.2895)	(−0.8995)	(1.8616)

续 表

VARIABLES	(1) TLS	(2) LSf	(3) LSf1	(4) LSf2	(5) LSn	(6) LSn1	(7) LSn2
hukou	344.11***	559.52***	135.88***	541.94***	−151.69***	−161.88***	−105.29***
	(23.3968)	(51.3793)	(10.9432)	(51.1688)	(−8.7850)	(−12.2701)	(−4.2372)
adl_iadl	−246.02***	−111.53***	−52.24***	−102.80***	−320.74***	−246.76***	−241.67***
	(−18.7510)	(−14.3485)	(−6.7724)	(−13.6197)	(−15.8812)	(−14.4540)	(−8.4565)
dependency	−18.50**	−7.38	−3.69	−7.06	3.98	−24.60**	19.93
	(−2.0006)	(−1.3032)	(−0.6650)	(−1.2818)	(0.3180)	(−2.4613)	(1.1026)
value	−1.03***	−3.85***	−0.66**	−3.87***	0.10	0.46**	−0.46
	(−3.2985)	(−12.5023)	(−2.4822)	(−12.9001)	(0.3067)	(2.0388)	(−1.0501)
income	48.60***	27.19***	19.64***	56.22***	127.61***	−62.03***	295.60***
	(23.5921)	(14.2408)	(11.5420)	(3.4536)	(36.6064)	(−7.3659)	(30.2965)
re_support	−19.06***	−12.42***	−10.93***	−10.83***	−9.14**	−1.35	−8.63
	(−4.8434)	(−4.5190)	(−3.2174)	(−4.1120)	(−1.9648)	(−0.4093)	(−1.2368)
e_support	7.73***	−0.51	−1.34	−0.20	−0.28	1.57	10.81***
	(3.4804)	(−0.3412)	(−0.7925)	(−0.1337)	(−0.1061)	(0.8371)	(3.2917)

续 表

VARIABLES	(1) TLS	(2) LSf	(3) LSf1	(4) LSf2	(5) LSn	(6) LSn1	(7) LSn2
D2	3.82	57.01***	-4.80	59.52***	-96.35***	-159.49***	60.21***
	(0.3098)	(7.5078)	(-0.7091)	(8.0617)	(-6.1465)	(-13.1860)	(2.6065)
D3	126.26***	186.31***	-8.03	188.70***	-173.52***	-237.00***	16.00
	(9.6231)	(23.4447)	(-1.1202)	(24.4224)	(-9.8338)	(-16.8091)	(0.6290)
Pseudo R^2	0.02	0.03	0.18	0.03	0.06	0.08	0.04
Observations	32144	32144	32144	32144	32144	32144	32144

注:(1)采用 Tobit 模型估计;(2)估计结果汇报边际效应;(3)括号中为 t 值;(4) *** $p<0.01$, ** $p<0.05$, * $p<0.1$。

表 6.43 征地养老保险对农村中老年人劳动供给的影响估计

VARIABLES	(1) TLS	(2) LSf	(3) LSf1	(4) LSf2	(5) LSn	(6) LSn1	(7) LSn2
lfpcov	-15.40	-130.14***	11.76	-121.04***	191.44***	128.63***	165.14***
	(-0.3797)	(-4.8448)	(0.737)	(-4.6545)	(4.1878)	(3.4947)	(2.6544)
2013	-49.98***	79.54***	-8.81	91.09***	-282.22***	-460.98***	-4.06
	(-4.4256)	(11.0563)	(-1.258)	(13.0654)	(-19.2257)	(-34.9630)	(-0.2168)

续 表

VARIABLES	(1) TLS	(2) LSf	(3) LSf1	(4) LSf2	(5) LSn	(6) LSn1	(7) LSn2
2018	−42.84**	7.96	7.08**	−1.83	2.07	37.24*	21.72
	(−2.307)	(0.562)	(2.259)	(−0.352)	(0.148)	(1.793)	(1.087)
sex	255.18***	89.17***	−0.07***	85.17***	298.80***	265.19***	199.47***
	(22.6606)	(12.3913)	(−2.661)	(12.2357)	(21.6208)	(23.1637)	(10.7961)
age	−28.54***	−7.30***	−0.44	−6.62***	−33.18***	−26.19***	−22.93***
	(−43.1913)	(−17.6783)	(−0.929)	(−16.5748)	(−37.0990)	(−34.7213)	(−19.5927)
edu	−7.32***	−19.40***	−0.22	−18.01***	13.71***	13.69***	8.24***
	(−5.4301)	(−22.0517)	(−0.032)	(−21.1732)	(8.6876)	(10.7530)	(−3.8653)
married	221.15***	201.43***	−3.05	196.62***	40.55*	8.47	95.19***
	(12.6876)	(18.0939)	(−0.373)	(18.2373)	(1.6915)	(0.4231)	(2.8477)
adl_iadl	−277.25***	−114.44***	−12.93***	−103.16***	−332.74***	−263.54***	−228.78***
	(−20.6506)	(−13.5419)	(−2.721)	(−12.6307)	(−17.2979)	(−15.7023)	(−8.9648)
dependency	−11.43	−12.55**	1.09	−11.67**	4.91	−18.45*	15.98
	(−1.2164)	(−2.0811)	(1.069)	(−2.0004)	(0.4120)	(−1.8358)	(0.9919)

续 表

VARIABLES	(1) TLS	(2) LSf	(3) LSf1	(4) LSf2	(5) LSn	(6) LSn1	(7) LSn2
value	−0.41*	−0.96***	0.63	−0.93***	−0.13	−0.07	−0.01
	(−1.7107)	(−5.9324)	(1.559)	(−5.9503)	(−0.6382)	(−0.6274)	(−0.0444)
income	20.04***	8.10***	−1.83	56.17***	83.83***	−77.07***	249.75***
	(16.2639)	(8.6750)	(−0.352)	(3.8202)	(32.4514)	(−9.3030)	(30.8528)
re_support	−25.82***	−9.68***	−7.13**	−7.82***	−13.17***	−9.84**	−12.56*
	(−5.9789)	(−3.4537)	(−2.373)	(−2.9386)	(−2.6637)	(−2.4005)	(−1.8798)
e_support	4.61**	−8.15***	3.47	−7.58***	0.23	2.05	8.94***
	(2.2469)	(−4.5890)	(1.137)	(−4.4266)	(0.1087)	(1.2676)	(3.6029)
D2	−40.04***	61.53***	−5.97	66.38***	−145.24***	−190.13***	18.94
	(−3.1641)	(7.5331)	(−1.059)	(8.3933)	(−9.6764)	(−15.4430)	(0.9374)
D3	87.35***	202.22***	0.14	205.56***	−227.54***	−241.32***	−53.76**
	(6.5821)	(23.7029)	(0.465)	(24.8883)	(−13.7515)	(−17.6249)	(−2.4185)
Pseudo R^2	0.02	0.01	0.17	0.01	0.06	0.08	0.04
Observations	30270	30270	30270	30270	30270	30270	30270

注：(1)采用 Tobit 模型估计；(2)估计结果汇报边际效应；(3)括号中为 t 值；(4) *** $p<0.01$, ** $p<0.05$, * $p<0.1$。

表 6.44 征地养老保险对城镇中老年人劳动供给的影响估计

VARIABLES	(1) TLS	(2) LSf	(3) LSf1	(4) LSf2	(5) LSn	(6) LSn1	(7) LSn2
lfpcov	269.44***	−14.97	−4.15	−3.19	323.09***	272.74***	114.00
	(3.7814)	(−0.4690)	(−0.1224)	(−0.1068)	(4.1483)	(4.4942)	(1.0147)
2013	−87.58***	−171.71***	−105.21***	−155.92***	73.99***	−167.07***	155.86***
	(−3.8691)	(−15.1455)	(−6.8173)	(−14.5960)	(2.9655)	(−8.4823)	(−4.4653)
2018	−8.55	10.60**	0.47	9.76**	−12.01	−15.60*	4.95
	(−0.903)	(2.087)	(0.692)	(2.031)	(−1.174)	(−1.706)	(0.360)
sex	418.15***	111.94***	4.10	102.60***	370.00***	321.33***	205.44***
	(20.3220)	(11.8431)	(0.4291)	(11.5051)	(16.5458)	(18.4136)	(6.5004)
age	−54.90***	−10.35***	−3.87***	−9.44***	−52.93***	−42.29***	−29.31***
	(−44.2318)	(−19.9589)	(−6.5731)	(−19.3310)	(−35.9294)	(−34.9432)	(−15.0079)
edu	−21.89***	−26.69***	−10.74***	−24.44***	3.29	22.84**	−17.67***
	(−9.8098)	(−25.0522)	(−9.3817)	(−24.3694)	(1.3287)	(11.7733)	(−5.0504)
married	111.26***	118.90***	11.76	112.38***	12.10	8.35	76.01
	(3.0971)	(6.9471)	(0.6487)	(6.9521)	(0.2987)	(0.2545)	(1.3067)

续 表

VARIABLES	(1) TLS	(2) LSf	(3) LSf1	(4) LSf2	(5) LSn	(6) LSn1	(7) LSn2
adl_iadl	−277.10***	−19.04	−32.95**	−12.83	−403.74***	−297.41***	−273.56***
	(−8.9535)	(−1.4661)	(−2.3439)	(−1.0502)	(−10.6036)	(−9.3378)	(−5.2479)
dependency	−87.87***	−1.33	−2.06	−0.11	−98.45***	−96.21***	−35.77
	(−5.1012)	(−0.1853)	(−0.2380)	(−0.0166)	(−4.6573)	(−5.6456)	(−1.2350)
value	−0.33	−0.04	−0.33	−0.03	−1.82***	−0.43	−1.08**
	(−1.3098)	(−0.4287)	(−0.9896)	(−0.3742)	(−4.0786)	(−1.4339)	(−1.9799)
income	15.50***	2.59***	111.76***	57.02***	69.23***	−100.60***	301.48***
	(10.2563)	(3.9006)	(18.1703)	(4.3496)	(21.6170)	(−9.2098)	(22.7224)
re_support	−7.37	−2.10	−1.05	−1.36	−7.52	−7.08	−5.21
	(−1.2732)	(−0.6796)	(−0.3143)	(−0.4689)	(−1.2398)	(−1.4889)	(−0.5966)
e_support	6.38***	−2.95**	−1.30	−2.95**	1.04	1.42	9.68***
	(2.7751)	(−2.1288)	(−0.7149)	(−2.2144)	(0.4221)	(0.7795)	(3.1150)
D2	−47.40**	3.22	16.96	5.92	−48.55**	−129.57***	119.18***
	(−2.0691)	(0.2995)	(1.5201)	(0.5834)	(−1.9730)	(−6.8704)	(3.2986)

续 表

VARIABLES	(1) TLS	(2) LSf	(3) LSf1	(4) LSf2	(5) LSn	(6) LSn1	(7) LSn2
D3	−1.10	91.10***	12.53	88.97***	−117.86***	−190.41***	101.81**
	(−0.0421)	(7.8284)	(1.0467)	(8.1065)	(−4.1142)	(−8.5432)	(2.4747)
Pseudo R^2	0.05	0.03	0.03	0.06	0.09	0.05	0.08
Observations	11800	11800	11800	11800	11800	11800	11800

注:(1)采用Tobit模型估计;(2)估计结果汇报边际效应;(3)括号中为t值;(4) *** $p<0.01$, ** $p<0.05$, * $p<0.1$。

(TLS)发现,2013年年份虚拟变量显著为负,2018年年份虚拟变量对劳动供给时间影响不显著。该结果说明与2011年基期相比,短期(2011—2013)的劳动供给时间有明显降低,但长期影响不明显。

6.7 本章小结

本章基于效用目标函数,建立融入养老保障制度的最大化效用模型,分析了养老保障制度对劳动供给的影响机制,并利用2011年、2013年和2018年CHARLS数据实证分析了当前中国养老保障制度对中老年人劳动参与率和劳动供给时间的影响。

研究表明,不同类型的养老保障项目对全国中老年人的劳动参与率和劳动供给时间的影响存在较大差异。第一,新型农村养老保险制度更倾向于鼓励全国中老年人提高农业劳动供给尤其是自家农业劳动的劳动参与率和劳动供给时间,对总体劳动参与率也存在正向效应,但对非农业劳动供给,特别是受雇劳动存在负向效应。从劳动参与模型和劳动供给模型的边际效应来看,参加新型农村养老保险使全国中老年人的自家农业劳动参与率和自家农业劳动供给时间分别提高7.22%和60.67小时/年,农业劳动参与率和农业劳动供给时间分别提高7.28%和69.85小时/年,总体劳动参与率提高4.93%,而非农业劳动参与率和非农业劳动供给时间分别降低1.12%和26.40小时/年、受雇劳动参与率和受雇劳动供给时间分别降低0.92%和56.23小时/年。第二,不同于新农保,城镇职工养老保险更倾向于鼓励全国中老年人提高受雇劳动供给时间,但也降低农业劳动供给尤其是自家农业劳动的劳动参与率和劳动供给时间,对总体劳动参与率也存在负向效应。第三,城镇居民养老保险倾向于鼓励全国中老年人提高非农业劳动参与率和供给时间,同时鼓励他们降低农业劳动参与率和供给时间,但整体来说,对总体劳动参与率产生负向影响,而对总体劳动供给时间产生正向的积极影响。第四,城乡居民养老保险会对总体劳动参与率和劳动供给时间都产生正向的积极影响,鼓励他们提高农业劳动和非农业劳动参与率。从劳动参与模型和劳动供给模型的边际效应来看,参加城乡居民养老保险使全国中老年人的总体劳动参与率和劳动供给时间分别提高 2.40% 和 44.75 小时/年。第五,与城乡居民养老保险相反的是政府机关和事业单位养老保险,激励中老年人退出劳动力市场。第六,农村养老保险和征地养老保险更鼓励全国中老年人减少自家农业劳动供给,增加个体私营经济劳动供给。此外,从年份变量对于全国中老年人劳动参与率和劳动供给时间的影响来看,新农保、城镇职工养老保险、城镇居民养老保险、城乡居民养老保险、政府机关和事业单位养老保险、农村养老保险在长期(2011—2018)的劳动参与率效果均小于短期(2011—2013)效果,并且 2013—2018 年的劳动参与率小于 2011—2013 年的劳动参与率,即劳动参与率效果在后期大幅减弱。长期(2011—2018)的劳动供给时间效果大于短期(2011—2013)效果,并且 2013—2018 年的劳动供给时间小于 2011—2013 年的劳动供给时间,即劳动供给时间效果在后期有所减弱。参与征地养老保险的中老年人劳动参与率在长期(2011—2018)显著为负,短期(2011—2013)影响不明显,而劳动供给时间在短期显著为负,长期影响不明显。

不同类型的养老保险项目对农户中老年人的劳动参与率和劳动供给时间的影响存在较大差异。第一,新农保更倾向于鼓励农户中老年人提高农业劳动供给尤其是自家农业劳动的劳动参与率和劳动供给时间,对总体劳动参与率也存在正向效应,但对非农业劳动供给,特别是受雇劳动存在负向效应。从劳动参与模型和劳动供给模型的边际效应来看,参加新农保使农户中老年人的自家农业劳动参与率和自家农业劳动供给时间分别提高 10.73% 和 95.81 小时/年,农业劳动参与率和农业劳动供给时间分别提高 10.61% 和 112.21 小时/年,总体劳动参与率和劳动供给时间分别提高 5.79% 和 47.16 小时/年,而非农业劳动参与率和非农业劳动供给时间分别降低 2.60% 和 48.50 小时/年、受雇劳动参与率和受雇劳动供给时间分别降低 2.00% 和 74.75 小时/年。新农保对农户中老年人同样具有更强的"拉回效应",鼓励农户中老年人脱离城镇受雇非农部门,转移到农业农村从事自家农业劳动和农业打工劳动。第二,不同于新农保,城镇职工养老保险、政府机关和事业单位养老保险均对农户中老年人产生更强的"吸纳效应",鼓励农户中老年人脱离农村农业特别是自家农业劳动,转移到城镇非农部门从事受雇非农业劳动,对总体劳动参与率也存在负向效应。这是因为城镇职工养老保险、政府机关和事业单位养老保险与新农保在制度设计上有很大不同,新农保与农业劳动密切关联,而城镇职工养老保险、政府机关和事业单位养老保险与非农业劳动特别是受雇劳动紧密相关,城镇职工养老保险会对农户中老年人产生更强的"吸纳效应",鼓励农户中老年人脱离农村自家农业劳动,转移到城镇非农部门从事受雇非农业劳动。第三,城镇居民养老保险鼓励农村中老年人降低他们的农业劳动参与率和供给时间,提高非农业劳动参与率和供给时间,总体上也激励其退出劳动力市场。从劳动参与模型和劳动供给模型的边际效应来看,参加城镇居民养老保险使农户中老年人的个体私营经济劳动参与率和劳动供给时间分别提高 2.23% 和 154.89 小时/年,非农业劳动参与率和劳动供给时间分别提高 6.28% 和 195.02 小时/年。参加城镇居民养老保险使农户中老年人的农业劳动参与率和劳动供给时间分别降低 32.45% 和 451.43 小时/年,总体劳动参与率和劳动供给时间分别降低 15.46% 和 136.24 小时/年。第四,城乡居民养老保险对农户中老年人的各项劳动决策均有激励作用,即该保险显著提高农户老年人总体劳动参与率、农业劳动参与率以及非农业劳动参与率,尤其是自家农业劳动参与率和个体私营经济劳动参与率。第五,老农保和征地养老保险均鼓励农户中老年人脱离农村农业特别是自家农业劳动,转移到城镇非农部门从事受雇和个体私营经济等非农业劳动。此外,从年份变量对于农村中老年人劳动参与率的影响来看,城镇职工养老保险、城镇居民养老保险、政府机关和事业单位养老保险、农村养老保险、征地养老保险在长期(2011—2018 年)对劳动参与率影响不明显,而对短期(2011—2013)的劳动参与率有明显提高。而新农保对短期的劳动参与率没有显著影响,对长期的劳动参与率有负向影响,城乡居民养老保险、政府机关和事业单位养老保险在长期(2011—2018)的劳动参与率效果小于短期(2011—2013)效果,并且 2013—2018 年的劳动参与率小于 2011—2013 年的劳动参与率,即劳动参与率效果在后期大幅减弱。就年份变量对于农村中老年人劳动供给时间的影响而言,除征地养老保险外,新农保、城镇职工养老保险、城镇居民养老保险、城乡居民养老保险、政府机关和事业单位养老保险、农村养老保险的长期(2011—2018)劳动供给时间均有明显提高,但短期影响不明显。

从城镇视角来看,"碎片化"的养老保障制度对城镇中老年人的劳动参与率和劳动供给时间的影响也存在较大差异。第一,新农保制度更倾向于鼓励城镇中老年人降低受雇和个体私营经济等非农业劳动参与率和劳动供给时间,也鼓励提高农业劳动供给尤其是自家农业劳动的劳动参与率和劳动供给时间,对总体劳动参与率也存在正向效应。第二,与新农保相反,城镇职工养老保险、政府机关和事业单位养老保险均激励城镇中老年人从事受雇非农业劳动,对总体劳动参与率也存在负向效应。第三,城镇居民养老保险更倾向于激励城镇中老年人从事个体私营经济,放弃其他形式的可能兼业劳动,总体上也激励其退出劳动力市场。第四,城乡居民养老保险激励城镇中老年人提高自家农业劳动供给和个体私营经济劳动供给,对总体劳动参与率和劳动供给时间也存在正向效应。第五,征地养老保险更倾向于激励城镇中老年人从事受雇非农业劳动。此外,从年份变量对于城镇中老年人劳动参与率和劳动供给时间的影响来看,除征地养老保险外,新农保、城镇职工养老保险、城镇居民养老保险城乡居民养老保险、政府机关和事业单位养老保险、农村养老保险在长期(2011—2018)的劳动参与率和劳动供给时间效果均大于短期(2011—2013)效果,其中,城镇居民养老保险、城乡居民养老保险、政府机关和事业单位养老保险和农村养老保险在后期(2013—2018)的劳动参与率大于前期(2011—2013)的劳动参与率以及劳动供给时间小于前期(2011—2013)的劳动供给时间;新农保和城镇职工养老保险在后期(2013—2018)的劳动参与率和劳动供给时间均小于前期(2011—2013)的劳动参与率和劳动供给时间。征地养老保险在短期(2011—2013)的劳动参与率和劳动供给时间显著为负,在长期(2011—2018)影响不显著。

综上所述,"碎片化"的养老保障制度对农村中老年人和城镇中老年人的劳动供给效应存在明显差异,这给正在城镇化过程中的城乡社会保障体制衔接与融合带来挑战,未来中国社会保障一体化建设有必要考虑这一议题。

第7章 主要结论、政策建议和贡献

本章主要介绍有关中国养老保障制度劳动供给效应的主要结论、政策建议和主要贡献。第1节总结全书的主要结论；第2节通过梳理德国、法国、日本和智利等国家的社会保障制度对劳动供给的影响，总结和借鉴其经验，结合中国实际情况和第1节结论，提出符合中国国情的政策建议；第3节则说明本书的主要贡献和局限性。

7.1 主要结论

本书主要围绕中国养老保障制度对中老年人劳动供给的影响这一主线展开分析，首先介绍了劳动供给的内涵、养老保障制度对劳动供给的作用机制，并梳理了养老保障对劳动供给影响的相关文献。基于2020年第七次人口普查数据，应用队列要素人口预测模型，结合生育政策调整，预测了我国2021—2050年的老龄化趋势和劳动力的变化。然后，对使用的CHARLS数据、所用指标及计量模型进行了简要的描述。最后在此基础上，利用2011年、2013年和2018年CHARLS数据实证分析了养老保障制度对中老年人（包括城镇中老年人和农村中老年人）劳动供给的影响。本书基于效用最大化分析框架，构建了融入养老保障制度的劳动参与模型和劳动供给模型，使用二值选择模型（Probit）和归并回归（Tobit）分析法实证分析了养老保障制度对中老年人劳动供给的影响。通过研究得出以下结论：

首先，我国人口总量呈现出持续减少的变化趋势，老年人口规模也在不断扩大，同时，老龄化速度有所加快，老年抚养比持续增加。我国劳动年龄人口规模依然呈现出不断下降的趋势，中国劳动年龄人口内部结构趋势显示，中老年劳动力将成为劳动力主体。

第一，结合生育政策调整的实施，预计2021—2050年间我国全国人口总量呈现出持续减少的变化趋势。我国城镇人口数量呈现出先增加后减少的趋势，农村人口数量从2021年到2050年一直呈下降趋势。第二，即使考虑到生育政策的影响，我国老年人口规模也在不断扩大，同时老龄化速度有所加快。第三，无论是城镇还是农村以及全国，老年抚养比都持续增加，至2050年老年抚养比将达到50.27%，即未来需要两位年轻人抚养一位老年人，预示未来年轻人的赡养压力很大。第四，即使考虑到生育政策的影响，我国劳动年龄人口规模依然呈现出不断下降的趋势。第五，随着人口老龄化，中老年人即将成为未来我国劳动力的主体。在2021—2025年间，中老年劳动力比重将首次超过中青年劳动力比重，达到43.76%；在2025—2040年间，中老年劳动力比重持续增加，而此阶段中青年劳动力比重进一步减少；在2040—2050年间，中老年劳动力比重有所下降，但依然超过中青年劳动力。而对于中老年人群体来说，他们既是健康状况相对欠佳的群体，又是接近退出劳动力市场的群体，他们对于养老保障制度的反应尤为敏感，养老保障制度与中老年人的劳动供给关系也更加明显。因此需要特别关注45周岁以上的中老年人。

其次,养老保障制度对农户中老年人和城镇中老年人都具有显著的劳动供给效应。

研究表明,当前中国养老保障制度对全国中老年人的总体劳动、农业和非农业的劳动参与率和劳动供给时间都有显著影响。当前养老保障制度显著激励全国中老年人提高劳动参与率,但同时也显著激励其减少劳动供给时间。养老保障制度更倾向于鼓励中老年人提高农业劳动参与率(劳动供给时间),降低非农业劳动参与率(劳动供给时间)。从全国范围来看,当前中国的养老保障制度对中老年人有更强的"拉回效应",鼓励中老年人脱离城镇个体私营经济等非农部门,转移到农村农业从事自家农业劳动。从年份虚拟变量对于中老年人劳动参与率和劳动供给时间的影响来看,养老保障在长期(2011—2018)的劳动参与率和劳动供给时间效果小于短期(2011—2013)的劳动参与率和劳动供给时间效果,并且2013—2018年的劳动参与率和劳动供给时间小于2011—2013年的劳动参与率和劳动供给时间,即劳动参与和供给效果在后期大幅减弱。

从城乡二元结构来看,中国养老保障制度对农户中老年人劳动供给存在明显影响,养老保障覆盖对农户中老年人的总体劳动参与率具有正向影响。当前养老保障制度更倾向于鼓励农户中老年人提高农业劳动参与率和农业劳动供给时间,尤其是自家农业劳动的劳动参与率和劳动供给时间,但对非农业劳动供给特别是个体私营经济劳动供给存在负面效应。当前中国的养老保障制度对农户中老年人有更强的"拉回效应",鼓励农户中老年人脱离城镇个体私营经济等非农部门,转移到农村农业从事自家农业劳动。从年份虚拟变量对于农户中老年人劳动参与率的影响来看,随着时间的推移,养老保障促使农户中老年人劳动参与意愿的作用越来越弱,甚至激励他们退出劳动力市场。从年份虚拟变量对于农村中老年人劳动供给时间的影响来看,长期(2011—2018)的劳动供给时间有明显提高,但短期影响不明显。养老保障制度对城镇中老年人劳动供给存在明显影响,养老保障覆盖对城镇中老年人的总体劳动参与率和劳动供给时间都具有显著负向影响。当前养老保障更倾向于鼓励城镇中老年人降低非农业劳动供给特别是个体私营经济劳动供给,但也激励城镇中老年人提高受雇劳动供给。从年份虚拟变量对于城镇中老年人劳动参与率的影响来看,养老保障在长期(2011—2018)的劳动参与率小于短期(2011—2013)的劳动参与率,而在长期(2011—2018)的劳动供给时间大于短期(2011—2013)的劳动供给时间,劳动参与率和劳动供给时间在后期都大幅减弱。这说明随着时间的推移,养老保障激励城镇中老年人劳动参与意愿的作用越来越弱,甚至激励他们退出劳动力市场。

最后,不同类型的养老保障项目对中老年人(包括城镇中老年人和农户中老年人)的劳动参与率和劳动供给时间的影响存在较大差异。

从全国范围来看,不同类型的养老保障项目对全国中老年人的劳动参与率和劳动供给时间的影响存在较大差异。第一,新型农村养老保险制度更倾向于鼓励全国中老年人提高农业劳动供给尤其是自家农业劳动的劳动参与率和劳动供给时间,对总体劳动参与率也存在正向效应,但对非农业劳动供给,特别是受雇劳动存在负向效应。第二,不同于新农保,城镇职工养老保险更倾向于鼓励全国中老年人提高受雇劳动供给时间,但也降低农业劳动供给尤其是自家农业劳动的劳动参与率和劳动供给时间,对总体劳动参与率也存在负向效应。第三,城镇居民养老保险倾向于鼓励全国中老年人提高非农业劳动参与率和供给时间,同时鼓励他们降低农业劳动参与率和供给时间,但整体来说,对总体劳动参与率产生负向影响,而对总体劳动供给时间产生正向的积极影响。第四,城乡居民养老保险会对总体劳动参与率和劳动供给时间都产生正向的积极影响,鼓励他们提高农业劳动和非农业劳动参与率。第五,与城乡居民养老保险相反的是政府机关和事业单位养老保险,其激励中老年人退出劳动力市场。第六,农村养老保险和征地养老保险更鼓励全国中老年人减少自家农业劳动供给,增加个体私营经济劳动供给。此外,从年份变量对于全国中老年人劳动参与率和劳动供给时间的影响来看,新农保、城镇职工养老保险、城镇居民养老保险、城乡居民养老保险、政府机关和事业单位养老保险、农村养老保险在长期(2011—2018)的劳动参与率效果均小于短期(2011—2013年)效果,且劳动参与效果在后期大幅减弱;而长期(2011—2018)的劳动供给时间效果大于短期(2011—2013)效果,且劳动供给时间效果在后期有所减弱。参与征地养老保险的中老年人劳动参与率在长期(2011—2018)显著为负,短期(2011—2013)影响不明显,而劳动供给时间在短期显著为负,长期影响不明显。

从农村视角来看不同类型的养老保障项目对农户中老年人的劳动参与率和劳动供给时间的影响存在较大差异。第一,新农保更倾向于鼓励农户中老年人提高农业劳动供给尤其是自家农业劳动的劳动参与率和劳动供给时间,对总体劳动参与率也存在正向效应,但对非农业劳动供给,特别是受雇劳动存在负向效应。第二,不同于新农保,城镇职工养老保险、政府机关和事业单位养老保险均对农户中老年人产生更强的"吸纳效应",鼓励农户中老年人脱离农村农业特别是自家农业劳动,转移到城镇非农部门从事受雇非农业劳动,对总体劳动参与率也存在负向效应。这是因为城镇职工养老保险、政府机关和事业单位养老保险与新农保在制度设计上有很大不同,新农保与农业劳动密切关联,而城镇职工养老保险、政府机关和事业单位养老保险与非农业劳动特别是受雇劳动紧密相关,城镇职工养老保险会对农户中老年人产生更强的"吸纳效应",鼓励农户中老年人脱离农村自家农业劳动,转移到城镇非农部门从事受雇非农业劳动。第三,城镇居民养老保险鼓励农村中老年人降低他们的农业劳动参与率和供给时间,提高非农业劳动参与率和供给时间从事个体私营经济,总体上也激励其退出劳动力市场。第四,城乡居民养老保险对农户中老年人均有激励作用,即该保险显著提高农户老年人总体劳动参与率、农业劳动参与率以及非农业劳动参与率,尤其是自家农业劳动参与率和受雇劳动参与率。第五,老农保和征地养老保险均鼓励农户中老年人脱离农村农业特别是自家农业劳动,转移到城镇非农部门从事受雇和个体私营经济等非农业劳动。此外,从年份变量对于农村中老年人劳动参与率的影响来看,城镇职工养老保险、城镇居民养老保险、农村养老保险、征地养老保险在长期(2011—2018)对劳动参与率影响不明显,而对短期(2011—2013)的劳动参与率有明显提高。新农保对短期的劳动参与率没有显著影响,对长期的劳动参与率有负向影响。城乡居民养老保险在长期(2011—2018)的劳动参与率效果小于短期(2011—2013)效果,并且劳动参与率效果在后期大幅减弱。就年份变量对于农村中老年人劳动供给时间的影响而言,除征地养老保险外,新农保、城镇职工养老保险、城镇居民养老保险、城乡居民养老保险、政府机关和事业单位养老保险、农村养老保险的长期(2011—2018)劳动供给时间均有明显提高,但短期影响不明显。

从城镇视角来看,不同类型的养老保障项目对城镇中老年人的劳动参与率和劳动供给时间的影响存在较大差异。第一,新农保制度更倾向于鼓励城镇中老年人降低受雇和个体私营经济等非农业劳动参与率和劳动供给时间,也鼓励提高农业劳动供给尤其是自家农业劳动的劳动参与率和劳动供给时间,对总体劳动参与率也存在正向效应。第二,与新农保相反,城镇职工养老保险、政府机关和事业单位养老保险均激励城镇中老年人从事受雇非农业劳动,对总体劳动参与率也存在负向效应。第三,城镇居民养老保险更倾向于激励城镇中老年人从事个体私营经济,放弃其他形式的可能兼业劳动,总体上也激励其退出劳动力市场。第四,城乡居民养老保险激励城镇中老年人提高自家农业劳动供给和个体私营经济劳动供给,对总体劳动参与率和劳动供给时间也存在正向效应。第五,征地养老保险更倾向于激励城镇中老年人从事受雇非农业劳动。此外,从年份变量对于城镇中老年人劳动参与率和劳动供给时间的影响来看,新农保、城镇职工养老保险、城镇居民养老保险、城乡居民养老保险、政府机关和事业单位养老保险、农村养老保险在长期(2011—2018)的劳动参与率和劳动供给时间效果均大于短期(2011—2013)效果,其中,城镇居民养老保险、城乡居民养老保险、政府机关和事业单位养老保险、农村养老保险在后期(2013—2018)的劳动参与率大于前期(2011—2013)的劳动参与率但劳动供给时间小于前期(2011—2013)的劳动供给时间;新农保、城镇职工养老保险在后期(2013—2018)的劳动参与率和劳动供给时间均小于前期(2011—2013)的劳动参与率和劳动供给时间。而征地养老保险在短期(2011—2013)的劳动参与率和劳动供给时间显著为负,长期(2011—2018)影响均不显著。不同类型的养老保障项目对农村中老年人和城镇中老年人的劳动供给效应存在明显差异,这给正在城镇化过程中的城乡社会保障体制衔接与融合带来挑战,未来中国社会保障一体化建设有必要考虑这一议题。

综上可以发现,无论是养老保障整体还是"碎片化"的养老保障项目都存在显著的劳动供给效应,因此,该制度本身会从广度和深度两个维度影响着中老年人的劳动供给行为,而且不同的养老保障制度的劳动供给效应存在明显差异。这些特征对于正在加快发展的养老保障制度、深刻变化的劳动力市场建设及处在新常态的中国经济具有非常重要的政策启示。在过去的十几年里,中国的养老保障体系主要集中于基本框架的设计和制度的实践探索阶段,相关部门更多关注社会保障系统内部自身的运行,相对忽视其对整个经济社会系统的深刻影响。中国经济发展进入新常态,经济发展放缓,"人口红利"正在消失,劳动力人口绝对数量发生根本性转变,以及有可能遭遇中等收入陷阱等情况要求我们充分关注社会保障对劳动力市场的影响,构建既保民生福利又促进劳动力市场可持续发展的社会保障制度。这是中国当前和未来必须考虑的重要议题。

7.2 政策建议

本节通过梳理德国、法国、日本和智利等国家的社会保障制度对劳动供给的影响,总结和借鉴其经验,并结合中国实际情况和本书结论,提出符合中国国情的政策建议。

7.2.1 国际经验借鉴

(1) 德国社会保障制度的劳动供给效应及借鉴

德国的社会保障制度是现代社会保障福利制度的雏形。第二次世界大战后,德国逐渐形成了一套完善的社会保障制度,是欧洲大陆国家社会保障制度的代表,对各国的社会保障制度构建和发展有着深远的影响。但随着人口老龄化问题的加剧,管理体制弊端日益显现,改革势在必行。因此,探讨和研究德国的社会保障制度可以为中国的社会保障制度改革提供很多有益的启示。

德国高水平的社会保障对劳动供给的影响可以从两方面分析。一方面,社会保障缴费加重企业负担,在德国企业成本难以下调的情况下,裁员是其唯一可以选择降低成本的途径,这造成了德国失业率持续攀升。另一方面,德国社会保障待遇的提高可能引发自愿失业,从而进一步恶化德国的就业形势。通过对德国1991年至2004年社会保障缴费增长和德国失业率分析发现,社会保障水平每提高一个百分点,失业率就会相对提高0.09个百分点,说明社会保障水平过高会引起失业人数的增多,对促进就业产生消极作用(王川,2008)。当社会保障缴费提高时,劳动力成本增加,企业的高劳动力成本已经严重影响德国企业的对外竞争和国内就业,更多的企业不得不采取裁员的办法来规避劳动力成本的上升,从而造成了德国当时的高失业率,因此,德国通过调整社会保障负担,减轻企业劳动成本,从而有效控制德国的失业率(穆怀中,2008)。德国同时也出台了"就业取向援助"政策来提升劳动力市场政策的效果和消除社会救助的负激励效应,以此应对社会救助领取者数量和失业率日益上升的局面。丁纯(2022)选取15岁以上人口就业率作为观测指标,考察2005—2020年间德国的劳动力市场演化过程,发现随着德国社保制度的发展、改革和完善,其有力地推动了德国就业率的增长。这说明越完善的社保体系带来越高的就业率和越好的劳动力市场表现。进一步细究德国就业率缓步波动上升的成因,贡献最大的无疑是在此期间女性就业率的提升。德国女性就业率达到53.63%,是德国长期以来不断完善和实施妇女、家庭友好型及注重社会投资的社会保障制度和社会政策的集中体现。

德国的高水平社会保障,一方面是由于德国的经济实力雄厚,另一方面也是由于福利刚性所致,但这种慷慨的社会保障使德国经济付出沉重代价,已经严重影响了德国经济的进一步增长。德国社会保障制度的发展、改革和完善,也可以推动其就业率的增长。德国劳动力市场的表现还折射出社会保障制度对劳动力质量和人力资本提升的作用。德国逐步以就业参与、人力资本培育为核心的社会投资政策体现在社保和劳动力政策中,尽可能将投资用于人力资本而非经济资助。德国的《联邦教育促进法》《联邦劳动促进法》和闻名遐迩的双元制职业教育体系等均为其高质量劳动力的供给奠定了基础。25—64岁完成高中教育的人群是德国劳动力市场的中坚力量。德国高素质的劳动力为其享誉世界的四大支柱产业——汽车、化工、电子和机械制造提供了坚实的基础。中国社会保障在改革的过程中必须充分借鉴德国社会保障发展历程中的经验教训,从中国国情出发,特别是针对人口老龄化进入快速发展阶段、经济增长进入新常态、中等收入陷阱等现状,我国必须从战略层面出发制定社会保障的发展计划,防止出现"福利病"现象,不断推动劳动就业率的增长。

(2)法国社会保障制度的劳动供给效应及借鉴

法国社会保障制度自建立后,较好地发挥了社会保障的"减震器"和"安全网"的作用,为二战后推动法国经济的发展发挥了重要作用。近几年来,一方面,法国社会保障水平在持续提高;另一方面,经济增长却持续放缓,就业机会太少,财政赤字连续数年不断扩大。研究法国的社会保障制度,可以为我国社会保障制度的改革和发展提供有益借鉴。

1985—2000年,法国失业率一直在两位数高位徘徊,此后,失业率虽有下降,但仍然接近10%,高失业率导致社会保障支出增加,这迫使法国政府增加税收,但是这也以劳动力价格提升为代价,从而使法国企业竞争力减弱,竞争力的减弱又将加重失业,逼高社保开支,形成恶性循环。穆怀中(2008)分析了法国社会保障对劳动力供求产生的效应,研究表明,社会保障费率每增加1个百分点,失业率就上升2.08个百分点,说明社会保障对法国的劳动供给具有明显的负向效应。

郝宇彪和侯海萌(2018)基于法国在内的经济合作与发展组织国家面板数据分析证实,社会保障支出增加确实会加剧失业。王佳慧、张宁(2021)基于经济合作与发展组织国家的历史面板数据进行了实证分析,发现社保实际负担水平提高促使老年人提前退休。

近年来,法国政府因政治压力,在社保财政危机不断恶化的情况下继续提高社会保障福利水平,使得法国国内投资萎缩,失业人数不断增加,导致经济增长乏力。我国目前改革的方向就是提高社会保障福利,但发达国家的福利危机多次发出警示,不顾实际、片面地追求高福利可能得不偿失,结合中国人口老龄化进入快速发展阶段、劳动力供给连续多年递减的现实情况,必须建立与本国经济发展水平相适应的社会保障体系,才能实现双赢局面。

(3)日本社会保障制度的劳动供给效应及借鉴

日本是亚洲第一个实行社会保障制度的国家,目前已经建立起项目齐备、结构完善的社会保障制度。因日本经济长期低迷及老龄化等问题,近年来日本政府对社会保障进行了重大的改革。日本社会保障制度的发展和改革对中国有重要的启示。

第二次世界大战后,日本为在福利水平方面赶超西方国家,从社会保障制度落实之时就大面积覆盖,之后持续不断地提高待遇水平,并在1961年就实现了较高福利水平的全民保险。这导致日本社会保障的水平超过当时日本经济的发展水平,而过高的社会保障水平必然会对劳动供给产生影响。社会保障支出占国民收入比重每提高1%,日本的失业率就会上升0.203%(张乃亭,2015),说明社会保障制度对日本劳动参与率具有负向效应。日本1985年社会保障改革后,降低了养老金水平并且提高了享受福利的年龄要求,Takashi Oshio等(2009)研究发现,相对于没有实施社会保障改革的模拟水平,1985年改革后的20年左右男性老年劳动力增长了0.7%—6.7%,女性老年劳动力增长0.6%—2.2%。

随着日本人口老龄化不断加剧及社会保障负担日益加重,政府不得不削减养老金福利以维持社会保障制度持续稳定发展,同时颁布了一系列补贴政策促进老年劳动力供应的增加(Miyake Y. et al., 2018)。Oshio T.等(2018)研究发现,由于一系列社会保障改革,提前退休的税收减少与最近60岁及以上男性就业率的回升以及55—64岁女性就业率的上升趋势有关。李征(2021)通过对日本2020年《厚生劳动白皮书》解读发现,为了应对老龄少子化,日本对相应的社会保障制度进行了改革,包括但不限于修订《男女雇佣机会平等法》和《关于老年人雇佣安定法》,扩大非正式雇佣群体的保险范围,制定最低薪金制度等,极大促进了女性与老年人口就业并推动了对雇佣不平等问题的解决。

日本社会保障的发展经验表明,社会保障制度的发展必须与经济发展水平相适应,如果盲目扩大保障范围,提高支付水平,不仅会拖累国家经济的发展,而且会导致社会保障目标的失败。近年来,日本不断调整社会保障政策,以减轻财政负担,提高劳动供给水平,发展日本经济。日本社会保障的发展经验警示发展中国家,其社会保障项目应随经济体的发展而循序渐进,才能实现社会保障可持续性发展。

(4) 智利社会保障制度的劳动供给效应及借鉴

有"铜矿之国"美称的智利,在持续全面改革的推动下,实现了经济多年稳定增长。特别是1980年社会保障制度的改革,其效果远超当时人们的预期,震惊了全世界。智利在美洲国家中拥有最先进的社会保障制度,其在社会保障方面进行了独特的改革,取得了令人瞩目的成就,吸引了各国的关注。

智利的失业率在改革初期为20%,改革之后基本稳定在5%左右。穆怀中(2008)分析智利的社会保障制度对劳动供给效应的相关研究表明,智利的社会保障水平同失业率呈现负相关,社会保障费率每增加1个百分点,失业率下降10.8个百分点,说明社会保障对智利的劳动供给具有明显的正向效应。其中的原因在于智利的养老金制度实行的是完全积累制,鼓励个人积极参加工作,多缴多得。2020年以来,智利采取措施积极应对疫情带给养老金的挑战。《团结支柱法》于2019年12月获得批准,根据计划提款的团结养老金福利领取者得到充分的长寿风险保障,退休人员的养老金总额不会随着时间的推移而减少。其改革的特点是,保护低收入退休人员的福利,尤其是关注社会可持续性(卢琳玲,2022)。

智利在解决养老保险隐性债务问题时,强调国家责任要清晰,把偿还养老保险债务的责任交给财政部门,解决好新旧制度的衔接,采取一次算清、分期偿还的办法,成功地解决了隐性债务问题。智利还通过部分基金制和完全基金制来解决日益严重的人口老龄化问题,并引入竞争机制,提高养老基金的投资收益率,成功地改变了过去由政府统一管理的、缺乏竞争的、投资收益率低下的养老基金局面。通过改革,智利养老基金的投资获得高额回报,成为世界各国关注的对象。中国的社会保障改革,无论是处理养老保险隐性债务问题,还是管理养老基金的投资收益问题,都可以借鉴智利改革的成功经验。

7.2.2 政策建议

本书借助 2011 年、2013 年和 2018 年 CHARLS 数据,从养老保障方面研究了中国社会保障对中老年人劳动供给的影响,得出了一些对当前和未来中国社会保障改革和经济发展有重要启示意义的结论,同时借鉴德国、法国、日本和智利等国际经验,提出以下几点政策建议,为政策制定者在后续的政策制定过程中提供参考借鉴。

第一,在加速养老保障改革发展的同时要重视其对经济发展的影响。研究表明,目前养老保障制度总体上会提高农村中老年人的劳动参与率和劳动供给时间,这对当下人口老龄化、劳动力特别是农村劳动力正在逐年减少的中国经济有一定的益处。但是,中国目前的养老保障制度改革更容易强调其福利功能,若强调过度,超过中国经济体的能力承受范围,则容易像日本那样为赶超西方国家福利水平而盲目扩张,最终拖累经济发展,加大中国经济陷入中等收入陷阱的风险。同时,不同养老保障制度项目的供给效应差异明显,也正是目前中国养老保障制度碎片化、体系不成熟的表现,这给正在城镇化过程中的城乡社会保障体制衔接与融合、不同群体之间的衔接和统一带来挑战,未来中国社会保障一体化建设应充分关注这一议题。

第二,政策制定部门在完善社会保障自身制度建设的同时,也要充分考虑到社会保障制度对劳动力市场的影响。养老保障制度显著影响劳动力市场。作为对农民覆盖面最广、发展最快和影响最深的新农保制度,对农村中老年人表现出更强的"拉回效应",鼓励农村农户脱离城镇非农部门,转移到农业农村从事自家农业劳动,这在一定程度上加剧了"农民工荒",说明新农保制度正在加速劳动力市场转变。政策制定者在推动社会保障制度的完善过程中,必须审慎考虑其对劳动力市场的影响,采取有力的措施,实现养老保障制度与劳动力市场的平衡发展,促进国家的繁荣与稳定。

第三,寻求与劳动力市场和经济发展相适应的养老保障制度。中国养老保障制度的加速改革更容易强调福利,由于覆盖广、基数大,容易使养老保障制度的福利水平超过经济的发展水平,这不仅会造成严重的财政负担,更可能会加剧当前劳动力人口持续减少的趋势,不利于经济潜在的增长,从而加大中国陷入"中等收入陷阱"的风险。为了努力实现整体福利最大化,需要设计合理的养老保障制度,确定适度的保障水平(程杰,2014)。当前,中国经济发展进入新常态,产业结构正逐步调整,经济发展趋缓,需求和供给两方面共同抽紧经济体的发展。中国步入中等收入国家行列,未富先老,"人口红利"正在消失,劳动力人口绝对数量发生根本性转变,以及面临"中等收入陷阱"等现状,迫切要求我们充分关注社会保障对劳动供给的影响。构建既能保障民生福利又能促进劳动力市场可持续发展的社会保障制度,是中国当前和未来必须考虑的重要议题。

7.3 主要贡献和局限性

7.3.1 主要贡献

本书借鉴了养老保障制度的劳动供给效应相关理论和实证研

究,从理论上试图阐述养老保障制度对劳动供给影响的作用机理,并运用相关的数据资料、计量方法对养老保障劳动供给效应进行实证研究。与现有研究相比,本书的特色与创新之处有:

第一,通过理论引进与修正,构建融入养老保障制度的效用最大化模型。研究结合和扩展了 Fields and Mitchell(1984)、Zweimüller(1991)以及车翼和王元月(2006)的效用模型进行理论分析,解释养老保障制度对劳动供给的影响。

第二,我国现行的养老保障制度被具体划分为城镇职工养老保险、新农保、城镇居民养老保险等多种"碎片化"的养老保障项目。随着城镇化快速发展和劳动力不断流动,部分农户还参加了城镇职工养老保险、城镇居民养老保险。目前,已有的相关研究更多是探索某一种养老保障制度的劳动供给效应,因为"碎片化"的养老保障制度的缴费标准和待遇水平等很多方面均存在差异,几乎没有学者对这些碎片化的养老保障制度的劳动供给效应进行比较分析。然而,制度的共存性对这些制度的综合比较很有意义。基于这一现实,本书不仅从总体上评估养老保障制度的劳动供给效应,而且还对我国当前碎片化的养老保险制度的劳动供给效应的差异状况进行对比分析。在研究视角上,中国养老保障制度的"碎片化"恰恰可以看成是社会政策实验,从而可以观察不同养老保障制度在制度设计、保障水平等方面的差异,以及如何影响不同群体的劳动供给行为。这也是目前国内外研究欠考虑之处。

第三,从农业打工、自家农业生产活动、受雇劳动和个体私营经济四个不同的微观角度研究养老保障制度对中老年人劳动供给的影响也是本书的创新之一。以往文献对此内容的研究更多是从总体劳动供给的角度进行阐述,在研究劳动供给类型上缺乏更为深入的分析。对于现代城镇或农村居民来说,兼业是非常普遍的一种现象,本书将劳动供给分为四类:农业打工、自家农业、受雇和个体私营经济,从而更深入详细地考察了养老保障制度对中老年人劳动供给的影响。此外,本书应用2011年、2013年和2018年CHARLS数据捕捉到了养老保障在较长时期的劳动参与率和劳动供给时间效果,弥补了以往学者应用截面数据进行实证研究的局限性。

7.3.2 局限性

本书较为全面和深入地分析养老保障制度对劳动供给效应的影响,但依然存在一些不足:一是劳动者几乎同时参加养老保障和医疗保障,但因养老保障和医疗保障的制度设计和运作机制存在差异,未能将其融入一个理论模型来进一步分析社会保障对劳动供给的影响。二是由于数据局限,难以从养老保障待遇水平实证分析其劳动供给效应,从而更为全面地观察中国社会养老制度的劳动供给效应。

基于上述的不足之处,后续的研究可以在以下几个方面继续深入:一是尝试构建一个能同时融入养老保障和医疗保障等多个社会保障项目的理论模型,从理论上全面分析社会保障对劳动供给的作用机制。二是在养老保障对劳动供给的后续研究中,可以选择包含保险额度等信息在内的更加完善的微观调查数据,更加详细地分析养老保障对劳动供给的影响。同时,研究内容也可以从劳动供给扩展到如收入差距、生产率以及幸福指数等其他方面,尝试探索社会保障对居民的综合影响效应。

参考文献

[1] 蔡昉,都阳.工资增长、工资趋同与刘易斯转折点[J].经济学动态,2011(9):9—16.

[2] 蔡昉.人口转变、人口红利与刘易斯转折点[J].经济研究,2010(4):4—13.

[3] 蔡亮.养老保险对劳动力供给的影响[D].湖南师范大学,2009.

[4] 车翼,王元月.养老保险影响劳动力供给行为的logistic模型研究[J].中国管理科学,2006(zl):571—574.

[5] 陈沁,宋铮.城市化将如何应对老龄化?——从中国城乡人口流动到养老基金平衡的视角[J].金融研究,2013(6):1—15.

[6] 程杰."退而不休"的劳动者:转型中国的一个典型现象[J].劳动经济研究,2014(5):68—103.

[7] 程杰.养老保障的劳动供给效应[J].经济研究,2014(10):60—73.

[8] 程杰.社会保障的劳动供给效应:研究进展与评述[J].劳动经济评论,2015,8(2):15—27.

[9] 崔红艳,徐岚,李睿.对2010年人口普查数据准确性的估计[J].人口研究,2013,37(1):10—21.

[10] 丁纯.社会保障与经济发展:来自欧洲的证据和启示[J].社会保障评论,2022,6(5):26—55.

[11] 封进.人口老龄化、社会保障及对劳动力市场的影响[J].中国经济问题,2019(5):15—33.

[12] 冯志坚,莫旋.养老保险对乡城流动人口劳动供给的影响——基于内生转换回归模型的分析[J].人口与经济,2019(4):14—29.

[13] 甘犁,刘国恩,马双.基本医疗保险对促进家庭消费的影响[J].经济研究,2010,45(S1):30—38.

[14] 高燕.新型农村社会养老保险的政策效果分析——消费、收入、劳动力

供给与心理健康[D].山东大学,2015.
[15] 郭志刚.六普结果表明以往人口估计和预测严重失误[J].中国人口科学,2011(6):2—13.
[16] 郭志刚.中国低生育进程的主要特征——2015年1%人口抽样调查结果的启示[J].中国人口科学,2017(4):2—14.
[17] 郝娟,邱长溶.2000年以来中国城乡生育水平的比较分析[J].南方人口,2011,26(5):27—33.
[18] 郝宇彪,侯海萌.社会保障制度会加剧失业吗——基于OECD国家数据的PVAR分析[J].经济学家,2018,6(6):73—81.
[19] 贺振华.农户兼业的一个分析框架[J].中国农村观察,2005(01):2—9.
[20] 黄清峰,石静,蔡霞.建国60年中国社会保障制度变迁路径分析——基于新制度经济学视角[J].社会保障研究,2010(03):60—68.
[21] 黄志平.养老保险对农村老人劳动供给影响研究[D].浙江工商大学,2015.
[22] 贾曼丽.老龄化背景下我国劳动力供给的影响因素与未来趋势研究[D].首都经济贸易大学,2016.
[23] 姜鲁南.中国老年劳动力供给研究——来自CHARLS数据的证据[D].北京大学,2010.
[24] 蒋殿春.高级微观经济学(21世纪经济与管理研究生教材)[M].北京大学出版社,2006.
[25] 蒋选,郝磊.基于Tobit模型的中老年劳动供给影响因素分析[J].财经理论研究,2017(2):31—39.
[26] 蒋云赟.我国人口结构变动对国民储蓄的影响的代际分析[J].经济科学,2009(1):30—38.
[27] 蒋正华.JPOP-1人口预测模型[J].西安交通大学学报,1983(04):114—117.
[28] 解垩."新农保"对农村老年人劳动供给及福利的影响[J].财经研究,2015(8):39—49.
[29] 李慧,孙东升.养老保障是否会减少农民劳动供给——基于CHARLS数据的研究[J].中国农业资源与区划,2017,38(11):185—190.
[30] 李江一.社会保障对城镇老年人劳动参与的影响——以原城镇居民社会养老保险为例[J].人口与经济,2018(2):91—103.
[31] 李莉.养老金对劳动力供给的影响研究综述[J].财经科学,2005(4):175—180.

[32] 李琴,雷晓燕,赵耀辉. 健康对中国中老年人劳动供给的影响[J]. 经济学(季刊),2014(3):917—938.

[33] 李征. 日本人口、就业与社会保障结构性矛盾与政策应对——2020年《厚生劳动白皮书》解读[J]. 日本研究,2021(3):86—96.

[34] 刘奥龙. 城乡养老保险统筹对农业人口劳动供给的影响——基于PSM-DID方法的实证研究[J]. 经济问题探索,2019(7):101—190.

[35] 刘凌晨,曾益. 失地养老保险的劳动供给效应研究[J]. 现代管理科学,2016(6):67—69.

[36] 刘凌晨,曾益. 新农保覆盖对农户劳动供给的影响[J]. 农业技术经济,2016(6):56—67.

[37] 刘凌晨. 新常态经济视角下的收入差距与大学生就业[J]. 未来与发展,2015(11):18—21.

[38] 刘子兰,郑茜文,周成. 养老保险对劳动供给和退休决策的影响[J]. 经济研究,2019,54(6):151—167.

[39] 卢琳玲. 多源流理论视角下公共养老金待遇指数化调整机制研究[J]. 社会科学前沿,2022,11(8):3127—3138.

[40] 梅哲. 构建社会主义和谐社会中的社会保障问题研究[D]. 华中师范大学,2006.

[41] 穆怀中. 社会保障国际比较(第2版)[M]. 中国劳动社会保障出版社,2007.

[42] 庞丽华,Scott Rozelle,Alan de Brauw. 中国农村老人的劳动供给研究[J]. 经济学(季刊),2003(2):721—730.

[43] 秦雪征,周建波,辛奕,庄晨. 城乡二元医疗保险结构对农民工返乡意愿的影响——以北京市农民工为例[J]. 中国农村经济,2014(2):56—58.

[44] 申路瑶,黄嘉慧. 城乡居民基本养老保险对农村人口劳动供给的影响——基于CHARLS数据的实证分析[C]. 2020/2021中国保险与风险管理国际年会论文集,2021:764—785.

[45] 申珊. 养老金收入对农村老年人劳动供给决策的影响研究[J]. 市场周刊,2019(1):188—190.

[46] 史清华,徐翠萍. 农户家庭农地流转行为的变迁和形成根源——1986—2005年长三角15村调查[J]. 华南农业大学学报:社会科学版,2007,6(3):1—9.

[47] 孙晶晶. 试论失地农民养老保险制度安排[J]. 经济视角(中旬),2011(8):32.

[48] 王川.德国社会保障制度的经济学分析[D].吉林大学,2008.
[49] 王广州."单独"育龄妇女总量、结构及变动趋势研究[J].中国人口科学,2012(3):9—18.
[50] 王广州,胡耀岭.从第七次人口普查看中国低生育率问题[J].人口学刊,2022,44(6):1—14.
[51] 王金营,戈艳霞.2010年人口普查数据质量评估以及对以往人口变动分析校正[J].人口研究,2013,37(01):22—33.
[52] 王佳慧,张宁.社保负担上升会加剧失业吗?——基于提前退休行为的调节效应视角[J].公共财政研究,2021(6):35—47.
[53] 王天宇,彭晓博.社会保障对生育意愿的影响:来自新型农村合作医疗的证据[J].经济研究,2015(2):103—117.
[54] 王旭.城镇职工基本养老保险制度对劳动力供给的影响[J].社科纵横:新理论版,2012(1):64—65.
[55] 王莹莹,童玉芬.中国人口老龄化对劳动参与率的影响[J].首都经济贸易大学学报,2015,17(1):61—67.
[56] 王宇婷.城乡居民基本养老保险对老年人劳动供给的政策效应分析[D].浙江工业大学,2020.
[57] 徐绮珠.中国社会养老保险制度对劳动力市场的影响[D].东北财经大学,2010.
[58] 许庆,刘进."新农合"制度对农村妇女劳动供给的影响[J].中国人口科学,2015(3):99—107.
[59] 杨凡,赵梦晗.2000年以来中国人口生育水平的估计[J].人口研究,2013,37(2):54—65.
[60] 张川川,GilesJohn,赵耀辉.新型农村社会养老保险政策效果评估——收入、贫困、消费、主观福利和劳动供给[J].经济学(季刊),2015(1):203—230.
[61] 张乃亭.国外最低生活保障制度典型模式对中国农村最低生活保障的启示[J].山东农业工程学院学报,2015,32(4):1—10.
[62] 张晓玲.养老保险制度选择与劳动供给研究[J].经济问题,2012(6):10—13.
[63] 张征宇,曹思力."新农保"促进还是抑制了劳动供给?——从政策受益比例的角度[J].统计研究,2021,38(9):89—100.
[64] 赵晶晶.养老金收入对农村老人劳动供给的影响研究[D].南京农业大学,2017.

[65] 赵一凡,易定红,赵依兰. 养老保障对老年人就业的影响:基于中国老年社会追踪调查数据的实证研究[J]. 中国人力资源开发,2022,39(3):115—128.

[66] 郑浩天. 城镇养老保险对城镇人口劳动供给时间的影响——基于倾向得分匹配的反事实估计[J]. 财会研究,2021(10):69—75.

[67] 周娅娜,曾益."全面二孩"政策背景下中国义务教育财政支出的动态模拟[J]. 兰州学刊,2019(6):151—165.

[68] 朱艳婷. 城乡对比视角下养老保障、子女特征对中国老年人劳动参与的影响研究[D]. 南京大学,2020.

[69] Adam D., Specter S. E., Poverty and Obesity: The Role of Energy Density and Energy Costs[J]. American Journal of Clinical Nutrition, 2004, 79(1): 6-16.

[70] Agar B., Franco P., Social Security Wealth and Retirement Decisions in Italy[J]. Labour, 2003, 17(SpecialIssue): 79-114.

[71] Auerbach A. J., Kotlikoff L. J., Evaluating Fiscal Policy with a Dynamic Simulation Model[J]. American Economic Review, 1987, 77(77): 49-55.

[72] Bai C., Wu B., Health Insurance and Consumption: Evidence from China's New Cooperative Medical Scheme[J]. Journal of Comparative Economics, 2014, 42(2): 450-469.

[73] Bertrand M., Mullainathan S., Miller D., Public Policy and Extended Families: Evidence from Pensions in South Africa[J]. The World Bank Economic Review, 2003, 17(1): 27-50.

[74] Blau D. M., Goodstein R. M., Can Social Security Explain Trends in Labor Force Participation of Older Men in the United States? [J]. Journal of Human Resources, 2010, 45(2): 328-363.

[75] Blau D. M., Social Security and the Labor Supply of Older Married Couples[J]. Labour Economics, 1997, 4(4): 373-418.

[76] Blinder, Alan S., Gordon, et al., Reconsidering the Work Disincentive Effects of Social Security[J]. National Tax Journal, 1981, 33(4): 431-442.

[77] Bo M. I., Social Security and the Joint Trends in Labor Supply and Benefits Receipt among Older Men[J]. Working Papers Center for Retirement Research at Boston College, 2010.

[78] Borsch-Supan A., Schnabel R., Social Security and Retirement in Germany[J]. Nber Chapters, 1999, 6153: 135-180.
[79] Börsch-Supan A., Incentive Effects of Social Security on Labor Force Participation: Evidence in Germany and Across Europe[J]. Journal of Public Economics, 2000, 78(1): 25-49.
[80] Boskin M. J., Hurd M. D., The Effect of Social Security on Early Retirement[J]. Journal of Public Economics, 1978, 10(2): 361-377.
[81] Boskin M. J., Social Security and Retirement Decisions[J]. Economic Inquiry, 1977, 15(1): 1-25.
[82] Brugiavini A., Social Security and Retirement in Italy[M]. Nber Chapters, 1999: 181-237.
[83] Burkhauser R. V., Turner J. A., A Time-Series Analysis on Social Security and Its Effect on the Market Work of Men at Younger Ages [J]. Journal of Political Economy, 1978, 86(4): 701-715.
[84] Burkhauser R. V., The Early Acceptance of Social Security: An Asset Maximization Approach[J]. Industrial & Labor Relations Review, 1980, 33(4): 484-492.
[85] Bütler M., Huguenin O., Teppa F., What Triggers Early Retirement? Results from Swiss Pension Funds[J]. Cerp Working Papers, 2004.
[86] Ceni R., Social Security Schemes and Labor Supply in the Formal and Informal Sectors[J]. Documentos De Trabajo (Working Papers), 2014.
[87] Cerda R. A., Does Social Security Affect Retirement and Labor Supply? Evidence from Chile[J]. Developing Economies, 2005, 43(2): 235-264.
[88] Cerda R., Does Social Security Affect Retirement and Labor Supply? Using the Chilean Experience as an Experiment[J]. Documentos De Trabajo, 2002, 6(3): 7-25.
[89] Ciuraru-Andrica N., Cristina., Romanian Pension Systems and Labor Supply of Older Workers [J]. Management Intercultural, 2013: 79-109.
[90] Coile C., Gruber J., Future Social Security Entitlements and the Retirement Decision[J]. Review of Economics & Statistics, 2007, 89(2): 234-246.
[91] Coile C., Gruber J., Social Security and Retirement[J]. Italy Nber

Working Paper Nber, 1997, 15(1): 1-25.

[92] de Carvalho Filho I. E., Old-age Benefits and Retirement Decisions of Rural Elderly in Brazil[J]. Journal of Development Economics, 2008, 86(1): 129-146.

[93] Diamond P. A., Hausman J. A., Individual Retirement and Savings Behavior[J]. Journal of Public Economics, 1984, 23(1): 81-114.

[94] Diamond P., Gruber J., Social Security and Retirement in the U. S. [J]. Cambridge, Massachusetts, National Bureau of Economic Research [NBER], 1997 Jul, 1998: 437-473.

[95] Engelhardt G. V., Kumar A., Taxes and the Labor Supply of Older Americans: Recent Evidence from the Social Security Earnings Test[J]. National Tax Journal, 2014, 67(2): 443-458.

[96] Ferreira P. C., Santos M. R. D., The Effect of Social Security, Demography and Technology on Retirement[J]. Fgv/epge Economics Working Papers, 2013, 16(2): 350-370.

[97] Fetter D. K., Lockwood L. M., Government Old-age Support and Labor Supply: Evidence from the Old Age Assistance Program[J]. American Economic Review, 2018, 108(8): 2174-2211.

[98] Gendell M., Older Workers: Increasing Their Labor Force Participation and Hours of Work[J]. Monthly Lab. Rev., 2008, 131: 41.

[99] Genely Manansala, Danielle Jan Marquez, Marie Antoinette Rosete. Social Security on Labor Markets to Address the Aging Population in Selected ASEAN Countries[J]. Journal of Economics, Finance and Accounting Studies, 2022, 4(1): 1-12.

[100] Gruber J., Orszag P., Does the Social Security Earnings Test Affect Labor Supply And Benefits Receipt? [J]. Nber Working Papers, 2000, 56(4): 755-773.

[101] Gruber J., Wise D. A., Social Security Programs and Retirement around the World[J]. Nber Working Papers, 1997, 74(99): 904-906.

[102] Gustman A. L., Steinmeier T. L., Partial Retirement and the Analysis of Retirement Behavior[J]. Industrial & Labor Relations Review, 1984, 37(3): 403-415.

[103] Honig M., Reimers C., Retirement, Re-entry, and Part Time Work [J]. Eastern Economic Journal, 1987, 13(4): 361-371.

[104] İmrohoroğlu S., Kitao S., Labor Supply Elasticity and Social Security Reform[J]. Journal of Public Economics, 2009, 93(7): 867-878.

[105] Krueger A. B., Pischke J., The Effect of Social Security on Labor Supply: A Cohort Analysis of the Notch Generation[R]. National Bureau of Economic Research, 1991.

[106] Kudrna G., Woodland A. D., Implications of the 2009 Age Pension Reform in Australia: A Dynamic General Equilibrium Analysis[J]. Economic Record, 2011, 87(277): 183-201.

[107] Lumsdaine R. L., Stock J. H., Wise D. A., Retirement Incentives: The Interaction between Employer-Provided Pensions, Social Security, and Retiree Health Benefits[M]. National Bureau of Economic Research, Inc., 1994.

[108] Ma X., The Impact of the New Rural Pension Scheme on Labor Supply of Intra-Household Prime-Age Adults in Rural China[J]. Journal of Chinese Economic and Business Studies, 2020, 18(1): 51-72.

[109] Maloney T., The Impact of Welfare Reform on Labour Supply Behaviour in New Zealand[J]. Labour Economics, 2000, 7(4): 427-448.

[110] Martín S. J., Evaluating the Labor Supply Effects of Alternative Reforms of the Spanish Pension System[J]. Moneda Y Crédito, 2006: 271-312.

[111] Martín S., Alfonso R., SánchezMarcos V., Demographic Change and Pension Reform in Spain: An Assessment in a Two-Earner, OLG Model[J]. Fiscal Studies, 2010, 31(3): 405-452.

[112] Miyake Y., Yasuoka M., Subsidy Policy and Elderly Labor[J]. Italian Economic Journal, 2018, 4(2): 331-347.

[113] Modigliani F., Rossi N., Aggregate Unemployment in Italy[J]. Economica, 1986, 53(210-S): 245-273.

[114] Neumark D., Powers E., Consequences of Means Testing Social Security for Pre-Retirement Labor Supply: Evidence from the SSI Program[J]. Pension Research Council Working Papers, 1997.

[115] Nielson N. L., Passing the Torch: The Influence of Economic Incentives on Work and Retirement[J]. Journal of Risk and Insurance,

1992, 59(1): 153-155.

[116] Oshio T., Oishi A. S., Shimizutani S., Social Security Reforms and Labour Force Participation of the Elderly in Japan[J]. Japanese Economic Review, 2011, 62(2): 248-271.

[117] Oshio T., Oishi A. S., Shimizutani S., Social Security Programs and Elderly Employment in Japan[R]. National Bureau of Economic Research, 2018.

[118] Page T. F., Conway K. S., Review P. F., The Labor Supply Effects of Taxing Social Security Benefits[J]. Public Finance Review, 2013.

[119] Pingle J. F., Social Security's Delayed Retirement Credit and the Labor Supply of Older Men[J]. Ssrn Electronic Journal, 2006.

[120] Query J. T., Social Security Programs and Retirement around the World: Micro-Estimation[J]. Journal of Risk and Insurance, 2007, 74(99): 904-906.

[121] Ruhm C. J., Do Pensions Increase the Labor Supply of Older Men? [J]. Nber Working Papers, 1994, 59(2): 157-175.

[122] Samwick A. A., New Evidence on Pensions, Social Security, and the Timing of Retirement[J]. Journal of Public Economics, 1998, 70(2): 207-236.

[123] Spataro L., Social Security Incentives and Retirement Decisions in Italy: An Empirical Insight[J]. Research in Economics, 2005, 59(3): 223-256.

[124] Stock J. H., Wise D. A., The Pension Inducement to Retire: An Option Value Analysis[M]. Issues in the Economics of Aging. University of Chicago Press, 1990: 205-230.

[125] Tobin J., Life Cycle Saving and Balanced Growth[J]. Ten Economic Essays in the Tradition of Irving Fisher, 1967, 196.

[126] Van der Klaauw W., Wolpin K. I., Social Security and the Retirement and Savings Behavior of Low-Income Households[J]. Journal of Econometrics, 2008, 145(1): 21-42.

[127] Vere J. P., Social Security and Elderly Labor Supply: Evidence from the Health and Retirement Study[J]. Labour Economics, 2011, 18(5): 676-686.

[128] Vere J. P., Social Security and Elderly Workers' Labor Supply: A

New Look at the Notch Cohorts[J]. Society of Labor Economists 12th Annual Meetings,4-5 May 2007,2007.

图书在版编目(CIP)数据

中国养老保障制度的劳动供给效应研究/刘凌晨著.—上海：复旦大学出版社，2024.3
ISBN 978-7-309-16996-6

Ⅰ.①中… Ⅱ.①刘… Ⅲ.①养老-社会保障制度-研究-中国 Ⅳ.①D669.6

中国国家版本馆 CIP 数据核字(2023)第 171148 号

中国养老保障制度的劳动供给效应研究
刘凌晨　著
责任编辑/宋启立

复旦大学出版社有限公司出版发行
上海市国权路 579 号　邮编：200433
网址：fupnet@fudanpress.com　http://www.fudanpress.com
门市零售：86-21-65102580　团体订购：86-21-65104505
出版部电话：86-21-65642845
上海四维数字图文有限公司

开本 890 毫米×1240 毫米　1/32　印张 9.875　字数 230 千字
2024 年 3 月第 1 版
2024 年 3 月第 1 版第 1 次印刷

ISBN 978-7-309-16996-6/D・1168
定价：68.00 元

如有印装质量问题，请向复旦大学出版社有限公司出版部调换。
版权所有　侵权必究